广西人文社会科学发展研究中心"科学研究工程"专项项目（项目编号：WKZX2022006）的研究成果。

乡村振兴：农村成人教育的使命与变革

郭中华　著

南海出版公司

2022·海口

图书在版编目（CIP）数据

乡村振兴：农村成人教育的使命与变革 / 郭中华著
. -- 海口：南海出版公司，2022.7
ISBN 978-7-5735-0226-1

Ⅰ.①乡… Ⅱ.①郭… Ⅲ.①乡村教育—成人教育—
教育改革—研究—中国 Ⅳ.①G725

中国版本图书馆 CIP 数据核字(2022)第 129683 号

XIANGCUN ZHENXING：NONGCUN CHENGREN JIAOYU DE SHIMING YU BIANGE

乡 村 振 兴 ： 农 村 成 人 教 育 的 使 命 与 变 革

作　　者	郭中华
责任编辑	孙翠萍
出版发行	南海出版公司 电话：　(0898) 66568511（出版）65350227（发行）
社　　址	海南省海口市海秀中路 51 号星华大厦五楼　邮编：570206
电子信箱	nhpublishing@163.com
经　　销	新华书店
印　　刷	北京建宏印刷有限公司
开　　本	889 毫米 × 1194 毫米　1/32
印　　张	11.75
字　　数	262 千
版　　次	2022 年 7 月第 1 版　2022 年 7 月第 1 次印刷
书　　号	ISBN 978-7-5735-0226-1
定　　价	68.00 元

目　　录

导　论

第一节　研究缘起

民族要复兴，乡村必振兴。无论是过去、现在还是将来，乡村都是中国社会的重要组成部分；乡村的发展和繁荣是中国经济社会可持续、健康发展的重要基础，也是中华民族伟大复兴的必然要求。改革开放 40 多年来，我国经济社会发展取得了令世人瞩目的巨大成就，谱写了辉煌的篇章。但与此同时，发展的不平衡不充分的问题也显现出来，同城市的快速扩张和突飞猛进的发展相比，乡村的发展明显滞后，且随着城镇化的快速推进、农村人口的大量迁徙和流动，部分乡村地区甚至出现"空心化"的凋敝景象。为了使我国经济社会的发展更可持续、更加健康，也为了促进社会的共同富裕和实现中华民族的伟大复兴，党的十九大报告适时提出乡村振兴战略，指出"要坚持农业农村优先发展，按照产业兴旺、生态宜居、乡风文明、治理有效、生活富裕的总要求，建立健全城乡融合发展体制机制和政策体系，加快推进农业农村现代化"。随后，2018 年 1 月 2 日，中共中央、国务院印发《中共中央　国务院关于实施乡村振兴战略的意见》，对乡村振兴战略的实施进行全面部署。2018 年 9 月 26 日，中共中央、国务院印发《乡村振兴战略规划（2018—2022年)》，进一步对乡村振兴的各项事务作出了阶段性谋划。

2020 年 10 月底，党的十九届五中全会强调要全面推进乡村振兴战略。可见，乡村振兴战略已成为我国中长期的一项重要国策，成为新时代背景下解决我国乡村发展难题和困境的指针和明灯。

乡村振兴关键在产业振兴、经济振兴，而基础和核心是文化的振兴、人的振兴、人才的振兴，这就需要千千万万有素质、懂技术、肯付出、有担当、能创新的乡村振兴建设者和人才库。正是基于这种考量，2021 年 2 月 23 日，中共中央办公厅、国务院办公厅印发《关于加快推进乡村人才振兴的意见》，明确指出"乡村振兴，关键在人"，并要求"坚持把乡村人力资本开发放在首要位置"。文化的振兴、人的振兴和人才的振兴离不开教育的支持，教育是促进人的素质和能力提升的关键变量，是人力资本开发的重要推手；也因此，在乡村振兴的背景下农村教育受到社会各界的广泛关注和重视。农村成人教育是农村教育的重要组成部分，是以农村成人为教育对象并促进其素质和能力提升的重要途径，也是加强乡村文明建设、推动乡村经济社会发展、构建和谐乡村的重要手段，因而也应该在中国新一轮的伟大的乡村振兴战略中承担应有的使命、发挥更大的作用、实现更高的价值，以更积极的姿态融入乡村经济社会的建设和发展之中。本书主要从乡村人的振兴、人才振兴的视角，结合乡村生产、生活和工作的主要群体，来阐释乡村振兴背景下农村成人教育的使命与变革。

第二节　核心概念界定

一、农村与乡村

（一）农村

从历史的流变来说，农村是人类社会最古老、最久长也是最主要的活动地域。一万年之前，当早期人类结束了狩猎、捕鱼、采集的游牧生活并在固定的地域定居下来生息劳作——以从事农业生产为生存和生活的形式——便形成了一个个原始村落，这就是最早的农村——原始农村公社。可以说，农村是人类定居下来以农业生产的出现和发展为结果的，是人类生产生活方式的一次深刻变革，这种变革首先是以农业的出现和发展为前提和基础的，是人类第一次具备自我把控、自我掌握命运能力不再完全以追逐自然资源为生的一次展示，这种人类力的展示开始逐步创造出一种农业文明。诚如马克思所言："食物的生产是直接生产者的生存和一切生产的首要条件。"① 人类定居而生首先是从掌握农业培植、耕作、稼穑密码开始的，依村落而生产、生活是人类历史发展的一次深刻的变革，也是人类农业文明繁衍生息的第一次伟大建构。也因此，农业与农村有着天然的联系和内在的逻辑。近代以降，由于工业文明的产生和发展，城镇化的进程逐渐加快，城市的人口规模不断扩大，农村社会规模在日益缩小，但即便这样，目前世界范围内尚有半数以上的人口居住在农

---

① 马克思，恩格斯．马克思恩格斯文集（第7卷）［M］．北京：人民出版社，2009：715.

村。从我国的情况看，随着改革开放政策的实施、城镇化的深入推进，农村人口大范围、大规模地往城市迁徙和转移。第七次全国人口普查数据显示，截至 2020 年底，我国常住人口城镇化率达到 63.89%。由此可见，我国还有 5 亿多人口生活在农村，农村在今天仍然是人类生活的一种主要形式。从一般意义上说，农村是指以从事农业生产为主的农业人口聚居的地域①，是人类社会发展进程中最主要的生活区域②。与城市相比，农村具有如下特点：①居民主要从事农业生产活动，社会分工不发达，自给自足性强；②人口密度稀疏，居住分散；③社会关系简单，血缘关系和地缘关系浓厚；④家庭作用重要、乡土观念强，社会意识保守；⑤经济、文化、技术相对落后，居民文化素质相对较低；⑥生活方式、风俗、道德等受文化传统影响较大。此外，按照不同的标准，农村可划分为不同类型：①根据居民分布状况，可分为散村、集村和集镇；②根据地理状况，可分为平原农村、山村、沿江河湖水乡农村；③根据经济功能，可分为农村、渔村、牧村、林业村等。随着时代的发展、科技的进步、社会生产力的突飞猛进，农村在当今时代正发生着前所未有的变化，呈现出文化的多元性、发展的不平衡性和社会结构的复杂化等特点。本研究所指的农村不仅仅是一个地域的概念，是指由这个地域而建构起来的一个复杂的系统，是生态环境系统、政治、经济、社会、文化等诸多方面的一个综合体。

---

① 刘树成．现代经济词典［M］．南京：江苏人民出版社，2005：723.

② 廖盖隆，孙连成，陈有进，等．马克思主义百科要览（上卷）［M］．北京：人民日报出版社，1993：1618.

（二）乡村

关于乡村的概念，目前学界没有明确、统一的界定。费孝通（1984）认为，中国社会的基层是乡土性的，而乡土社区的单位是村落。袁镜身（1987）认为，乡村是相对于城市的包括村庄和集镇等各种规模不同的居民点的一个总的社会区域概念，由于它主要是农业生产者居住或从事农业生产的地方，所以又通称为农村。秦志华（1995）认为，乡村与农村具有很大的重合性，农村是乡村的主体，乡村地区的绝大部分是农村地区。张静（2006）基于社会关系的视角，认为乡村是基于自然的、居住地基础的文化经济共同体性质，在一定程度上具有自主性地位。张泉（2006）基于产业角度、空间形式，认为乡村是居民以农业作为经济活动基本内容的一类聚落的总称。根据国家统计局《统计上划分城乡的规定》，乡村是指规定的城镇地区以外的其他区域，包括集镇和农村。集镇是乡、民族乡人民政府所在地和经县人民政府确认由集市建制镇发展而成的作为农村经济、文化和生活服务中心。综合分析以上对乡村概念的阐释，乡村具有以下几个方面的内涵：①从产业来看，以农业生产和农业经济为主；②从地域上说，是与城市相对的城镇地区以外的其他区域；③是一个基于自然的、居住地基础的文化经济社会共同体；④从人口分布上说，居住较为分散。

（三）农村与乡村的关系

从农村和乡村概念的阐释看，大体有三种看法：有认为乡村等同于农村的；有认为乡村和农村尽管具有较大重合性，但两者之间并不能画等号，概念有其侧重点，乡村更侧重于情感和文化的角度，农村则更侧重于经济和行政的视域；而国家统计局的规定将农村与集镇归纳为乡村的组成部分，乡村与农村具有包含关系。本研究的目的和主旨主要是探讨乡村振兴背景下农村成人教育的功能定位和实践变革，并不是着力去区分乡村和农村的概念差异，因此在讨论相关问题时大致认为乡村与农村在本质上是相同或者相似的，都是一个与城市相对应的城镇地区以外的集生态环境系统、政治、经济、社会、文化等诸方面的综合体区域。

二、农村成人教育

现代成人教育是工业革命的产物，最早出现于英国，迄今已有200多年的历史，但国际上至今仍无对成人教育概念的统一认识，农村成人教育亦如此。因此，不少研究者在开展农村成人教育研究之前首先探讨了农村成人教育的概念。农村成人教育的概念由"农村 + 成人教育"组成，"农村"标明区域归属，"成人教育"标示教育类型。基于这种理解，有学者从概念的适用域出发，认为农村成人教育有广义与狭义之分，狭义上的农村成人教育指对从事农业的农村成人进行的有组织、有计划的文化及实用技术教育；广义上的农村成人教育指针对农村成年人进行的一切教育，即泛指对居住在广大农村区域的成人所进行的教育，其目的在于促进农村成年人的身心发展、提高他们的素质、促进社会发展，它有正规教育、非正规教育之分，可以是有组织的教育，也可以是无组织的教育，可以是有计划开展的，也可以是无计划开展的。① 也有研究者指出，随着社会及其经济的发展，当前的农村地区有多种多样的生产方式，传统农业不再是农村地

---

① 赵旭东，李加林. 试论农村成人教育内容研究的必要性、方法及预期成果［J］. 农村成人教育，2000（2）：5 – 7.

区的唯一产业，其他如工业、服务业等也在农村地区逐步发展，因而当前的农村更多指的是一个地域概念，泛指传统城市以外的特别是县及其以下的广大地区。本研究主要从广义上使用"农村成人教育"这一概念，指对农村地区的成人所进行的所有教育，即对居住在城市以外的，尤其是县及县以下区域内从事农业、农村工业、第三产业及其他行业的成年人所进行的教育，包括正规教育与非正规教育。①

三、乡村振兴战略

乡村振兴战略是以习近平同志为核心的党中央针对新时代农村改革发展面临的问题作出的重大决策和部署，是新时期中国社会主义现代化进程中加快推进农业农村现代化、促进城乡融合发展的重要举措，是实现中华民族伟大复兴、促进社会共同富裕和经济社会可持续发展的重要安排。乡村振兴战略总的要求是："产业兴旺、生态宜居、乡风文明、治理有效、生活富裕。"新时代新发展，必须从根本上破解社会主要矛盾——人民日益增长的美好生活需要和不平衡不充分的发展之间的矛盾，而要从根本上破解社会主要矛盾，就必须坚持农业农村优先发展，建立健全城乡融合的体制机制和政策体系，走中国特色的乡村全面振兴之路，加快推进农业农村现代化的进程。从历史演进来看，中国"乡村振兴"实践可以追溯到民国时期以乡村建设实验为代表的乡建派乡村自救运动，随后进入共产党主导国家力量进场的乡村革命阶段，之后社会主义新农村建设战略的实施则标志着城市与

---

① 廖其发.当代中国扫盲和农村成人教育的回眸与前瞻［M］.重庆：西南师范大学出版社，2002：1.

乡村关系的重置，党的十九大开启的乡村振兴战略则标志着新时代中国乡村振兴进入新的历史时期，是乡村现代化发展的总擘画和总纲领。

2018年中央一号文件部署了乡村振兴战略的具体落实措施，并提出了乡村振兴战略的近期（2020年）、中期（2035年）、远期（2050年）的奋斗目标。第一，到2020年，乡村振兴取得重要进展——制度框架和政策体系基本形成。具体而言，包括四个方面：一是农业综合生产能力提升目标，即"农业综合生产稳步提升，农业供给体系质量明显提高，农村一、二、三产业融合发展水平进一步提升"；二是农民收入和城乡关系目标，包括缩小城乡居民收入差距、农村贫困人口全面实现脱贫、城乡基本公共服务均等化等；三是农村生态宜居目标，包括农村人居环境明显改善、农村生态环境明显好转；四是党的建设目标，包括以党组织为核心的农村基层组织建设进一步加强、党的农村工作领导体制机制进一步健全等。第二，到2035年，乡村振兴取得决定性进展，基本实现农业农村现代化——即"农业结构得到根本性改善，农民就业质量显著提高，相对贫困进一步缓解，共同富裕迈出坚实步伐；城乡基本公共服务均等化基本实现，城乡融合发展体制机制更加完善；乡风文明达到新高度，乡村治理体系更加完善；农村生态环境根本好转，美丽宜居乡村基本实现"。第三，到2050年，乡村全面振兴，农业强、农村美、农民富全面实现。

第三节　研究现状述评

通过知网，把搜索的主题词设定为"农村成人教育"、时间限定为"2017年10月18日至2021年11月9日"，得到相关文献为174篇，含17篇硕士学位论文、尚未有博士学位论文，其中2017年11篇、2018年59篇、2019年47篇、2020年36篇、2021年21篇。而限定同样的时段用"农村教育"主题词搜索得到的文献为5533篇，含595篇硕博士学位论文；用"乡村教育"主题词搜索得到的文献为5631篇，含硕博士学位论文490篇。通过以上数据的简单对比，我们可以发现两个明显的情况：一是乡村振兴战略的推出，引起了学界对农村（乡村）教育的广泛关注；二是这种关注大都把乡村的各级各类教育放在一起讨论，而从分类教育的视角关注相对较少，就农村成人教育来说，尚未引起足够的重视和关注。诚然，乡村各类教育具有很多共同性，但是不同类型和层级的教育也有自己不同的特点和功用，完全从整体来把握、分析农村（乡村）教育，得出的结论、开出的"药方"并不一定就适合特定的对象。比如就农村成人教育来说，农村成人教育是面向广大农村成人的类型教育，是提高农民素质、开发乡村人力资源、推动乡村经济社会发展、加强乡风文明建设、构建和谐美丽乡村的重要途径。因此，研究乡村振兴战略下的农村成人教育问题意义重大、影响深远。通过对乡村振兴战略下农村成人教育研究相关的174篇文献进行分析，发现主要是集中在以下几个方面进行讨论。

一、农村成人教育应对精准扶贫或者阻断贫困代际传递的功用探讨

"精准扶贫"是实现我国经济社会可持续发展、解决发展的不平衡不充分并让广大农村贫困群众有更多的获得感、

幸福感、安全感的重要政策和方略。由于我国长久以来受到农耕文化的深远影响，单纯通过经济上的帮扶来解决贫困还远远不够，要想根除贫困对于普通民众的影响，还需要将困扰贫困人口精神层面的束缚和压力彻底释放，使其从主观上转变思想观念、增强脱贫信心、激发奋进斗志、焕发内生动力。通过农村成人教育，积极提高农民的职业技能素质和谋生的本领以及脱贫的志气，达到"扶贫先扶志"，摆脱"等、靠、要"等安于现状的思想观念，提升脱贫内生动力，防止返贫现象，提高人们的幸福感。①② 同时，教育可以阻断贫困代际传递，有利于巩固脱贫攻坚成效，防止返贫现象发生。有研究者基于中国扶贫网《人物·故事》专栏的 60 位脱贫农民的相关案例研究，发现通过农村成人教育能提升人力资本、改变态度观念、优化心理资本、拓展社会资本，能有效阻断农村贫困代际传递。③ 为此，当前推进巩固脱贫攻坚成果同乡村振兴有效衔接，应继续积极发挥农村成人教育的功用，确立"共益普惠"的教育理念，制定"接续进阶"的教育目标，构建"多元联动"的教育机制，开发"多维可及"的教育内容，采用"多途并进"的教育方式。

二、农村成人教育助力乡村振兴的策略和路径研究

"三农"问题即农业、农村、农民问题是全面乡村振兴

---

① 张璀红，赵瑞静，梁军丽. 成人教育服务"精准扶贫"国家战略的措施研究 [J]. 天津职业院校联合学报，2021（5）：20-24.

② 何悦，张清学. 基于精准扶贫的农村成人教育发展研究 [J]. 中国成人教育，2018（17）：158-160.

③ 何爱霞，孙纪磊. 继续教育阻断农村贫困代际传递的作用机理及发展路径 [J]. 现代远程教育研究，2021（3）：91-99.

的关键问题，是中国现代化发展和中华民族伟大复兴进程中必须直面并努力解决的问题，某种意义上，"三农"问题是新时代解决我国发展的不平衡、不充分以及实现共同富裕的根本问题之一。"三农"问题的有效解决，需要一揽子计划和工程，需要党和国家筚路蓝缕的操持和抽丝剥茧的精进。但毫无疑问，发展农村成人教育有利于科教兴农，有益于现代化文明农村的建设，有助于农民精神文化素质的提升，因而在乡村振兴战略中起到重要的"智力支持"的作用。有学者认为农村成人教育助力乡村振兴关键是要搞好重点方面和重点人群的培训，着力推进"移风易俗""成风化人"建设①，切实在提高乡村生活文明程度上下大力气。有学者结合地区实践，提出农村成人教育助力乡村振兴应抓住重点，当好农业科技的推广者，促进产业增值；突破难点，当好精神文明的播种者，建设美丽乡村；扣住关键点，当好新农村社区教育的启迪者，培育新型农民；围绕难点，当好农村城镇化的引导者，助力新农村建设。② 有学者认为，农村成人教育可以通过培养培训人才，把农村巨大的劳动力资源优势转变为人力资本、人才资本，强化乡村振兴的人才支撑和人才保障。③

① 刘国强. 农村成人教育服务乡村振兴的策略研究 [J]. 决策咨询, 2020 (4)：77 - 80, 86.

② 刘军. 农村成人教育助力乡村振兴的实践探究——以邓州市为例 [J]. 河南教育（职成教）, 2019 (11)：22 - 23.

③ 孙世虹. 乡村振兴背景下农村成人教育的现实困境及发展策略 [J]. 中国成人教育, 2018 (18)：154 - 157.

三、乡村振兴背景下农村成人教育的现实困境与发展路径

乡村振兴迫切需要大量爱农村、懂农业、知农民的智慧化"三农"人才，这无疑给农村成人教育提出了挑战也带来了机遇。现实地看，当前农村成人教育的发展遭遇困境，主要表现为价值定位模糊、管理机制不顺、师资队伍缺乏、人才培养模式落后，因此，要构建适应乡村振兴的农村成人教育新体系、新机制，必须进一步明晰农村成人教育的价值定位，通过改革创新，不断提升农村成人教育的有效供给。[①]乡村振兴战略中提出要"让农民成为有吸引力的职业"，并相应推出一揽子提升农民素质、实现农民全面发展的政策意见和政策措施，这无疑为农村成人教育发展带来了新机遇，但同时农村成人教育尚存在教育理念较为落后、办学经费短缺、办学基础薄弱、师资力量不足、办学制度不完善等问题和挑战，农村成人教育要提升服务乡村振兴的能力，必须积极谋求变革，从理念价值、教育投入、体制机制、师资队伍、终身教育立法等方面拓展发展路径[②]，为乡村振兴注入新的智力支持和发展力量，助力乡村振兴战略目标的最终实现。新时代背景下，乡村振兴战略和新型城镇化建设"双轮驱动"是推动我国经济社会可持续发展的重要政策，因此，要从城乡融合发展的视域来审视农村成人教育的发展，深化

---

① 孙世虹. 乡村振兴背景下农村成人教育的现实困境及发展策略［J］. 中国成人教育，2018（18）：154－157.

② 韩秋茹，李祥. 乡村振兴语境下的农村成人教育：机遇、挑战及政策调适［J］. 成人教育，2018（10）：49－52.

"多维对接"的发展意识，积极对接农村各级各类教育、对接城市各级各类教育、融入终身教育，并有效构建政府、社会和成人教育机构"三维一体"的协同发展路径。① 同时，要积极构建以市级成人学校和开放大学为龙头，县级职业学校和成人学校为骨干，乡镇成人学校为中心，村级成人学校和教学站为基点的四级农村成人培训网络体系，不断提升服务乡村振兴的能力和水平。②

四、乡村振兴视域下农村成人教育的元研究

所谓元研究，就是关于研究的研究，这里"元"是关于"什么"的"什么"（"meta‐whatever" refers to "whatever a‐bout whatever"）。③ 农村成人教育的元研究就是对于农村成人教育研究的反思和审视。乡村振兴背景下，以一种批判的态度来反思和审视已有研究成果的性质、内容、结构以及质量水准，能使农村成人教育研究拓展广度和走向深入，有利于农村成人教育研究的高质量推进。

有研究者对乡村振兴背景下农村成人教育展开元研究后发现④，当前农村成人教育研究存在基础理论研究滞后、研究队伍力量薄弱、研究主题单一、研究方法科学性欠佳、经

---

① 郭中华，顾高燕. 新型城镇化背景下农村成人教育转型发展探研［J］. 成人教育，2018（9）：73－76.

② 张袁飞，张娜芳. 新时代关于加快发展乡镇成人学校的思考［J］. 成人教育，2019（8）：70－73.

③ 焦建利. 教育技术学元研究论纲：教育技术学若干基本理论问题探索［J］. 电化教育研究，2004（4）：8－13.

④ 朱胜晖，刘义兵. 乡村振兴视域下农村成人教育的元研究［J］. 中国成人教育，2021（11）：74－77.

验总结缺乏深度等问题，这些问题与农村成人教育实践基础薄弱、研究队伍主体性不强、理论研究与实践脱节不无关系，未来要使农村成人教育研究结出硕果、有效助力乡村振兴，就要积极加强基础理论研究、深化研究队伍建设、建构研究共同体、拓宽研究视角、丰富研究内容，重视多角度多层面的实证研究，提升研究的科学性。

总之，通过对乡村振兴战略下农村成人教育研究的简单梳理，我们能够发现，与乡村教育成为当前理论研究的热点相比，对农村成人教育的研究还比较薄弱，无法与乡村振兴视域下农村成人教育承担的使命相适应，研究需要进一步地拓展和深化，需要找到农村成人教育发展的新的逻辑支点和价值向度，需要超越简单的老调重弹式的泛泛而谈，也需要正视农村成人教育实践中的各种问题，在新的时代背景和新的技术条件下，思考农村成人教育研究的新价值向度和新理论范型。正是基于以上考量，本研究聚焦乡村振兴的基点——人的振兴、人才的振兴，把它作为本研究也即农村成人教育理论的逻辑支点和价值向度，来阐释农村成人教育在全面乡村振兴背景下的使命和变革，应该说，这具有积极的理论意义和实践价值。

第四节　本书框架及主要内容

本书主要按照总—分—总的逻辑演进，内容分三个模块。第一个模块包括导论和第一章，从总的层面阐释乡村振兴视域下农村成人教育研究的基本情况以及功能使命和变革路向。第二个模块包括第二章、第三章、第四章、第五章、第六章，从农村场域中的农村基层干部、新型职业农民、返乡农民工、农村妇女、农村老年人几个群体分别展开农村成人教育相关论述。第三个模块包括第七章和第八章，回归总体论述，从涉及农村成人教育高质量发展的两个主要方面——教师队伍建设和课程开发的视角论述。具体章节内容如下。

导论：主要介绍研究缘起、核心概念界定和研究现状述评、本书框架及主要内容。

第一章：围绕乡村振兴视域下农村成人教育的时代使命与变革路向，从我国农村成人教育的演进和发展开始谈起，论述了乡村振兴是农村成人教育的时代使命，阐明了人的现代化是农村成人教育变革的逻辑进路，并在此基础上论述了发生学视域中的农村成人教育的幸福观。

第二章：围绕乡村振兴视域下农村基层干部治理能力提升，以乡村振兴战略对农村基层干部治理能力提出的新要求为基源点，明晰农村基层干部治理能力的现状、取得的成就及存在的问题，并在此基础上提出农村基层干部治理能力提升的策略和培训路径，最后辅以濮阳探索的个案研究，以资借鉴。

第三章：围绕乡村振兴视域下新型职业农民培育展开论述，对我国新型职业农民概念的提出和培育政策的兴起进行爬梳，从国内外新型职业农民培育的实践探索进行梳理，析出我国新型职业农民培育中存在的主要问题，并在此基础上提出进一步提升新型职业农民培育的有效路径。再以新型职业农民培育的典型个案进行探究，为乡村振兴视域下新型职业农民的培育提供方略。

第四章：主要论述了乡村振兴视域下返乡农民工就业创业培训的相关问题。第一，介绍了农民工"回流"现象的相关理论；第二，采用比较研究法介绍了英、美、日三国农民工职业教育与培训的经验；第三，使用政策分析法回溯我国农民工职业教育与培训的政策演变之路；第四，在明晰返乡农民工就业创业培训的问题基础上，提出了返乡农民工就业创业培训的优化策略。

第五章：围绕乡村振兴视域下农村妇女职业发展展开论述，先从学理上明晰了农村妇女的职业发展理论，接着剖析了农村妇女职业发展的现状与问题，分析了农村妇女职业发展的影响因素，并在此基础上提出了促进农村妇女职业发展的培训策略，并通过实践案例进行说明。

第六章：围绕乡村振兴视域下农村老年教育的相关问题展开研究。第一，概述了我国农村老年教育研究的基本情况；第二，使用政策分析法对我国老年教育政策法规的演进历程进行了梳理；第三，探讨了乡村振兴视域下农村老年教育的现实困境与发展路向，并结合智能时代老年人的数字化生存问题，提出帮助老年人跨越数字鸿沟应成为新时代背景下农村老年教育的价值向度；第四，对农村老年教育发展的优秀个案进行介绍和剖析，为当前农村老年教育的发展提供借鉴和参考。

第七章：论述乡村振兴视域下农村成人教育教师队伍建设。第一，明晰了农村成人教育教师队伍建设的必要性；第二，剖析了农村成人教育教师专业素质构成，并简要介绍了发达国家成人教育教师专业化发展的经验；第三，有针对性地阐述了我国农村成人教育教师队伍建设的困境与突破之道。

第八章：围绕乡村振兴视域下农村成人教育课程开发展开论述，认为意义生成已成为农村成人教育价值的新取向，因此应该在农村"成人"价值的指引下积极构建"成人"课程，并提出了相应的课程开发策略。

第一章　乡村振兴视域下农村成人教育的时代使命与变革路向

第一节　我国农村成人教育的演进和发展

一、我国农村成人教育政策的演进

本研究主要梳理新中国成立后，我国农村成人教育政策的发展演变。根据新中国成立后我国历史发展的关键节点，可以将我国农村成人教育政策的演进分为以下四个阶段。[①]

（一）以扫盲教育和政治教育为主，服务社会主义建设（1949—1977 年）

新中国成立之初，百废待兴，社会事业各领域急需建设人才，但与此相对的是全国文盲人口占比较高，第二次全国人口普查数据显示，1964 年文盲率高达 33.58%[②]，这无疑严重阻碍了社会主义各项事业的起步和发展。针对这一情况，党和国家迫切要求提高国民文化素质。为此，从新中国成立

---

① 于莎，张天添 . 我国农村成人教育政策的历史变迁与制度逻辑：基于历史制度主义分析 [J] . 现代远距离教育，2021（3）：31 - 37.

② 中华人民共和国国家统计局 . 中国统计年鉴（2008）[Z] . 北京：中国统计出版社，2008：90.

到 1956 年，扫盲教育成为农村成人教育政策内容的重点。1949 年，教育部文件《关于开展 1949 年冬学工作的指示》提出采用冬学形式，在农闲时节面向农民群众开展思想政治教育和文化教育，这标志着以冬学为主要形式的农民业余教育和扫盲教育的开端。此后，《开展农民业余教育的指示》（1950 年）、《关于冬学转为常年农民业余学校的指示》（1951 年）、《关于 1954 年冬学工作的指示》（1954 年）和《关于加强农民业余文化教育的指示》（1955 年）等政策文件均明确了扫盲教育和政治教育在农村成人教育中的地位。并且，随后中共中央、国务院出台的《关于扫除文盲的决定》（1956 年），进一步对扫盲教育的内容、师资、课程等作出了具体规定。

"三大改造"完成后，我国进入全面建设社会主义时期，但由于扫除青壮年文盲的任务依然艰巨，党和国家继续出台系列文件，明确开展扫盲教育和业余教育是农村成人教育的重点，相关文件有《关于在农村中继续扫除文盲和巩固发展业余教育的通知》（1959 年）、《关于农村扫盲、业余教育情况和今后工作方针任务的报告》（1960 年）和《中共中央关于加强农村扫盲和业余教育工作的领导和管理的通知》（1960 年）等。1966 年至 1976 年十年"文化大革命"期间，包含农村成人教育在内的教育方针变化为"教育要为阶级斗争服务，劳动要高于教育"。在这一方针的指导下，这一时期的农村成人教育变成了通过知识青年上山下乡运动、"农业学大寨"等方式来对农民群众进行核心价值观教育、合作精神教育、科技技能教育。

（二）关注文化素质与实用技术结合，服务农村经济发展（1978—1999 年）

党的十一届三中全会后，我国率先在农村地区实行家庭联产承包责任制改革，这极大地释放了农民的生产力，也促进了中国乡镇企业的异军突起，中国农村开始了工业化发展的起步。农村经济体制的变革和农业生产的持续增长，对广大农民的文化素质和实用技术水平提出了新的时代要求。在此背景下，国家在继续推进扫盲工作、提升农民文化素质的同时，大力开展农业技术培训。1978 年 12 月，《中共中央关于加快农业发展若干问题的决定（草案）》拉开了农村地区广泛开展农业技术培训的序幕。1982 年教育部印发《县办农民技术学校暂行办法》，明确了县办农民技术学校在农村成人教育发展中的重要地位。1987 年国家教育委员会、农牧渔业部、财政部颁布《乡（镇）农民文化技术学校暂行规定》，明确指出乡（镇）农民文化技术学校是由乡（镇）政府举办和管理的，实施文化技术教育的农村成人教育阵地，并对乡（镇）农民文化技术学校的性质和任务、培养目标、教学任务、教师队伍、办学经费等予以说明。国家系列政策的出台，使得农村成人教育蓬勃发展。据统计，截至 1990 年，全国已经设立乡（镇）农民文化技术学校 36960 所，比 1987 年增加 37.8%；村农民文化技术学校 25 万多所，比 1987 年增加 47%，教学点已达 66.59 万个。①

20 世纪 90 年代后，国家开始大力推进农村教育综合改革，加强农村基础教育、职业教育和成人教育的联系，实行

---

① 郭欢，唐智彬. 乡村振兴背景下我国乡镇农校的发展定位与路径选择 [J]. 中国职业技术教育，2020（16）：59–66.

"三教统筹"。《中国教育改革和发展纲要》（1993 年）、《中华人民共和国教育法》（1995 年）和《关于深入推进农村教育综合改革的意见》（1995 年）等政策法律文本都强调了"三教统筹"的规划。1997 年农业部、国家教委等单位出台《关于进一步办好农业广播电视学校的意见》，提出要将远程教育技术运用到农村成人教育发展之中，不断拓展农村成人教育的覆盖面。20 世纪末，国家又先后出台《中共中央关于农业和农村工作若干重大问题的决定》（1998 年）和《面向21 世纪教育振兴行动计划》（1999 年），再次强调扫盲教育应与农村实用技术培训相结合，推行包括"绿色工程"在内的农民教育工程。这些举措的推进使农村成人教育发展呈现出欣欣向荣的局面，不但增加了农民个体收入，而且为农村经济水平提升、社会阶层有序流动提供了现实性。[①]

（三）开展新型农民职业教育与培训，服务社会主义新农村建设（2000—2011 年）

2002 年 11 月，教育部印发《关于进一步加强农村成人教育的若干意见》，在目标、内容、活动、形式等方面对农村成人教育的发展做出新的明确规划，提出要积极开展农村社区教育实验，努力构建终身教育体系和建设学习化社会。2003 年 9 月，首次全国农村教育工作会议在北京召开，随后，国务院印发《关于进一步加强农村教育工作的决定》，指出城市各类职业学校和培训机构要积极开展对进城务工农民的职业技能培训。同年，《2003—2010 年全国农民工培训规划》颁布，明确"加快农村富余劳动力转移就业的关键在

---

① 郭静，朱小蔓. 发展中国家农村成人教育面临的挑战与发展趋势［J］. 教育研究，2011（5）：85－91.

于加强农民工培训"。随后，《农村劳动力转移培训计划》（2004 年）为健全农民工培训机制进一步提供了政策保障。

2005 年，党的十六届五中全会提出"建设社会主义新农村"的重大决策部署，《中共中央关于制定国民经济和社会发展第十一个五年规划的建议》（2005 年）和《中共中央 国务院关于积极发展现代农业扎实推进社会主义新农村建设的若干意见》（2007 年）均明确了培养新型农民，服务社会主义新农村建设的人才队伍目标。2010 年中共中央、国务院颁布《国家中长期人才发展规划纲要（2010—2020 年)》，其中对农村人才的培养标准和结构做出重新调整，提出要大规模开展农村实用人才培训。在这一政策指引下，2010 年农业部颁布了《农村实用人才和农业科技人才队伍建设中长期规划（2010—2020 年)》，提出要扩大农村实用人才规模及改善人才结构，大幅增加生产型、经营型、技能服务型人才，全面提高农村实用人才素质，大力培养复合型人才，积极为新农村建设服务。

（四）加强新型职业农民培育，助推城乡互动与融合（2012 年至今）

从 2012 年至今，农村产业经济发展先后经历新型城镇化建设、农业供给侧结构性改革、乡村振兴战略实施及精准扶贫、脱贫攻坚战等重要发展历史阶段。伴随而来的是人口、资金、信息、技术等生产要素在城乡之间双向配置与流动加强，社会体现出高度的"流动性"特征。面对新形势新发展，2012 年中央一号文件提出"大力培育新型职业农民"的目标，以促进传统农业向现代农业转型，新型职业农民培育也因此成为新时代农村成人教育的工作重点之一。《国家教育事业发展第十二个五年规划》（2012 年）、《农业部办公厅关于新型职业农民培育试点工作的指导意见》（2013年）和《关于统筹开展新型职业农民和农村实用人才认定工作的通知》（2015年）等文件明确规定了新型职业农民培育的专项经费投入、推行试点规划、行业标准认定等，这对推动新型职业农民培育向规范化方向发展发挥了积极作用。

2017年，党的十九大提出乡村振兴战略。乡村振兴关键在人，为此，农业农村部联合财政部发布2018年财政重点强农惠农政策，提出将新型农业经营主体带头人、现代青年农场主、农业职业经理人、农业社会化服务骨干和农业产业扶贫对象作为重点培育对象，并同时规划培育新型职业农民100万人次。2018年9月发布的《乡村振兴战略规划（2018—2022年）》，进一步强化了新型职业农民培育目标，支持农民专业合作社、专业技术协会、龙头企业等多元主体共同参与职业农民培育等。

二、我国农村成人教育实践取得的重大成就

新中国成立后，党和国家根据在革命战争时期农民工作中取得的经验，根据新的形势和特点开展农民教育工作，使农村成人教育得到较快发展，以保障社会主义建设对人才的需求和对农民的社会主义思想改造运动。新中国成立初期，通过采取大规模扫盲识字运动和农民思想改造运动等方式对农民进行思想政治和科技文化教育，从而达到提高农民的整体文化科技水平、激发其爱国主义思想等教育目的。基于此，这一阶段的农民教育本着"方向性、实效性、层次性"等原则，通过开展冬学运动、举办农民业余学校等形式，采取放映电影幻灯、组织文艺演出等方式，加强对农民进行阶级观念、科技文化、爱国思想和集体主义等教育。据统计，仅

1953 年全国就有 1900 余万人上冬学，有 308 万名学员在历年学习的基础上扫除了文盲。[①] 此举促进了农村生产力的发展，巩固了新生的人民政权，使农村成人教育经费体制和管理制度得以确立，工农教育被纳入国民教育体系。1956 年之后，随着"三大改造"的完成，我国进入全面建设社会主义时期，农村成人教育继续得到发展。然而，由于"大跃进"运动的兴起，农村成人教育的发展遭受了挫折，并受到较大影响。随着 1961 年"调整、巩固、充实、提高"的方针的提出和匡正，我国农村成人教育事业得以恢复正常发展，数据显示，至 1965 年，全国农业中学、职业中学在校生 316.69 万人，农业技能技术教育被成功纳入农民教育体系[②]，这无疑有利于维护农村社会的稳定和社会主义制度。1966 年至 1976 年"文化大革命"期间，正常的教育活动遭到重大的破坏，这一时期的农村成人教育只能通过开办政治夜校、举办农业技术学校、举办毛泽东思想学习班等形式进行，但仍然取得了一定的成绩，据统计，1970—1973 年，仅安徽省宿松县农业科学研究所就培训了 3500 多名农民技术员。[③]

党的十一届三中全会后，我国社会各项事业走上了良性、快速的发展轨道，农村成人教育适应经济社会发展各阶段的任务需求，积极主动发展。40 多年来，我国农村成人教育在

---

① 何东昌. 中华人民共和国重要教育文献（1949—1975）［G］. 海口：海南出版社，1998：424.

② 高学贵. 我国农民教育政策发展研究［D］. 西南大学，2011.

③ 李水山，黄长春. 当代中国农民教育史［M］. 北京：中国农业科学技术出版社，2010：148.

提高农民综合素质、服务"三农"、加强农村精神文明建设、促进农村富余劳动力转移、农民工市民化等方面取得重大成就，作出了积极贡献。20 世纪 80 年代中后期，我国在广大农村地区广泛开展扫盲教育，农村成人教育发挥了主体作用，据统计，1978 年至 2007 年的 30 年间，全国农村成人文化技术学校累计培训 135719.68 万人次，相当于当时农村劳动力 48090 万人的 2.28 倍，扫除文盲 9571.08 万人。[①] 20 世纪 90 年代，国家开始在全国范围内大力实施星火、燎原、丰收"三大计划"。为贯彻落实"三大计划"，农村成人教育积极行动，广泛实施"绿色证书培训工程""青年农民培训工程"，全面开展农业科技推广、农业实用技术带头人和农村劳动力转移培训，累计培训农民 2300 万人，有近 1000 万人获得相应证书，参与培训者中许多成为当地科技致富的典型。21 世纪伊始，国务院办公厅批转了农业、劳动、教育等多部门共同制定的《2003—2010 年农民工培训规划》（2003 年），并共同组织实施了农村劳动力转移培训"阳光工程"，之后，农村富余劳动力转移培训迅速发展，仅 2004 年就培训农民 250 万人、转移 220 万人，教育部门培训农村劳动力 3198 万人次，实现农村劳动力转移培训规模比 2003 年增加 2000 多万人。[②] 这其中，农村成人教育作出了重要贡献，教育系统的农村成人文化技术学校承担了 90% 农村实用技术培训和 50%

---

① 张昭文. 我国农村成人教育的进展与推进 [J]. 中国农村教育，2006（C1）：16－21.

② 张昭文. 关于农村成人教育进展情况和推进工作的思考 [J]. 中国职业技术教育，2006（3）：5－12.

左右的农村劳动力转移培训任务。[①]

党的十八大以来，随着全面建成小康社会的深入推进，全民终身学习在农村地区渐成气候，农村成人教育紧跟时代步伐，广泛开展公民价值教育、法制教育、科技教育、优秀传统文化教育，积极培育和践行社会主义核心价值观，大力推进农村地区精神文明建设，为新农村建设和"美丽乡村"建设作出重大贡献。数据显示，2016 年农村居民人均可支配收入 12363 元，比 2012 年增长 47.4%，实际增长 36.3%，年均实际增长 8.0%；全国居民人均可支配收入基尼系数为 0.465，比 2012 年的 0.474 下降 0.009，城乡居民人均可支配收入之比为 2.72，比 2012 年下降 0.16。[②]

事实上，新中国成立以来，我国农村成人教育始终肩负时代使命，全力服务农村经济社会发展，一直走在服务国家战略的最前沿，这突出表现在农村成人教育的四次核心职能变迁上，分别为：以扫盲教育和政治教育为主，服务社会主义建设；关注文化素质与实用技术结合，服务农村经济发展；开展新型农民职业教育与培训，服务社会主义新农村建设；加强新型职业农民培育，助推城乡互动与融合。

三、当前我国农村成人教育发展中存在的问题

在看到新中国成立后我国农村成人教育取得重大成就的

---

① 张昭文. 农村成人教育的改革与发展 ［J］. 现代教育，2013（Z3）：1.

② 新华社. 统计显示十八大以来我国居民收入差距不断缩小 ［EB/OL］.（2017 – 07 – 06）. http://www.gov.cn/xinwen/2017 – 07/06/content_ 5208490. htm.

同时，我们也不无忧虑地发现，新时期，随着农村经济社会发展出现新的结构性问题，尤其是农村"衰落""空心化"现象的加剧，青壮年农民数量减少、结构失衡、素质不高，而面对农业产业升级、土地流转、城乡一体化加快、新型农业经营主体壮大以及农民精神文化和价值需求的实际，我国农村成人教育没有很好调整适应，其发展呈现明显滞后于农村经济社会变革的趋势。

当前，我国农村成人教育的发展陷入困境，得不到政府应有的重视和农民的认可，能力建设薄弱、滞后，阵地、人员流失严重，办学经费严重短缺，不少地区撤销了乡镇成人学校（有的称为"农民文化技术学校""乡镇成人文化技术学校""乡镇成人教育中心校"），一些专职教师也被安排回到当地中小学。大多数地区慢慢失去了发展农村成人教育的信心，农村成人教育的发展岌岌可危。究其原因，主要有两个方面：一个是随着时代的发展、城镇化的快速推进，农村青壮年劳动力纷纷进城务工，劳动人口的大规模转移使农村成人教育窄化为劳动力转移的职业技能培训，而促进在地的广大农村成人终身学习的国家宏观层面和中观层面的制度建设相对滞后，没有出台指导性、方向性、战略性的政策措施；另一个是微观层面的农村成人教育机构职能定位没有很好地与时代发展和农村社会进步相适应，由此造成"弱位""失位""缺位""少位"等问题的相应产生。①"弱位"集中表现为学校数量不足，办学经费缺乏，师资素质整体不高、结构不尽合理；"失位"集中表现为办学目标、类型、层次和

---

① 刘国强. 农村成人教育服务乡村振兴的策略研究 [J]. 决策咨询，2020（4）：77–80，86.

形式不够灵活，缺乏明确的办学方向和职责定位；"缺位"集中表现为面向当地农业生产服务作用不明显；"少位"集中表现为得不到当地政府的重视和农民的认可。因此，面对乡村振兴的伟大实践，农村成人教育应直面发展的困境，通过综合改革拓展价值功能、提升能力建设、创新发展路径。

第二节　乡村振兴：农村成人教育的时代使命

一、乡村振兴：中华民族伟大复兴和社会共同富裕的必然选择

实现中华民族伟大复兴和社会共同富裕是中国共产党和我国社会主义事业发展的重大历史任务，也是全体中国人民共同的美好愿景。中国共产党自成立后，带领中国人民筚路蓝缕、浴血奋斗，使中国实现了从站起来、富起来到强起来的伟大飞跃，但同时，发展的不平衡不充分的问题也显现出来，还无法满足人民日益增长的美好生活需要，这也成为新时代我国社会主义事业高质量发展的掣肘。新时代，中国必须实现高质量发展，这是我国经济社会发展历史、实践和理论的统一。[①] 毫无疑问，乡村振兴战略就是实现高质量发展的题中之义。

长期以来，中国是一个农业大国，也曾是一个农业强国。随着近代工业革命的产生和发展，西方世界工业化浪潮风起

---

① 刘鹤. 必须实现高质量发展 [N]. 人民日报，2021 – 11 – 24 (6).

云涌，主要资本主义国家英、法、德、美、日等逐步迈入发达的工业化强国之列。而中国由于清末"闭关锁国"的政策，发展游离于世界工业化进程之外，加上鸦片战争以后，内忧外患，连年的战乱使中国成为一个积贫积弱的农业国家。新中国的成立向全世界庄严宣告中国人民从此站起来了。成立伊始，党中央就提出，要实现中国从一个农业国向工业国的转变。经过七十来年的接续奋斗，我国经济社会的发展发生了翻天覆地的变化。国家统计局数据显示，截至 2020 年末，我国常住人口城镇化率超过 60%，而这一数据在新中国成立初期仅为 10.6%，在改革开放的 1978 年也只有 17.92%。从经济发展来看，自 2010 年以来，我国经济总量超过日本连年稳居世界第二；2020 年，我国国内生产总值（GDP）首次突破 100 万亿元大关。当然，我们在看到国家发展取得巨大成就的同时，也应该看到发展的不平衡不充分的问题也逐渐显现出来，成为当前制约我国经济社会可持续发展的主要问题——其中重要的一极就是城乡发展的不平衡。中国是个人口大国，如果按照第七次全国人口普查的数据和我国人口增长模型测算，中国到 2030 年左右会达到人口峰值的 14.5 亿左右，按照 2030 年普遍接受的常住人口城镇化率 70% 测算，届时尚有 30%——4.35 亿左右的人口生活在广大的农村。试想，如果一个有着 4 亿多人口生活的区域，国家不把它建设好，不使生活在那里的人民具有幸福感、获得感和安全感，那实现中华民族伟大复兴和社会的共同富裕是有缺憾的、不完整的，也不是中国共产党的初心和使命，不符合社会主义的本质要求。

"坚持农业农村优先发展"的乡村振兴战略的提出，清晰而深刻地表明，在中国现代化的进程中，不能忽略农村、不能忽视农业、更不能无视农民，一个繁荣昌盛的中国绝不会允许一个衰败的、"空心化"的乡村出现；相反，中华民族伟大复兴离不开农村农业的现代化，离不开社会主义共同富裕本质下几亿农民的福祉。因此，我们首先应该明白，党和国家将以乡村振兴战略来统领未来国家现代化进程中的农业农村发展。其实，进入 21 世纪以来，如何全面建成小康社会就已经成为我国经济社会发展的头等大事。党的十六大、十七大和十八大，均立足于 2020 年全面建成小康社会的战略目标，对"三农"工作做出部署：党的十六大报告以"全面繁荣农村经济，加快城镇化进程"统领关于"三农"工作的部署；党的十七大报告以"统筹城乡发展，推进社会主义新农村建设"统领关于"三农"工作的部署；党的十八大报告以"推动城乡发展一体化"统领关于"三农"工作的部署。在此基础上，党的十九大报告以"乡村振兴战略"统领关于"三农"工作的部署，展现从城乡统筹、城乡一体化到乡村振兴的清晰脉络。这既保持了思路、目标的连续性，又根据新时代的新要求，在思路上、目标上又有进一步拓展和提升。

党和国家以乡村振兴战略统领未来中国现代化进程中的农业农村发展，明确提出了农村现代化的目标，且农村现代化既包括"物"即产业和基础设施等的现代化，又包括"人"即农民的现代化。主要有以下考量。

第一，实施乡村振兴战略，是解决发展不平衡不充分问题的需要。改革开放 40 多年来，我国城乡面貌都发生了翻天覆地的变化，但不可否认的是我国当前最大的结构性问题仍然是城乡二元结构问题，发展不平衡不充分最突出的表现为农业农村的发展严重滞后。尽管随着国家脱贫攻坚和农业农村改革发展的深入推进，农村居民收入增速明显快于城镇居民，城乡居民相对收入差距持续缩小，但截至 2020 年我国城镇居民人均可支配收入是农村居民的 2. 56 倍。①

第二，实施乡村振兴战略，是满足人民日益增长的美好生活需要的现实使然。这无论是从城市居民的角度还是从乡村居民的视界，都要求乡村全面振兴。从城市居民来看，在农产品量的需求得到较好满足后，对农产品质的需求有一个更高的期待。不仅要求提供更充足、更安全、更健康的农产品，而且希冀农村有更美好的生态，清新的空气、洁净的水源、恬静的田园风光。从乡村居民来看，他们希望乡村是一个美丽宜居的地方，农业得到发展、农村经济全面繁荣、有稳定的就业和收入、有完善的基础设施、有充分的公共服务和社会保障、有丰富的精神文化活动。

第三，实施乡村振兴战略是对其他国家经验教训的借鉴。欧洲的部分发达国家，曾实行单一的农业政策，通过价格干预等措施促进农业发展和农民增收，效果不甚理想；面对环境问题越来越尖锐、青壮年人口大量流失、乡村不断衰落的景象，它们都转向实行综合性的乡村发展政策，把农业生产、乡村环境、农民福利等问题一揽子解决，取得了积极效果。从近邻的日本、韩国来看，它们都是在工业化城镇化发展到一定阶段后，先后都积极实施乡村振兴计划，使国家的发展更可持续。反面例证是，拉美、南亚的一些国家由于没有能力或没有政治意愿实施乡村振兴，导致大量没有就业的农村人口涌向大城市，出现较严重的社会问题，这是这些国家落

---

① 国家统计局．《中国的全面小康》白皮书新闻发布会答记者问［EB/OL］．（2021 - 09 - 29）．http：//www. stats. gov. cn/tjsj/zxfb/202109/t20210929_ 1822623. html.

入"中等收入陷阱"的重要原因之一。从我国当前的现实情况看，能否使国民收入从中等收入发展阶段迈入高收入发展阶段，进而顺利实现现代化的目标，很大程度上取决于"三农"问题是否得到妥善解决。因此，从正、反两方面的例证看，站在新的历史方位，我国的现代化进程必然要求实施乡村振兴战略，这是中华民族伟大复兴和社会共同富裕的必由之路。

二、农村成人教育助力乡村振兴的功能定位

乡村振兴，离不开农村成人教育，乡村振兴需要农村成人教育提供人力资源支撑和对农民理念价值进行重塑；相应地，农村成人教育也需主动融入并服务乡村振兴战略，只有这样，才能焕发生命力、获得可持续发展。新时代新发展背景下，农村成人教育需要围绕乡村振兴做好功能定位。

一般而言，教育具有促进个体发展的内在功能和促进经济、政治、社会、文化、生态文明等方面发展的外在功能。因此，农村成人教育的功能可以从教育的个体功能和社会功能两个层面进行梳理。农村成人教育的个体功能指农村成人教育对农民个体所起到的作用，主要涉及学习生存技能、更新自我观念、发掘个体潜能、提高个体素质和文化水平等。"贫困地区的表现是物质贫困，而在其背后正隐含着文化贫困，因此，在对贫困地区进行物质投入之外，核心问题是提高人的素质，改变人的精神面貌。"① 农村成人教育可通过加大对农村劳动者的专业技能和经营管理知识培训力度，并在

① 华彦玲. 农民教育：解决"三农"问题的源动力 [J]. 职教论坛，2007（15）：49 - 50.

同基础教育有机协同下对农村成人进行系统的法制与文化教育，可以破除陈规陋习，培养出有文化、懂技术、会经营、守法纪、讲文明的新型农民。① 通过农民文化水平的提高、专业技能知识的掌握以及潜在智力劳动力的转化，从而促进农民的全面发展。农村成人教育的社会功能主要指其在农村经济发展、政治民主、社会发展、精神文明建设、生态文明建设等方面发挥的作用，具体包括经济、政治、社会、文化以及生态功能等。农村经济是当代中国经济的重要组成部分，发展农村经济离不开人力资源的开发和优化，因此农村成人教育的作用不言而喻。在乡村振兴下，农村成人教育可以从推进农业科技成果转化、开发农村人力资源、转移农业剩余劳动力等方面为促进农村经济发展出力。在促进农村经济发展过程中，必须面向教育和农业大市场，遵循教育和市场规律办学，增强改革发展的紧迫感、危机感，增强市场竞争意识、人才质量意识。同时，农村成人教育是传递、保存、传播科学技术的重要力量，具有发展、更新科学技术的功能，能促进科学技术向社会生产力的转化，更好地服务乡村社会发展。此外，农村成人教育在传播政治观念、培养民主意识、传承农村文化以及推动产业结构变革等方面也发挥着重要的社会功能。具体如下：

（一）是培养乡村建设人才的重要推手

乡村振兴战略从经济、政治、文化、社会和生态文明等方面为我国当前和今后一段时期的乡村建设指明了方向，这意味着乡村的各类产业将更加兴旺发达；德治、法治和民治

---

① 杨成利，张志新. 农村成人教育在社会主义新农村建设中的功能探析［J］. 成人教育，2010（3）：52–53.

将更加协调融合；乡村治理将更加科学、理性；生态环境将更加美丽、和谐；农民生活将更加美好、幸福。要实现这些目标，最关键的还是要靠"人"，也因此，党的十九大报告明确提出要培养一支适合现代化农业生产需求的"三农"工作队伍，为乡村振兴提供人力资源保障。2021 年 2 月，中共中央办公厅、国务院办公厅印发了《关于加快推进乡村人才振兴的意见》，对加快推进乡村各类、各领域人才培养，充分发挥各类主体在乡村人才培养中的作用，建立健全乡村人才振兴的体制机制和保障措施等作出了详细的规定。农村成人教育应根据乡村人才振兴的时代需要，积极主动探索农村各类人才培养模式，通过产教融合、校企合作等机制，发掘农村潜在人力资本，科学培养"三农"工作队伍。

（二）是促进农村经济协调发展的重要手段

美国著名经济学家、诺贝尔经济学奖得主西奥多·舒尔茨（Theodore W. Schultz），在 20 世纪 60 年代提出了著名的人力资本理论，认为人力资本的积累是社会经济增长的动力和源泉，这为我国乡村振兴中促进农村经济协调发展提供了重要启示——要积极开发乡村振兴的各类人力资本。有研究者在对我国中部地区各省份的调查研究发现，农村经济的发展与农村地区的人力资本开发呈正相关，即农村人力资本开发的程度越大，对农村经济的促进作用就越大。[①] 新时期，促进传统农业向现代化农业转型升级，推动农业生产精准化、规模化、高效化，需要积极发展农村成人教育，做好农村各类成人的教育培训，造就农业生产经营队伍和建设人才，提

---

① 张胜军. 大力发展农村职业教育成了伪命题？[J]. 职业技术教育，2016（15）：60 – 64.

高农业劳动生产率，提升科技进步对经济增长的贡献率，促进农村地区经济稳步协调发展。

（三）是实现精准扶贫、阻断贫困代际传递的有效路径

通过艰苦卓绝的努力，中国在 2020 年顺利完成了消除绝对贫困的任务，取得了历史性的成就。但是，绝对贫困的消除并不代表贫困的消失，相对贫困将长期存在。可以说，相对贫困治理仍然是乡村振兴必须予以重点关注的问题之一。因此，在全面推进乡村振兴战略中，防止脱贫人群返贫、持续推进精准扶贫也会是党和国家积极重视的现实问题，《中华人民共和国国民经济和社会发展第十四个五年规划和 2035 年远景目标纲要》提出要"建立健全巩固拓展脱贫攻坚成果长效机制"。精准扶贫是指针对不同贫困对象的致贫原因，实施精准识别、精确扶贫的方法和手段，以达到脱贫致富的目的。顺利实现脱贫攻坚目标后，巩固脱贫成果、拓展扶贫成效以及防止返贫现象发生仍是我们所面临的一项艰巨任务。此外，要使脱贫群众走向致富之路，避免掉入相对贫困的"陷阱"，也是乡村振兴中必须关照的民生工程。一直以来，借助农村成人教育"扶贫先扶智（志）"、实现精准扶贫，是我国扶贫战略的重要举措。此外，有学者通过分析中国扶贫网《人物·故事》专栏中的 60 位脱贫农民案例发现，经由农村成人教育可以提升人力资本、优化心理资本、扩展社会资本，能有效阻断农村贫困代际传递。① 由是观之，应继续充分发挥农村成人教育的作用，将扶贫与扶智、扶志有机结合起来，形成一种"教促富、富促教"的农村经济循环发展

---

① 何爱霞，孙纪磊. 继续教育阻断农村贫困代际传递的作用机理及发展路径［J］. 现代远程教育研究，2021（3）：91－99.

模式，助力全面乡村振兴战略。

（四）是乡村精神文化振兴的源动力

农民物质生活水平的提高必然带来精神文化需求的勃兴。对农民进行价值引导、精神引领、推进移风易俗、树立健康文明的生活新风尚已成为新时代农村成人教育的重要任务。农村成人教育机构要以社会主义核心价值观为引领，弘扬主旋律和社会正气，改善农村居民精神风貌，在乡村产业、人才、文化、生态和组织五个方面的全面振兴中发挥支撑作用。农村成人教育与乡村文化共同促进、相辅相成。农村成人教育应成为传承乡村文化、涵化乡村成人品性的重要浸润地。农村成人教育的一大使命也在于发挥文化的育人功能，最大限度地实现文化的选择、融合、传播及创新作用。乡村振兴的核心在于精神文化的振兴，文化传承与创新是农村成人教育重要的文化功能①，一个民族没有了文化就像无水之源、无本之木，而一个乡村没有了文化就没有了乡村的意义、就丢失了乡村之魂。古往今来人之所以对乡村具有执念，称故乡为"精神世界的最后一片净土"，其深层次根源在于对乡村承载的文化符号的追寻与向往。

农民作为乡村文化建设的主体，理应主动地去了解、明确自身文化形成的社会基础、特点及未来走向。因此，农村成人教育应积极培育农民的文化自觉，文化自觉是指"生活在一定文化中人对其文化有'自知之明'，明白它的来历、

---

① 唐开福.城镇化进程中乡村文化的传承困境与学校策略［J］.湖南师范大学教育科学学报，2014（2）：107－110.

形成过程、所具有的特色和它的发展趋向"①。农民具有了文化自觉，才能在对自身文化认知、评判和反思的过程中，知晓建立在农耕文明基础上的乡村文化所具有的优、缺点和特色，才能涵化乡村文化历史的厚重感、情感的温度感、人文的情怀感。这样，才能使农民认识到自身文化的价值，树立乡村文化自信，在乡村振兴的实践中形成共同的文化认知和理想信念的基础，才能积极去推动乡村文化的嬗变、成长和发展。

第三节　人的现代化：农村成人教育变革的逻辑进路

一、人的振兴是乡村振兴的现实基础与价值旨归

乡村振兴，关键在人。这里的人既指投身于乡村振兴的各类人才，又指生活在乡村场域中的各种人群——主体是农民。从根本上说，乡村振兴与人的振兴是一对耦合生成的概念，乡村振兴的前提和基础是人的振兴，而人的振兴又是乡村振兴的价值旨归。换言之，没有人的振兴，乡村振兴战略难有作为，也缺乏价值灵魂；而没有乡村振兴，乡村场域中的人就失去了理想寄寓和精神生成的空间，逃离就成为必然的选择。

----

　　①　费孝通. 反思·对话·文化自觉 [J]. 北京大学学报（哲学社会科学版），1997（3）：15－22，158.

（一）人才是乡村振兴的第一生产力

毫无疑问，人才是一种资源，是乡村振兴的第一生产力。基于此，《关于加快推进乡村人才振兴的意见》明确指出，要"坚持把乡村人力资本开发放在首要位置"。乡村振兴本质而言，表现为乡村的充分发展和农村农业的现代化，是一项复杂巨大的社会系统工程，包括产业振兴、人才振兴、文化振兴、生态振兴和组织振兴等五个方面。深入分析可知，人才振兴在整个乡村振兴的系统工程中占据重要的战略地位，这是由人才振兴与其他四大振兴的内在联系决定的。

第一，人才振兴能够为产业振兴提供劳动力资源和人力资本保障。产业振兴是乡村振兴的物质基础和发展关键，没有产业振兴，乡村振兴就是"空中楼阁""镜花水月"。推动乡村产业振兴，就是要构建现代农业产业体系、生产体系、经营体系，实现农村一、二、三产业深度融合发展。推动乡村产业振兴，关键要有产业化的思维和能力、要有产业布局的业态规划能力、要有资源整合和多业态经营能力，而这些只能依靠各类人才，依靠各类管理人才、生产人才、经营人才。换言之，乡村产业振兴，要以人才振兴为基础。

第二，人才振兴为文化振兴提供组织者和工作对象。推动乡村文化振兴，要以乡村公共文化服务体系建设为依托，积极培育文明乡风、良好家风、淳朴民风；要让中华优秀文化基因如邻里守望、诚信重礼、勤俭节约的文明之风在乡村兴盛发展。乡村文化振兴，一方面需要大量既有中华优秀传统文化素养又熟悉现代文化的文化工作人才；另一方面也需要以各类人才为工作对象，宣传、培育、弘扬社会主义核心价值观，为人才成长发展培根铸魂。可见，乡村人才振兴是乡村文化振兴的关键。

第三，人才振兴为生态振兴提供建设者和生态产品供给者。优质的生态环境将是乡村最大的优势和宝贵的财富，推动乡村生态振兴，首先要加快农业转型升级，激发乡村生态价值的内生动力，发挥农业特有的生态功能，让农业成为生态产品的重要供给者。这无疑需要一批生态环境保护和发展的人才。推动乡村生态振兴，还需要以绿色发展为引领，推进农业农村绿色发展，加快农村人居环境整治，加强农村污水、垃圾等突出环境问题综合治理，改善农村人居环境，补齐农村生态环境建设短板，让乡村成为生态涵养的主体区。这也需要大量的具备绿色生态意识和生态建设能力的人才。

第四，人才振兴为组织振兴提供各类基层组织人才。推动乡村组织振兴，一是需要加强农村基层党组织带头人队伍建设，提升其农村基层治理能力，加强农村基层党组织对乡村振兴的全面领导，健全乡村治理体系，为乡村的发展和乡村社会的安定有序掌好舵把好关；二是要积极加强农村基层党组织和党员队伍建设，加大在青年农民、外出务工人员和妇女中发展党员力度，加强农村党员队伍建设，提升党员队伍的社会影响力；三是要进一步完善村民自治制度，健全民主选举程序。这也需要能够胜任议事、办事和监事任务、促进"三治"（自治、法治、德治）有机结合的村民人才。可见，组织振兴要以人才振兴为核心。

总之，乡村振兴归根结底需要各类人才去推动、去担当作为、去创新发展。但反观现实，长期以来，我国乡村中青年、优质人才持续外流，人才总量不足、结构失衡、素质偏低、老龄化严重等问题较为突出，与乡村振兴的要求存在较大差距，这更加突显了人才问题在全面乡村振兴中的核心和关键作用。

（二）人的现代化是乡村振兴的价值旨归

乡村振兴，本质上就是乡村发展，就是实现农业农村现代化。因此，要准确全面理解乡村振兴战略，应该将其放在我国社会的整体现代化进程中去考察。

新中国成立以来，依靠农业农村的大力支持，我国在一穷二白的基础上建立起比较完整的工业化体系和国民经济体系，由于我国长期实行城乡二元结构政策，城乡之间在资源投入、公共服务和社会保障等方面具有较大的差异，因而在社会发展和现代化进程中表现出较大的分野。可以说，农村和农民为我国工业化、城镇化的推进作出了巨大贡献。随着中国特色社会主义进入新时代，我国社会主要矛盾发生变化，发展的不平衡不充分已成为我国经济社会可持续发展的重要掣肘，发展需要有新思路、新理念，正确处理工农关系、城乡关系又到了新的历史关口。

从世界历史来看，现代化进程中，伴随着工业化和城市化的快速发展，乡村不同程度地出现衰落和凋敝的现象，为了更好地就业和发展，大量农民涌向城市，导致大量的城市贫民窟产生，有的国家甚至因此造成社会动荡。我国充分吸取了西方国家在现代化进程中处理城乡关系的正、反两方面的经验教训，通过积极促进城乡之间优势互补，实现融合发展。实践已经反复证明，没有农业农村的现代化，就没有整个国家的现代化。根据"木桶定律"，乡村是现代化的短板，因而乡村的现代化的程度决定着整个国家现代化的水平。正如习近平总书记所深刻指出的，没有农业现代化、没有农村繁荣富强、没有农民安居乐业，国家现代化是不完整、不全面、不牢固的。

那么，如何来界定和理解我国的农业农村现代化呢？逻辑上，要理解农业农村现代化，先要理解什么是现代化。对于现代化的理解，在西方有"两分法"和"关键项"理论。所谓"两分法"是把现代化视为从传统到现代的转变，而"关键项"则把现代化视为工业化或合理化。表面来看，现代化指工业化进程中随着科学技术在生产过程中的广泛应用而导致的社会生产力以及社会结构的根本变化。本质而言，现代化表现为生产力—生产关系、经济基础—上层建筑互动变迁的过程。在现代化过程中，人的现代化是整个现代化的本质和关键。一方面，任何现代化的推进都需要人力资本的支撑和保障；另一方面，人的现代化也内在于整个现代化进程之中，是一个相互依存、相互促进、相辅相成的过程。结合乡村振兴战略来看，乡村振兴本质上就是乡村发展，就是乡村现代化，表现为农业、农村现代化，核心和根本是实现乡村人的现代化，主体是农民现代化。农民现代化，是农民在生产能力和观念结构上适应现代化发展的体现，在整个乡村振兴、农业农村现代化过程中占有重要地位，是乡村振兴和农业农村现代化的本质和关键所在，是人的现代化在农民身上的具体化。人的现代化是指人的个体现代化，即个人现代性发生、发展的现实活动，包括个人价值观念、思想道德、知识结构、行为方式由传统性向现代性的转变，是个人由传统人向现代人的转变。[①] 在这个转变过程中，人具有了现代性，现代性通俗而言就是"现代精神"，如理性、民主、法治、平等、人道等。现代人的典型特征是具有主体性，表现

---

① 郑永廷等. 人的现代化理论与实践［M］. 北京：人民出版社，2006：11.

为积极性、自主性、创造性。① 从现代人的内涵来观照，中国农民的现代性发展尚任重而道远，需要在乡村振兴的伟大实践中不断拓展人的现代性。

二、农村成人教育要围绕促进人的振兴来建构

无论从哪个方面说，人的振兴对于乡村振兴而言都具有重要的意义和价值。乡村人的振兴，从现实来看，是加大为农、适农的人力资源开发力度，主要表现为乡村振兴中人才的大幅度攀升；本质而言，最重要的是要促进乡村人——主体是农民——的现代化，即以现代性的增进为主要表征。增长人的现代性的途径很多，但教育无疑在其中扮演着重要的角色、起着关键的作用。因此，作为以农村成人为主要对象的农村成人教育应担起重要的历史使命。

（一）培育主体性意识，增强农村成人的现代性

学术界对乡村振兴的路径进行了诸多探索，如从乡村文化力量、乡村治理因素、乡村制度变革、乡村经济振兴等进行乡村振兴战略的研究；但从根本上说，人是关键变量，是发展的基源动力。教育是促进人发展的主要影响手段，教育对促进人的现代性的增长至关重要。尽管人的现代性表现为一组特征，有许多维度，但概而言之，从目的层面而言，一切社会存在的价值在于提升人的主体性，让人自由、理性地生存。在一个社会中，只有当人的主体性能得到弘扬，积极性、自主性、创造性能充分发挥，人的理性潜能与本质力量能够得到充分的展示和显现，人能够自由、安全、幸福甚至诗意地生存，这个社会

①　褚宏启.教育现代化的路径：现代教育导论（第3版）[M].北京：教育科学出版社，2021：162.

才称得上是"现代社会"。从这个意义上说，农村农业的现代化首要的是农村人的现代化——人的现代化既是乡村振兴的逻辑起点，又是乡村振兴的价值目标。

现代化学者英克尔斯和史密斯认为："在发展过程中一个基本的因素是个人，除非国民是现代的，否则一个国家就不是现代的。在任何情况下，除非在经济以及各种机构工作的人民具有某种程度的现代性，否则我们怀疑这个国家的经济会有高的生产力，或者它的政治与行政机构会很有效率。"① 可见，社会现代化是以个人现代化为基础和前提的。因而，农村成人教育要为促进乡村场域中的人的自由发展、理性发展和主体性提升而努力，其中最为重要和关键的是促进农民从传统人向现代人的转变。对于中国这样一个发展中国家来说，农业长期居于主导地位，小农意识浓厚，历史传统中主体性观念淡薄，依附性观念较强，因而促使农民向现代人转变之路艰辛而漫长。

英克尔斯等人通过研究发现，传统人的特征主要表现为"被动地接受命运，一般缺乏效能感；害怕革新，不相信新事物；同外界隔绝，对外界发生的一切毫无兴趣；信赖传统的权威，接受长者、宗教与习俗领袖的劝告；只关怀个人的特别是家庭的事务，对社区的事务很冷漠；只同纯属地方的和教区的群体认同，因而远离并且畏惧较大的区域和全国性的大群体；为适合狭隘的目的而形成或降低自己的志向，培养谦逊的为自己的一点收益而感激不尽的情操；同下属和社会地位较低的人具有的关系是严厉的，有阶级性的；对凡是

---

① 英克尔斯，史密斯. 从传统人到现代人：六个发展中国家中的个人变化 [M]. 北京：中国人民大学出版社，1992：10.

同维持自己的日常生计的事务无明显实际关系的教育、学习、研究，都不重视"。传统人的这些素质"往往把人们冻结在人们现在生存和固有的情形和地位之中，这就会使那些过时的、陈腐的、时常令人难以忍受的制度继续下去，它们紧紧束缚人们。要打破这个牢固的束缚，要求人们在精神上变得现代，他们要接受我们已确认的现代人所有的那些态度、价值、行为模式，并把这些融于他们的人格之中"①。

毫无疑问，人的现代化是社会现代化的基石。影响人的现代化的因素很多，诸如媒体传播、技术变革、社会交往、城市生活、教育等，而我们更为关切的是教育在促进人的现代化中能起到什么作用？英克尔斯等人的研究表明："在决定个人现代性之中，教育本身是一个非常强有力的直接的和独立的因素。"② 英克尔斯等人通过对阿根廷、智利、以色列、尼日利亚、巴基斯坦、印度6个发展中国家进行了大量的调查研究后发现，即便承认存在不完美的学校和教师，研究资料也确切地表明，教育对于处于其中的学生而言产生了实质性的影响，他们学到的不仅是阅读、写字和计算，更习得了同他们个人发展以及他们国家未来有关的态度、价值和行为方式。那些在学校时间较长的人，不仅知识更多，而且有更强的个人与社会的效能感；更积极地参与社区事务；更多地向新观念、新经验和新的人开放；更重视科学，更容易接受变化。概言之，由于接受了更多的教育，他们的个性性

　　① 英克尔斯，史密斯．从传统人到现代人：六个发展中国家中的个人变化［M］．北京：中国人民大学出版社，1992：453－454.
　　② 英克尔斯，史密斯．从传统人到现代人：六个发展中国家中的个人变化［M］．北京：中国人民大学出版社，1992：201.

格更趋向于现代和理性。① 因之，在乡村振兴过程中，要大力加强农村成人教育，通过教育促进人的自由与解放，培育主体性意识，增进现代性素质。不应只局限于满足技能层面的培训，一技之长的获得只是基础，只是谋生的手段；而要更重视农村成人自主意识的培育，自我发展、自我解放价值观的养成，要积极引导农民的社会参与，使其以主人翁的精神和态度融入乡村振兴的伟大实践中去。

（二）突显人文价值，促进农村成人"自由发展"

教育从根本上来说是人性教育，其核心是涵养人文精神，因此不能将农村成人教育机械地等同于工具论，而应该充分挖掘其人文价值。作为终身教育的重要组成部分，农村成人教育在培养具有人文关怀的农村成人方面发挥着重要作用。联合国教科文组织 2015 年出版的《反思教育：向"全球共同利益"的理念转变?》强烈而鲜明地提出了人文主义的命题，该报告认为教育应该以人文主义为基础，尊重生命和人类尊严、权利平等、社会正义、文化多样性、国际团结和为可持续未来承担共同责任，此外，该报告还强调在教育中应该重申人文主义的方法，以此为人类可持续发展提供开启未来的钥匙，在教育方面要超越狭隘的功利主义和经济主义，要采取开放的、灵活的、全方位的学习方法，为所有人提供发挥自身潜能的机会，以实现可持续的未来，过上有尊严的生活。② 为此，乡村振兴背景下农村成人教育还应跳出"技

---

① 英克尔斯，史密斯. 从传统人到现代人：六个发展中国家中的个人变化［M］. 北京：中国人民大学出版社，1992：209.

② 联合国教科文组织. 反思教育：向"全球共同利益"的理念转变?［M］. 教科文组织出版，2015：36 – 38.

能培训"定位的藩篱，着眼于"现代人"养成的价值取向，突显人文价值、主体意识。毋庸讳言，当前无论是在成人教育理论界还是在成人教育实践中，一谈起农村成人教育之于乡村振兴的功能作用，无不指向基于"技能培训""人力资源开发"等的实用价值和工具理性。诚然，这些也是需要的，但远非完备，甚至从某种意义上说，这只是在一种基本的、较低层面来言说农村成人教育的价值。随着社会的发展，我们对于教育价值的认识越深入，那么我们就愈加重视教育的本体价值，即在"成人"中的价值——助力成为一个现代人、一个敢于追求自我解放并努力去获取更大自由的人。

　　马克思主义认为，人是社会的主体，社会是个人活动得以实现的关系形式，即人的共同体。社会的发展属于人的发展的条件性因素，社会发展的根本目的是人的发展。这就是马克思所说的"历史不过是追求着自己目的的人的活动而已"。① 马克思对社会的考察，是以人的发展为前提和标准的，同时也把人的解放和个性的自由发展作为社会发展的终极追求。在马克思主义看来，社会的发展史就是人的发展史，人的发展归根结底就是个体发展的历史，"而不管他们是否意识到这一点"。可见，马克思主义的人性观，是历史唯物主义的人性观，是建立在社会实践基础之上的、体现历史发展的人性观。马克思在《德意志意识形态》中批判费尔巴哈的抽象人性观，他指出："个人怎样表现自己的生活，他们自己就是怎样。因此，他们是什么样的，这同他们的生产是一致的——既和他们生产什么一致，又和他们怎样生产一致。

---

　　① 马克思，恩格斯．马克思恩格斯全集（第 2 卷）［M］．北京：人民出版社，1957：118.

因而，个人是什么样的，这取决于他们进行生产的物质条件。"① 依照不同社会的物质生产实践，马克思把人性的发展分为三个阶段或者三种状态：人的依赖关系状态；以物的依赖性为基础的人的独立状态；建立在个人全面发展和他们共同的社会生产能力成为他们的社会财富这一基础上的自由个性状态。从马克思主义人与社会关系的观点来审视，教育作为一种社会实践和社会事业并不是一种服务于社会的工具，而是一种服务于人的自由发展的活动。在这种发展中，基于时代提供的社会条件和物质实践，个体的主体价值的彰显和实质自由的获得是教育育人价值最重要的表征和表达。

在对经济领域以增长为基础的狭隘发展观反思的基础上，阿马蒂亚·森聚焦人类的实质自由的扩展，提出了"以自由看待发展"的新发展观。他提出要保障人的实质自由，而不是形式上的自由与权利，并认为人的"实质自由"是发展的最终目的和重要手段。诚如他所言："扩展我们有理由珍视的那些自由，不仅能使我们的生活更加丰富和不受局限，而且能使我们成为更加社会化的人、实施我们自己的选择、与我们生活在其中的世界交往并影响它。"② 阿马蒂亚·森从发展哲学的层面切入，将经济发展视为"扩展人们享有的真实自由的一个过程"，这一洞见虽源于他对经济领域中"增长式发展观"的反思，但其作为一种新的发展观无疑具有普遍意义。正如他所说："人们在机构和制度组成的世界中生活

---

① 马克思，恩格斯．马克思恩格斯选集（第 1 卷）［M］．北京：人民出版社，2012：147.

② 阿马蒂亚·森．以自由看待发展［M］．任赜，于真，译．北京：中国人民大学出版社，2002：10.

和行动。我们的机会和前途严重依赖于存在哪些机构和制度以及它们如何运作。机构和制度不仅对我们的自由作出贡献，它们发挥的作用还可以按照它们对我们的自由所作的贡献来进行合理的评价。以自由来看待发展提供了一个对机构和制度进行系统评判的视角。"① 以自由看待发展就意味着"必须把人类自由作为发展的至高目的的自身固有的重要性，与各种形式的自由在促进人类自由上的工具性实效性区分开来"②。无疑，阿马蒂亚·森的"以自由看待发展"的观点对于思考教育也提供了一个独特的视角。事实上，与经济发展相比，教育发展更应该看作"扩展人们享有的真实自由的一个过程"。基于以上分析，农村成人教育应该以增进农村成人"实质的自由"为价值追求，使其具备"可行能力"。其实早在 20 世纪 50—60 年代，具有广泛国际影响的巴西著名教育家保罗·弗莱雷在长期的成人扫盲教育实践中就提出，农村成人教育应该不只是教习农村成人基本的生存技能和识字能力，更应该唤醒他们的主体性和自我意识，并通过自己的革命性实践获得自由解放和全面发展，并把这一思考在1970 年出版的《被压迫者的教育学》中提炼为"教育是一种促进人性解放的事业"的核心观点。③

　　现实观之，受实用主义的影响，以往的农村成人教育更

---

　　① 阿马蒂亚·森. 以自由看待发展 [M]. 任赜，于真，译. 北京：中国人民大学出版社，2002：135.

　　② 阿马蒂亚·森. 以自由看待发展 [M]. 任赜，于真，译. 北京：中国人民人学出版社，2002：31.

　　③ 保罗·弗莱雷. 被压迫者教育学 [M]. 顾建新，张屹，译. 上海：华东师范大学出版社，2020：9.

注重"技"而不是"道"，即只关注农村成人技术的培训及技能的增长，关注技能提升带来的生存价值，而不注重其背后的发展逻辑和自由价值。但随着社会的整体进步、乡村振兴战略的推进，国家和社会对农村成人的整体素质有了更高的期待，这必然要求农村成人教育在注重"技"的基础上也要重视"道"。"道"，既指路、方向、途径、方法、技艺，也指道理、事理，引申为事物的理念、操守等。可见，这是一种"应然"层面的价值表达，是追问教育"应该怎样"的价值性问题，回答的是教育应该秉承什么样的价值理念的问题。因而，农村成人教育重视"道"，就是立足于农村成人人性之解放，发展其独立思考能力、合作交流能力、民主法治精神、数字化能力以及自主发展和自由解放的能力。概言之，就是发展其与时代同步、同向的能力、素养和精神，切实拓展他们在社会生活和社会行动中的实质自由，使农村成人能够从根本上安其居、乐其业，在生命展开中不断探寻自我的生命意义和生存价值，找到心灵的归属、自我的价值并诗意地栖居。

（三）形塑乡村法礼秩序，助力农民向现代公民转变

乡村振兴意味着乡村社会与文化的变迁，但变迁并不仅仅是因为结构的变迁而产生的，变迁还可能反映出社会与文化的现实是动态的、不断变化的。① 乡村变迁中乡村秩序形成的基础和维系力量可以概括为：从教化权威力量转向代表国家法规政策的法礼权威与乡村礼俗混合而成的力量。② 乡村社会治理及秩序的基本性质已经从费孝通笔下的"礼治秩

---

① 陆益龙. 后乡土中国 [M]. 北京：商务印书馆，2011：181.
② 陆益龙. 后乡土中国 [M]. 北京：商务印书馆，2011：281.

序"向"法礼秩序"逐渐转变。乡村作为中华民族最原始的根，在不断的进化过程中血缘关系、族群社会及礼仪秩序已经盘根错节地渗透到各个角落，乡村最原始的治理模式是礼治——运用礼俗社会将个体的行为规范在其编织的意义之网中。尽管随着现代法律体系的完善及社会法制化的到来，乡镇人民政府、村委会等在维护乡村的法礼秩序中承担着主要的责任，但决不能抹杀礼治秩序在乡村治理中的功用，这是广大的劳动人民在长期的实践过程中形成的历史现实基础。因此，农村治理要妥善处理好礼秩秩序和法礼秩序的关系，也就是说，社会治理的关键是处理好自治与法治、德治的关系。在此背景下乡村社会的治理也受到两种不同的规则和不同力量的影响，一是国家法礼规则和国家权力，二是乡村礼俗规则和文化力量。① 时代抛给农村成人必须思考的问题是：农村成人如何树立主人公意识？如何自觉参与乡村民主政治生活？如何进行法理秩序的乡土重建？面对乡村振兴抛给农村成人的时代之问，农村成人教育应有所作为，应积极主动回应农村成人的时代需求，为农村成人的现代性生成提供教育指引和方略，为维护乡村法礼秩序、推动乡村社会和谐发展助力。

随着社会的不断加速、城镇化的快速推进，乡村的衰败和边缘化导致乡村的法礼秩序愈加式微而走入双重困境。首先，从国家法律制度而言，尽管"普法、懂法、守法"在农村呼吁、施行很多年，但根据笔者对江西省、安徽省和广西壮族自治区部分农村的实际调查，发现农村成人普遍缺乏法

---

① 陆益龙. 后乡土中国 [M]. 北京：商务印书馆，2011：285.

律意识，遇到侵权行为不知道通过法律维护自己的权利，在农村的民主政治生活中也不能有效地行使自己的民主权利，更遑论参与乡村社会治理；更有甚者，有部分村干部在乡村公共事务管理中坚持"乡下鼓乡下打"①的思维定式来行事，出现治理行为跟现行的国家法律制度相冲突的现象。其次，随着社会转型期乡村利益格局的变化和乡村社会文化的变迁，传统的以血缘关系、地缘关系为基础建构的礼俗规范、传统权威遭受严重挑战而使得影响力越来越弱，致使农村社区邻里关系日趋淡化，信任度降低，传统的守望相助的价值观受到冲击，相反"笑贫不笑娼""一切向钱看"等不良价值观甚嚣尘上。一项基于农村社区的调查显示，居民认为没有必要与邻居沟通感情的比例占到74.7%，对生活困难的邻居是否帮助及为农村社区公共事务活动捐款选择"视情况而定"的比例占50%。②破解双重困境，必须在新形势下构建新的乡村法礼秩序，核心和关键是通过农村成人教育积极培育农民的公民素养，助力农民向现代公民转变，为乡村的现代化发展奠基。要提升农民的公民素养，逻辑前提就是积极培育农民的公民意识——思想是行为的灵魂和统帅。

对于我国的发展来说，现代化不仅是城市的现代化、工业的现代化，它还需要农村农业的现代化，没有农村农业的现代化就不能实现我国的全面现代化，中华民族伟大复兴的美好愿景和社会共同富裕的崇高目标就很难实现。农村农业现代化不仅是经济、政治、文化、社会、生态文明等各方面

---

① 指依据农村传统的习惯和习俗来办事的观念和行为。

② 胡建华．构建社会资本 建设农村社区［N］．中国民族报，2014－08－08（6）．

的现代化，其核心和关键在于农民的现代化。时代在不断发展变革，当今世界正经历百年未有之大变局，站在"两个一百年"奋斗目标的历史交汇点上，作为我国农村社会发展和农业现代化转型的主体，农民已然或主动或被动地卷入城镇化和现代化之中。"农业、农村、农民"的"三农"问题归根结底是农民问题。农民问题解决的前提和基础在于扭转农民传统的思想意识，使其传统的依附意识、小农意识逐渐向现代公民意识转型。有学者认为，我国农民公民意识培育不仅具有农民内在需求的人本意蕴，同时它也具有社会发展的时代价值，它有利于推动我国社会主义新农村建设的发展、助力我国社会主义现代化的实现以及中华民族的伟大复兴。①

农民公民意识的培育要兼顾公共层面和个体层面，是农民作为国家公民和乡村个人的普遍性和特殊性关系的统一。一方面，农民公民意识的培育要以我国社会主义核心价值观为基本参照，它是我国公民所应普遍遵循的价值观——具有对象的普适性、内容的原则性和方向的指导性。另一方面，农民作为我国公民，其在职业选择、文化底蕴和制度身份上是一个特殊群体。由此，农民公民意识的培育也需要从农民自身的特殊发展现状和需求出发来探求和提供适用于农民群体的公民意识培育的方式，坚持普适性和特殊性的统一。现阶段，我国农民公民意识培育主要包括公共层面的民主意识、自由意识、平等意识、公正意识、法治意识、公共意识以及个人层面的爱国意识、责任意识、诚信意识、友善意识、自强意识、文明意识等。并且，公共层面和个人层面的公民意

---

① 孙可敬．我国农民公民意识培育研究［D］．郑州大学，2016.

识培育是相互影响、相互渗透的，公共层面指导并影响着个人层面，而个人层面既是公共层面在个体上的投射，从而成为检验国家和社会发展状态的试金石，同时个人层面又通过其在社会实践领域中的外化而反作用于国家相关政策法规的制定以及社会规则的运行。质言之，农民公民意识培育两个层面之间是相互作用、相辅相成的你中有我、我中有你的和谐统一的关系。

农民公民意识培育的目标指向农民的公民素养。公民素养是民主精神、法治精神的外在行为表现，具体表征为：能够积极参与社会公共事务，积极投身公共服务工作，履行公民义务；学习和遵守法律，维护法律尊严和利益；具有世界视野的责任感与包容性，尊重世界多元文化的多样性和差异性。公民素养具体到农民身上，就是能积极参与乡村振兴的各项社会事务，具有现代法律和理性精神，为乡村的美丽生态和美好生活出力尽责，具有家国情怀和乡土素养。

（四）提升人的尊严，教育承认正义促成农村成人美好生活

公平意味着"正义"。约翰·罗尔斯（John Bordley Rawls）的"分配正义"理论远非完美，后继罗伯特·诺齐克（Robert Nozick）"持有正义"、阿克塞尔·霍耐特（Axel-Honneth）的"承认正义"、扬（Young）的"关系正义"、迈克尔·沃尔泽（Michael Walser）的"复合正义"等正义理论都从论证逻辑、立场论点等角度对其进行批判和修正。分配正义着眼于社会资源的合理分配，目的是使社会成员都有平等的机会享有社会资源，它诉诸社会制度的合理安排，关心资源分配方式的公平正义。与分配正义不同，承认正义指向人与人之间的社会—心理关系，目的是使人与人在社会—心

理关系中得到平等尊重。分配正义解决的是资源分配问题，没有关注人的心理伤害问题。自 20 世纪 90 年代后，"越来越多的社会批评者认识到，社会弱者所受到的心理感情伤害并不是一种从属性伤害，心理伤害应当独自成为社会批评关注的问题"①。马加利特在 1996 年出版了《正派社会》一书，这本书一面世就受到世人的广泛关注和追捧，被誉为"自罗尔斯的《正义论》问世 25 年以来最重要的一部社会正义著作"，它改变了人们思考社会正义的角度。马加利特认为，"贫困并不是以收入分配来定义的，贫困是一个社会关于人最低生存条件的概念。最低生存条件指的是起码要满足哪些需要才能过上一种算是人的生活"。马加利特把"尊严"视为做人的一个基本条件，他认为，羞辱就是把人不当人，就是"把一个人从人类共同体中革除，使一个人失去了（对自己生存的）基本把持"②。马加利特提出的"正派社会"的核心要义就是制度要不羞辱人。

从宽泛意义上说，承认正义属于关系正义，是关系正义的一种类型。关系正义指向人与人之间社会关系的正义。人在社会关系中有没有受到平等对待，不是物质资源的分配问题，而是涉及社会关系的本质和排序的问题，包括在宏观和微观上主导社会成员互相对待方式的正式的和非正式的规则。这种规则用来调节群体或阶层之间的社会关系，它关注群体或阶层间的社会互动关系。关系正义观的代表人物扬（Young）认为，社会不正义就是社会强势群体对弱势群体的支配和压迫，包括剥削、边缘化、剥夺权利、文化帝国主义

---

① 徐贲. 正派社会和不羞辱 [J]. 读书，2005（1）：150 – 156.

② 徐贲. 正派社会和不羞辱 [J]. 读书，2005（1）：150 – 156.

和暴力。承认正义则进一步聚焦群体内部个体间的正义问题。关系正义和承认正义都是着眼于人与人之间的关系，前者关注的是社会群体和阶层，分析的是他们之间的社会关系，后者关注的是群体内部的个体，分析的是人与人之间的伦理关系，指向人与人之间人格上的平等与尊重，主张人人都应该作为平等的主体而存在。承认正义通过承认所有个体尊严的目标来定义。承认正义观认为，不正义表现为人与人在社会地位系统上的不平等引起的主体间关系的非正义，这种不正义是由文化秩序和价值关系上的不平等导致的。因此，承认正义的实现需要借助于文化、价值和伦理关系的重构。承认正义之于人而言，有其重要的本体价值和现实意义。因为人生活在社会关系中，人的社会本质决定了人有被承认的内在要求。人只有在承认中，才能合法地存在。承认是个体平等基础上的相互认可、认同与确认，它指明了主体间一种理想的相互关系，在承认中一个主体视另一个主体为他的平等者。这种平等超越了物质分配的平等，表现为人格的平等、自尊的实现。物质分配平等导致的物质占有的平等，并不必然会带来人格的平等和个体的尊严。而人对人格和尊严平等的渴望，在一定程度上会超过对物质平等的渴望，因为这是人生存和发展的前提条件，也是人之为人的最重要的表征和体现。

作为"人"的教育，必须持守承认正义。承认是人的本体价值和基本需求，是生命的关键支点，人人都需要被尊重和有尊严。承认正义观的代表人物阿克塞尔·霍耐特在《为承认而斗争》一书中，借用黑格尔的话表达了自己对于承认的重视和追求："在承认中，自我已不复称其为个体，它在承认中合法地存在，即他不再直接地存在。被承认的人，通过他的存在得到直接考虑因而得到承认……人必然地被承认，也必须地给他人以承认。这种必然性是他本身所固有的。"①
教育是一种以承认为基础的人与人之间的互动实践，是精神
的成长和智慧的共生，雅斯贝尔斯在《什么是教育》中区别
了教育与训练：训练是一种心灵隔离的活动，人是纯粹的客
体，但教育是人与人精神的契合，是人与人之间心灵的沟通
与敞亮。② 教育是生命和精神之间的碰撞、交融和沟通，教
育的定位决定了它必须坚守承认正义。只有坚守承认正义的
教育，才能让教育实现人与人之间心灵的沟通、交融，正所
谓"人格的真正自由平等的关系是相互承认的关系……人格
间的相互承认，就是在相互尊重他人人格及价值（尊严）的
基础上，相互保证、促进他人的人格实现"③。霍耐特以尊严
为核心，论述了承认的三种形式：爱的承认、法权的承认和
成就的承认。在这三种承认形式中人能够分别获得自信、自
尊和自豪——即在爱的承认中获得自信，在法权的承认中获
得自尊，在社会的尊重中获得自豪，与这三种承认形式相对
应，霍耐特提出了承认正义的三个原则：需要原则、平等原
则和成就原则。④ 霍耐特关于承认正义的深刻论述给农村成
人教育以有益的启示。

从全球成人学习和教育（Adult Learning and Education，

---

① 阿克塞尔·霍耐特. 为承认而斗争 [M]. 胡继华，译. 上海：
上海人民出版社，2005：49.

② 雅斯贝尔斯. 什么是教育 [M]. 邹进，译. 北京：生活·读
书·新知三联书店，1991：1－2.

③ 岩崎允胤. 人的尊严、价值及自我实现 [M]. 刘奔，译. 北
京：当代中国出版社，1993：66.

④ 王凤才. 论霍耐特的承认关系结构说 [J]. 哲学研究，2008
（3）：41－50.

55

ALE）的情况看，2019 年 12 月初，联合国教科文组织终身学习研究所发布了《成人学习和教育全球报告（四）》，这是继 2009 年、2013 年和 2016 年三份报告之后的第四份全球性报告，报告显示全球成人学习和教育的政策进展令人鼓舞、治理进一步改善、融资机制不断创新、质量大幅度提升、参与率总体提高，但同时也面临着资金投入仍显匮乏、善治之路依旧艰辛、弱势群体参与不足、公民教育进展缓慢以及监测数据存在偏误的挑战。① 从公平正义的视角，ALE 弱势群体参与不足的问题尤其需要引起重视，这些弱势群体主要是妇女、农村人口、难民、老年人、残疾成年人、受教育程度低的成年人。综合来看，农村人口具有弱势群体的叠加效应，从世界范围来看，根据多层面贫困指数（The Multidimensional Poverty Index，MPI），生活在严重多层面贫困中的 16 亿人，有 85% 生活在农村地区。撒哈拉以南非洲和南亚这两个区域的农村人口受到 MPI 的打击特别严重，教育不足是农村人口贫困的核心。② 因此，农村妇女、农村老年人、农村受教育程度低的人群，无疑要成为我国乡村振兴中重点关照的群体，根据"木桶理论"，乡村整体的现代化程度、文化素养和精神品性取决于最短的那块木板，所以大力提升乡村文化软实力和乡村治理的凝聚力，加快建立活力乡村、和谐乡村和文明乡村需要积极采取措施，提升乡村成人尤其是弱势群体的成人学习和教育的参与率。结合霍耐特承认正义的三

① 郭中华. 全球成人学习和教育的现实挑战与行动策略 [J]. 继续教育研究，2021（5）：34 – 39.

② 陈其晖，倪丽娥. 成人边缘化群体学习参与障碍及对策分析 [J]. 成人教育，2020（12）：1 – 6.

个原则，农村成人教育承认正义的表达为：（1）需要原则。农村成人的发展需要获得农村成人教育的支持，需要各级政府和社会组织基于农村成人的实际需要提供尽可能大的支持。需要原则必须以爱的承认形式来呈现，关心农村成人的精神成长和个体发展。（2）平等原则。平等原则来自人格的普遍性要求。平等原则所要求的是对平等的资格和权利的承认，共同体中所有成员都有平等资格拥有平等参与教育生活的权利，反对身份拒绝和社会排斥，主张每个人在教育中都有同等的机会，享有同等的待遇。（3）成就原则。平等原则关注普遍性，成就原则关注特殊性。成就原则是对人的独特个性和成就的承认。每个人都是一个独特的生命体，都有属于他自己的独特的个性和特有的成就，成就原则就在于找到属于每个人的优势和成就，使每个人获得自豪感。

总之，承认正义视域下的农村成人教育，要在爱的关怀、平等尊重和成就赞许的形式下，体现需要、平等和成就三个原则，使农村成人获得改善个体生存和发展的外在条件，扩大个人机会和自我发展，提升个人追求精神世界的能力，从而去创造个体有尊严的美好幸福生活。

第四节　关涉幸福：发生学视域中的农村成人教育幸福观

习近平总书记曾在多个场合指出，"人民对美好生活的向往就是我们的奋斗目标"。2021年4月25日，习近平总书记在广西考察时再次强调，"让人民生活幸福是'国之大者'"。追求幸福是人的本能，也是人生的意义和价值。恩格斯说："每个人都追求幸福"①"它们是颠扑不破的原则，是整个历史发展的结果，是无须加以论证的"②。"活到老、学到老"，无疑，成人教育是人生的重要内容或者说是人的一种重要的生活方式，已成为现代社会成人的生长、发展、自我实现的不可或缺的外源动力。作为成人来说，总是在追寻和向往着幸福，追求幸福是人的本性和人生的终极目标。这样，成人教育总是与人的幸福相关联的。据此，农村成人教育没有理由不关注农村成人幸福问题，它应该以自己的方式对农村成人幸福问题做出回应；况且，乡村的全面振兴进程就是乡村成人幸福的生发过程、感知过程、体验过程。农村成人教育关涉农村成人幸福是一个价值论问题，也是一个农村成人教育的实践观问题，更是一个植根于现实中"人"的价值观照问题，不得不深入讨论。为了用语的简洁和统一，"农村成人教育关涉农村成人幸福"下文都以"农村成人教育幸福"指代。从生成的视角来观照，农村成人教育幸福就是一个发生学问题。从发生学视角来探讨农村成人教育幸福问题，就是要树立农村成人教育幸福生成的场域观，农村成人教育幸福演化的进化观，农村成人教育幸福体验的过程观，农村成人教育幸福评价的个性观。

一、农村成人教育幸福生成的场域观

成人教育幸福是指在成人教育中体验到或者通过成人教

---

① 马克思，恩格斯. 马克思恩格斯全集（第 42 卷）[M]. 北京：人民出版社，1979：374.

② 马克思，恩格斯. 马克思恩格斯全集（第 42 卷）[M]. 北京：人民出版社，1979：373.

育获得的幸福。幸福不是成人教育所固有的，不是成人教育的必然，换句话说，它不是成人教育的应有之义。成人教育幸福更多的是一个生成的概念，也就是说，成人教育可能给人以幸福，也可能让人感觉不幸，幸与不幸全在于成人教育的具体品质和内核。中国有句古话"近朱者赤，近墨者黑"，讲的是人对环境的依存性，场域对在场事物的统摄性。其实，成人教育幸福的产生、变化何尝不是如此呢？成人教育幸福不是抽象的而是具体的，不是普适的而是在关系中生成的，并且它的生成离不开成人教育的空间场域。历史地看，并不存在一成不变、古今皆然的成人教育，成人教育总是在变化、发展、进步着；同时，从现实来说，成人教育在世界范围内也不是一个模式、一种样态，成人教育总是生长在具体的民族、社会、文化的土壤中，从而表现出它的个性、特色和多样性存在。成人教育依据一定的历史、时空、关系而存在和规定，这就是成人教育的场域性。成人教育的场域性，要求我们要以一种具体、现实的眼光来看待成人教育、理解成人教育，同时也要求我们以一种建设性的眼光来考量成人教育与幸福问题。成人教育幸福依赖于并来源于成人教育场域，这是成人教育幸福生成场域观的重要内涵。

"场域"（field）作为一个重要的范畴和分析框架，一般认为是法国社会学家布迪厄（P. Bourdieu）提出来的，之后被广泛使用在社会学的研究中。布迪厄认为，"社会"是一个空泛的概念，一个分化的社会并非一个由各种系统功能、一套共享的文化、纵横交错的冲突或者一个君临四方的权威整合在一起的浑然一体的总和，而是各个独立的"游戏"领域。① 这些独立的"游戏"领域就是场域。布迪厄把"场域"定义为"各种位置之间存在的客观关系的一个网络（network），或一个构型（configuration）"。场域是行动者争夺珍贵资源的竞技场，竞技的核心是资本。布迪厄认为一种资本总是在既定的具体场域中灵验有效，是斗争的武器、优势争夺的关键。② 他认为"确定什么是场域，场域的边界是什么"这些基本的问题都需要通过"资本"来衡量。资本是场域运作的基本动力。资本争夺的过程会使行动者形成社会化的经验积累，内化形成特定的心理状态和身体性情，这就是布迪厄所谓的"惯习"。惯习是可持续的倾向性系统，是先期被结构化且作为"使结构化的原则"来运作的结构。③从布迪厄对"场域"的定义，我们可以看出"场域"概念是一个关系性概念，"场域"的存在是一个具有自身逻辑和必然性的客观的空间关系网络。但是，我们不能把"场域"理解为被一定边界物包围的领地，同时，它也不等同于一般的领域，而是在其中有内含力量的、有生气的、有潜力的存在。质言之，场域是具有一定自主性的，这种自主性使得某个场域能够摆脱其他场域的限制和影响，在发展的过程中体现出自己固有的本质。不过，场域的自主性不是绝对的，而是相

---

① 刘生全. 论教育场域 ［J］. 北京大学教育评论，2006（1）：78-91.

② 布迪厄，华康德. 实践与反思：反思社会学导引 ［M］. 李猛，李康，译. 北京：中央编译出版社，1998：133-136.

③ 布迪厄. 实践理论大纲 ［M］. 高振华，李思宇，译. 北京：中国人民大学出版社，2017：213.

对的，不存在彻底的自主场域。场域没有确定的边界，场域的界限依靠其内个体间的互动，"场域的界限在场域作用停止的地方"①。对于场域，"资本"是其一个核心概念，不同的"资本"类型决定了它的不同特性。在布迪厄看来，"资本"可以被划分为四种类型：经济的、文化的、社会的和符号的（象征的）。正是资本在场域中的流动以及人们为了拥有和获取资本引发的种种争夺，产生了一种复杂的关系网络，也使场域充满矛盾、生机和活力。除"资本"外，"惯习"也是"场域"的一个重要概念。布迪厄将"惯习"定义为一个持久的、可转移的禀性系统。② 惯习内含了人的认识和对世界的理解，并且主要在潜意识层面发生影响和作用。场域生成着惯习，而惯习将场域建构成一个有意义和价值的世界。"场域""资本""惯习"是相辅相成、彼此依存、相互界定的一组概念。

布迪厄的"场域"理论对于我们思考农村成人教育促进农村成人幸福带来有益的启示。农村成人教育是在乡村场域中展开的，乡村场域可以描述为农耕文化资本在乡村场域中有效运行，进而逐渐养成乡村成人惯习，使其与场域和资本形成"本体论契合"，并完成实践与发展。布迪厄在具体的研究中将这三者相互联系起来，提出分析公式：［（惯习）（资本）］＋场域＝实践。由此可知，乡村场域是通过乡村成人惯习积累资本继而自组织完成实践的空间。乡村场域的农

---

① P. Bourdieu, L. D. Wacquant. An Invitation to Reflexive Sociology [M]. The University of Chicago Press, 1992：98.

② 李全生. 布迪厄场域理论简析 [J]. 烟台大学学报（哲学社会科学版），2002（2）：146－150.

村成人惯习为农村成人教育实践提供依据和条件，是农村成人学校实践发展的社会基础。农村成人教育有其开展的多种场合，具备必要的文化根基和长期的实践观照。文化场域是农村成人教育实施的重要基础，教育场域是乡村文化场域的重要组成部分，故而教育活动影响着乡村场域中的人的文化心理倾向和习惯的养成。乡村同时也是自然与人文共生的自由场域，在此场域开展农村成人教育能够让农村成人全景式地亲近自然、理解文化、实现自我发展。故而乡村成人学校独特的教育功能在于养成人的自然与人文共生气质。这种气质构成农村成人幸福生活的底色。此外，根据布迪厄对场域的界定和观点，农村成人教育本身其实也是一个场域，有自己的疆界和特性，表现出自身的自主和惯习，并非政治、经济等领域的复制和摹写，也与上位概念的教育和成人教育相区别。当然，这并不意味着可以把农村成人教育场域看成一个封闭的系统，它其实时刻在保持自身独特性的基础上与其他场域进行着物资、能量、信息的交流和沟通。从场域的视角看农村成人教育幸福问题，就是用一种关系的思维进行思考，就是从农村成人教育的具体境域进行考量，只有这样才能更加接近农村成人教育幸福问题的本真，才能更深刻地、现实地领会农村成人教育幸福的发生、发展。农村成人教育幸福是农村成人教育场域中的一个关系命题，农村成人教育幸福的产生、获得内含在农村成人教育场域中的客观关系的网络中的。无论成人教师的幸福还是成人学生的幸福，都是在农村成人教育的诸要素（成人教师；成人学生；教育的条件、手段、方法；教育环境等）的相互作用中发生的，常言道，"没有教师幸福的教，哪有学生幸福的学"，不过，现实的情况远比这种表述要复杂得多。另外，对于农村成人教育场域来说，其资本类型主要是乡村文化资本，因为，农村成人教育过程主要是建立在乡村文化的生产、传播、消费和传承的基础上的，当然这里的乡村文化是一个融汇了现代知识观念和成分的广义概念，是现代意义上的乡村文化，并不仅仅指向以农耕文化为主的乡土知识。综上分析，农村成人教育幸福的生成、发展离不开乡村文化的获取和支撑，乡村文化虽然不是农村成人幸福产生的充分条件，但却是必要条件，离开了乡村文化、缺失了文化资本，农村成人教育场域就失去了它的本性，农村成人的幸福也就成为无根的花木。

　　总之，从场域来观照农村成人教育幸福，就是要用一种关系、具体、深刻、现实的思维来看待农村成人教育幸福的发生、发展。

二、农村成人教育幸福演化的进化观

　　人人都渴望幸福，人人都在追求着幸福。但是，幸福是什么？对于这个问题，人们往往只能根据自己的经验和理解给予一种描述性的回答，很难作出一种规范性的界定。因为，幸福往往是个人对生活的一种主观体验和感受，不同的人哪怕对相同的事物、境况都会作出迥异的判定。更深刻原因还在于，幸福的内容是随历史的发展而变化着的，不同时代的人们因对生活的意义理解不同和价值的取向不同，对幸福的理解也自然发生变化。质言之，幸福是随着个体、历史、时空的变换而演化的，它不是静止固化的，而是动态生成的。一般而言，事物的演化方向往往遵循着从低层次、低水平向高层次、高水平螺旋上升的演进轨迹进行。这被称为事物演化的进化性。农村成人教育幸福的发生、发展是否也遵循这种演化轨迹呢？要回答这个问题，我们得先回答一个前提性的问题：不同的幸福有高下之分、层次之别吗？

在西方哲学史上有四种主要的幸福观：理性主义幸福观、感性主义幸福观、功利主义幸福观和基督教幸福观。[①] 虽然不同的幸福观对幸福的理解各有差异，但共同之处就是，它们都认为幸福是有层次的。持理性主义幸福观的亚里士多德认为，不同的生活方式因其价值观不同而表现为不同的幸福形式。亚里士多德把生活方式分为三种："以满足欲望为主的生活""热心于政治、为国家服务的生活""致力于精神世界的生活"；相应地，幸福也有三种形式："满足欲望或享乐的幸福""取得世俗成功的幸福"和"智能的幸福"。亚里士多德从理性主义出发，认为"智能的幸福"是最高形式的幸福。[②] 有论者从马斯洛需要层次理论出发，认为幸福分为四类：生理幸福、稳定的幸福、社会身份的幸福、真善美的幸福。[③] 在这四种幸福中，生理幸福层次最低，真善美的幸福层次最高，并且沿着一种顺延、层递的路线演进。康德说："有一个目的，是为一切有理性的东西，作为命令的独立对象，所共有的实际前提，它不仅是一个或然具有的意图，而且是他们的确定无疑的前提，根据自然的必然性所具有的完整意图，这就是对幸福的意图。"[④] 康德认为，幸福首先是作

---

① 吴旻. 对幸福问题的思考 [D]. 华中师范大学，2006.

② 马丁·摩根史特恩，罗伯特·齐默尔. 哲学史思路：穿越两千年的欧洲思想史 [M]. 唐陈，译. 北京：中国人民大学出版社，2006：43.

③ 相恒振，刘翠梅. 论幸福的层次结构 [J]. 山东电大学报，2006（1）：30 – 32.

④ 康德. 道德形而上学原理 [M]. 苗力田，译. 上海：上海世纪出版集团，2004：34.

为感性人的一个现实而必然的目标，但幸福更应该被看作道德主体的道德活动目标，将幸福纳入道德的关联中，将他人幸福作为义务，使追求幸福成为道德完善的过程。① 很显然，在康德看来，一种基于义务的道德善的幸福是幸福追求的更高目标。人的幸福有"俗福"和"雅福"，人的幸福感既可以来自物欲的满足，也可以来自精神的自由，但归根到底幸福蕴含着价值取向。② 在幸福价值取向中体现了个体的价值观参与。价值观对每个人的思想观念、思维方式、价值取向和行为规范施加着深刻影响，是人的内在尺度的精神旗帜，是幸福感生成和维持的内在支撑。所以，基于个人独特的生活实践的幸福感觉，由于价值观的高下而体现出幸福追求的层次性。

劳动是人的本质，是人类自由自觉的实践活动，也是人的基本存在方式。马克思从劳动之于人的本体论价值和意义出发，将人类真正的幸福归结为劳动的幸福，并明确了劳动幸福观的三个层次。③

第一个层次是生理层次的幸福。它指人的自然生理机能发展需要得到满足。马克思指出："全部人类历史的第一个前提无疑是有生命的个人的存在。因此，第一个需要确认的事实就是这些个人的肉体组织以及由此产生的个人对其他自

---

① 姚云．论幸福与道德的一致：康德幸福观［J］．苏州大学学报（哲学社会科学版），2014（3）：37－42.

② 王婷，练庆伟．论幸福与信仰［J］．世界哲学，2018（6）：118－123.

③ 王永章．马克思劳动幸福观的三个层次［J］．思想理论教育，2019（9）：39－44.

然的关系。""饥饿是自然的需要；因此，为了使自身得到满足，使自身解除饥饿，它需要自身之外的自然界、自身之外的对象。""人（和动物一样）靠无机界生活。"① 因此，人为了生存和发展，就必须从事改造自然的劳动，只有不断地创造大量的劳动产品供人类消费，才能使人类可持续地繁衍下去。正如马克思所言："人们为了能够'创造历史'，必须能够生活。但是为了生活，首先就需要吃喝住穿以及其他一些东西。因此第一个历史活动就是生产满足这些需要的资料，即生产物质生活本身……这是一切历史的基本条件。"② 为了发展人的自然生理结构和机能，人需要消费劳动产品。消费劳动产品，让人的自然生理机能发展需要得到满足，从而使人获得生理层次的享受和幸福。然而，这种在消费领域所带来的满足和快乐，更多的是动物式的生理需求得到满足时所带来的幸福，这是最低层次的幸福，这种幸福是短暂的、不持久的，因而需要保持在有利于人的生存和发展的合理限度内。

第二个层次是"主客体关系"层次的幸福。劳动幸福不只体现在消费领域，更应该展现在生产领域。也就是说，通过主体改造客体的劳动过程使人实现幸福，从而从第一个层次幸福进入"主客体关系"层次的劳动创造幸福的新阶段——即主体通过劳动改造客体使主体的目的通过对象化得到实现，由此确证了他的本质力量，从而获得一种幸福感。马克思的这一幸福观集中地体现在他的《1844 年经济学哲学手

---

① 马克思，恩格斯. 马克思恩格斯文集（第 1 卷）［M］. 北京：人民出版社，2009：519.

② 马克思，恩格斯. 马克思恩格斯文集（第 1 卷）［M］. 北京：人民出版社，2009：161.

稿》（以下简称《手稿》）中。在《手稿》中，马克思不仅从人与自然界的关系的角度，把人类的劳动规定为改造世界的对象性活动，而且还从人的类存在特性的角度，把劳动规定为人的自由自觉的创造性活动。马克思指出："正是在改造对象世界中，人才真正地证明自己是类存在物。这种生产是人的能动的类生活，通过这种生产，自然界才表现为他的作品和他的现实。因此，劳动的对象是人类的生活的对象化：人不仅像在意识中那样理智地复现自己，而且现实地能动地复现自己，从而在他们所创造的世界中直观自身。"① 马克思认为，在对象化的劳动中，人不但没有丧失自身，而且确证、表现和实现了人的内在力量和主体性，通过劳动确证和体现了他的本质力量，并获得了因本质力量外化和对象化而产生的满足和幸福。

第三个层次是"人与人关系"层次的幸福。这一思想主要体现在马克思《资本论》中对劳动二重性的重大发现。马克思认为，劳动具有二重性。一是它的自然物质性，体现的是人与自然之间的关系，是劳动者与作为劳动对象的自然物质之间的物质变换过程。这个自然物质变换产生了具有使用价值且能满足人的需要的劳动产品。二是它的社会关系属性，即人与人的社会关系的生成过程。劳动不是劳动者自给自足的自我劳动，而是为他人生产产品和服务的为他劳动，这种劳动既是改造自然和创造物质财富的自然物质过程，"同时也是创造人与人的社会联系的过程。每个人在生产物质产品的同时生产出他人的物质生活，从而创造了人与人之间相互

① 马克思.1844 年经济学哲学手稿［M］.北京：人民出版社，1985：53－54.

依赖的社会关系"①。人们需要把自己创造的劳动产品与别人创造的劳动产品进行交换，以此满足彼此的需要，从而形成人与人之间相互依赖、相互服务的社会关系。马克思认为，人的劳动所创造的价值只有在他人身上才能得到实现——即"为千百万人谋福利"的劳动是最幸福的。根据马克思的观点，主客体关系层次上的劳动幸福是一种相对有限的幸福，因为这是主体在对象化的劳动过程中，主体本质力量在劳动产品中得到确证而获得的幸福，这是一种通过体验、反观、欣赏自己的劳动产品而实现的个人幸福。如果要实现更高层次的幸福，就必须用自己的劳动产品来满足他人的需要，通过自己的劳动产品为他人服务，为他人需要进行劳动，以自己的劳动产品为中介（主体—客体—其他主体），建立一种同他人相互依赖与彼此需要的社会幸福。正是在这个意义上，马克思指出，"为人类工作"是个人获得并真正享受自身幸福的正确途径。"如果一个人只为自己劳动，他也许能够成为著名学者、大哲人、卓越诗人，然而他永远不能成为完美无瑕的伟大人物。历史承认那些为共同目标劳动因而自己变得高尚的人是伟大人物；经验赞美那些为大多数人带来幸福的人是最幸福的人。"②

总之，马克思劳动幸福观有三个层次，一是有利于自身生存与发展的生理层次的幸福，二是有利于主体自我实现的"主客体关系"层次的幸福，三是为人类而工作使千百万人

---

① 鲁品越.鲜活的资本论：从深层本质到表层现象［M］.上海：上海人民出版社，2015：168.

② 马克思，恩格斯.马克思恩格斯全集（第40卷）［M］.北京：人民出版社，1982：7.

幸福的"人与人关系"层次的幸福，从自然生理机能上和主客关系上得到的幸福必然要过渡到人与人的社会关系层次的幸福。

综上分析，笔者认为，尽管幸福更多的是个人的事，是一种最终由个人选定的与个人需要和满足相关的价值，但幸福并不因此而获得同样的价值和意义。从价值层面上看，幸福会因取向和形式的不同而表现出相应的层次性。一般而言，幸福包括生理、心理、伦理几个方面的内涵。在幸福的追求中，因注重满足其不同的层面的内容而表现出幸福的不同层次。生理幸福是人的本能欲望得到满足时获得的一种感官的快感，心理幸福更多的是人的生命潜能得以实现时的一种满足感，伦理幸福是个人的价值得到他人、社会、自我肯定和认同时的一种积极的精神状态。显而易见，从价值层面来看，生理幸福层次最低，而伦理幸福则处于最高层次。

追求幸福是人生任何时候都无法割舍和放弃的欲求与冲动，人正是在追求幸福的过程中不断否定和超越自己，实现自身生命的目的、价值与意义。实施乡村振兴战略，农村成人教育承担着把农村成人培养成为社会人、文化人和现代人的重要职能，"成人性""现代性"是其重要的特点和功能，这也决定了农村成人教育在为农村成人赢得幸福、获取幸福中充任一个重要的角色。如果农村成人教育与农村成人的幸福无关，那这种农村成人教育绝对不是农村成人所需要的。并且农村成人教育关涉农村成人的幸福要着力引导个体提升幸福的层次和品位。但是，农村成人教育提升人的幸福层次和品位是一个渐进的过程，是一个从较低层次向较高水平跃升的过程，只有先从技能、生存的角度出发，首先解决他们的现实职业生存和发展问题，进而提升农村成人整个人生的精神、文化境界和现代性品质，满足他们更高层次的自我实现的需要，这就是成人教育幸福的进化观，也是成人教育幸福演进的一般规律。需要明晰的是，这个从低层次向高层次的跃升过程不是线性的、呆板的、简单的而是螺旋上升的、复合的、复杂的过程。如果违背了这个跃升发展的一般规律，那么农村成人教育就可能与农村成人的现实需求背道而驰，最终成为农村成人幸福追寻的一个绊脚石。

此外，农村成人教育幸福演化的进化观，是遵循人的生命发展的合理结果。人的生命发展集中体现为人生境界的提升。人生境界是分层次的，是一个从低到高的发展历程。中国哲学家冯友兰先生曾提出过人生的四种境界：自然之境、功利之境、伦理道德之境、天地之境。这四种不同的人生境界，也可以理解成四种不同的人生价值观和幸福观。其中，后一种人生境界或者人生幸福观是在前一种的基础上的提升和跃进，它是一种层递的进化过程。当然，它不是一种纯线性的迈进，而是波浪式的跃升。据此，农村成人教育应该引导农村成人学员在自身的基础上、在现时的客观条件下不断超越生命，去获取美好、幸福的人生，以达到更高的人生境界。

三、农村成人教育幸福体验的过程观

幸福是一种感受和体验，也是一种能力。这种感受和体验源自过程，并且一个人幸福能力的提高也是由于过程中的历练和累积。对于幸福来说，过程更具有本体论的意义和价值，人生就是一个过程的展开。关注农村成人教育幸福，就要重视教育过程。因为，"教育的过程本身就是体验幸福的过程，并使人在体验幸福的过程中领悟幸福的真谛"①。唯物辩证法认为，世界是运动着的。运动是绝对的、无条件的，静止是相对的、有条件的，静止是运动的一种特殊表现形式。而过程是运动的、流淌的，结果是静止的、固化的，结果是过程的一种特殊表现方式。因此，从终极意义上讲，世界是过程的集合、衔接，而不是结果的呈现、段分。质言之，过程相对结果来说，更具本体论意义和价值。

被认为是 20 世纪新思想的生长点和当代西方哲学热门话题的过程哲学更是推崇过程的根本性。过程哲学的创始人和代表人物怀特海通过对实体的解构而赋予过程以本体论的地位。从与传统西方哲学相比较的视角看，怀特海的过程哲学确实是一种不同于传统西方哲学的新哲学，一种新的哲学世界观和宇宙观，为我们提供了一种新的认识论、方法论、价值论和历史观，对于我们认识整个宇宙和人类社会历史具有重大的方法论启示。从思想传统上看，正如怀特海本人所说，过程哲学同我国古代和印度强调有机、变易与联系的哲学思想传统更加接近。他在其传世之作《过程与实在》中认为：实体不过是过程阶段很多可分的部分联结成的一个个体……任一事物都是经验的机遇或由经验机遇的诸个体构成，不存在物质实体，存在的是一系列相互联系的事件。② 怀特海在其过程哲学的新概念、新范畴的基础上，提出并阐述了一系列的新观点、新命题和新思想，展示了他对于过程的深刻洞

---

① 孟建伟. 教育与幸福：关于幸福教育的哲学思考 [J]. 教育研究，2010（2）：28－33.

② 李世雁，曲跃厚. 论过程哲学 [J]. 清华大学学报（哲学社会科学版），2004（2）：24－28.

见。在《过程与实在》一书中，他提出了以下几个新观点①：
（1）过程即实在。在怀特海看来，"现实世界是一个过程
……这个过程就是各种现实存在的生成"②。（2）存在即生
成。要成为现实的，就是要成为一个过程。一个事物的存在
就是它的生成。脱离了这个生成的过程，这个存在就不是真
正的现实存在了。（3）生成即创造。在怀特海看来，生成不
只是现实存在的量的增加，而且是一种创造性进展。创造性
是宇宙的本质，是宇宙中的终极因素。世界的创造性是基本
的和持续发生的，因此世界上永远有某种新东西在产生。
（4）万物内在关联。任何现实事物的存在都是关系性的存
在。世界上不存在完全孤立的、不与其他任何事物发生关系
的事物。任何现实事物都不是一个真正的"孤岛"。在怀特
海看来，构成过去之整体的所有存在以及所有永恒客体都是
相互联系的。（5）世界是能动的存在。根据怀特海的过程哲
学，任何现实存在都是能动的主体，包括微观世界的原子、
电子、中子等基本粒子也都是能动的主体，它们也有自己的
体验或者经验。这样，过程哲学便从古代哲学坚持的客体的
流变性扩大到了主体的过程性，使世界万事万物无论从客体
上还是从主体上看，都是一种能动的现实存在，都是一种具
有自身感受和体验的现实存在。

　　过程哲学强调过程的根本性、本体性。存在主义哲学家
海德格尔也认为，"此在"的存在方式是"在世"，并通过

---

　　①　杨富斌．怀特海过程哲学基本特征探析［J］．求是学刊，
2012（5）：13–19.

　　②　怀特海．过程与实在［M］．杨富斌，译．北京：中国城市出
版社，2003：38.

"在世"去超越和创造，在超越和创造中体验存在的意义和价值。海德格尔所谓的"在世"就是生命过程的流淌和展开。与过程性思维相对的是结果性思维或曰实体性思维。结果性思维注重的是结果，以结果的成败得失来评判和统摄过程。这样往往造成忽视过程的意义和生命过程中的创造和体验，致使生命在遥遥无期的对结果的期盼、等待中被奴役，幸福则成了一个遥远的神话。本质而言，结果性思维是一种功利性的使然和表现。结果性思维主导下的成人教育自然重结果、轻过程，每每以给予成人多少实际的东西为评判标准，忽视成人在成人教育过程中幸福快乐的体验，最终由于缺乏过程的体验而丧失了丰富的幸福情感和幸福能力，导致意义和价值的失落感和无助感。成人教育领域的结果（实体）思维还有传统成人教育学因素的影响。传统成人教育学认为成人教育是使成人更好地适应现实生活，所谓成人教育"适应说"。这种成人教育观站在成人现实的立场，从成人的社会生存所需的技能素质出发来统摄规定成人的学习。在这种思想指导下，结果自然成为最重要的，过程则显得无足轻重。结果性（实体性）思维对成人教育的不良影响是显而易见的，它最大的弊病就是使成人学员隔离在体验之外，我们经常在成人课堂中看到，老师滔滔不绝地讲，成人学员昏昏欲睡地听，更有甚者，找个借口逃离课堂。成人学员丧失了学习的兴趣，丧失了学习的幸福感，成为实现目标的工具，最终变成冷冰冰的毫无生气和活力的"单向度的人"。

农村成人教育幸福体验的过程性，要求我们以一种理性和建设的眼光关注农村成人教育过程，使幸福的生长和人的体验互动，赋予农村成人教育过程以生命的意义和价值。首先，过程具有目的价值，它不是达到目的的一个手段和路径。

"头悬梁，锥刺股"也是一个学习过程，但是这个过程之所以难耐和无趣，主要就在于它被仅仅当成一种成功的手段和路径。杜威说"教育即生活"时，其实他是把教育过程赋予了生命的目的意义，因为，生活就是生命的展开，人就是在生活中超越自己和创造生命的意义和价值的，而成人教育是人生过程中的一种重要的生活方式。其次，过程是一种丰富性、多样性的流淌和展开，对于幸福来说，尤其如此。我们要以一种复杂的思维来看待幸福的过程体验性，不能仅仅把幸福的体验单一化。最后，成人教育过程不仅是师生之间的知识授受过程，更是师生之间的一种交往、互动过程，这种交往和互动是建立在师生平等对话的基础上的，双方都是平等的参与主体。师生之间的对话是智慧交流、思想碰撞、个性交融和精神相遇的过程，这也是一个创造、生成、体验的过程。

四、农村成人教育幸福评价的个性观

评价，简单地说，就是对一事物的价值作出判断。对于农村成人教育幸福我们该持一种什么样的价值判断呢？

幸福是一种基于客观的主观体验，主观体验性是幸福的一个最重要的特性。幸福的主观体验性意味着，只有个体才能感受和体验幸福，并且个体总是追求按其评价为好的感受和体验。在人的三种基本存在形态——个人、群体和人类中，人类和群体是一种基于实体个人的关系存在和属性存在，它们本身不是一种感性经验上独立的实体存在，并且这种关系和属性只能通过个人或在个人中存在。因此，个人比人类、群体的内涵更丰富、广泛，也就是说，个人才是最基本、最真实的存在，也只有个人才具有生命机体不可替代的感受性。

质言之，幸福的承担者只能是具有丰富情感和内涵的生命个体，不是任何的集体、社会。与此相应，评判农村成人教育幸福自然要落脚于个人，发端于个人的感受和体验。任何与幸福有关的体验——权利、自由、平等、自主等——最终都得由具有生命感受性的个人来承担。如果我们把个人幸福看成社会的终极价值之一的话，那么，任何以集体和社会的名义来干预、剥夺个人幸福的感受和体验的理由，都是不正当、不充分的。这也是马克思主义的基本观点。

人是马克思主义哲学始终关注的中心问题，并且马克思关注的不是抽象的个体，而是"现实的个人"。与费尔巴哈的抽象人相区别，马克思指出，"有生命的个人"也就是现实的、活生生的人，"是一些现实的个人，是他们的活动和他们的物质生活条件，包括他们已有的和由他们自己的活动所创造出来的物质生活条件。因此，这些前提可以用纯粹经验的方法来确认"①。不仅如此，"这里所说的个人不是他们自己或别人想象中的那种个人，而是现实中的个人，也就是说，这些个人是从事活动的，进行物质生产的，因而是在一定的物质的、不受他们任意支配的界限、前提和条件下活动着的"②。马克思通过强调经验的观察和人的实际的物质生产活动，表明了人的现实性存在，是处于实际的社会关系之中的存在。在马克思看来，现实的个人之所以能够成为人类历史发展的第一个前提，是因为其是"以一定的方式进行生产

---

① 马克思，恩格斯．马克思恩格斯选集（第1卷）[M]．北京：人民出版社，1995：67.

② 马克思，恩格斯．马克思恩格斯选集（第1卷）[M]．北京：人民出版社，1995：72.

活动的一定的个人，发生一定的社会关系和政治关系"，而正是在这个过程中，"社会结构和国家总是从一定的个人的生活过程中产生的"①。因而，理解人类历史的发展，理解人自身的发展不能够从抽象的人的本质出发，只能以现实的个人作为逻辑出发点去展开。在马克思看来，这种现实的个人的存在不同于以往传统哲学将其理解为自然的、既定的、静态的且需要等待人们去发现的，这种现实的个人是永远在自我生成、自我超越同时也是自我实现和自我规范的人——即他没有自在的最终的本质，他的本质是在社会实践中不断生成的。正是由于这种"现实的个人"的特质，使"人的本质在其现实性上是一切社会关系的总和"。马克思从现实的个人出发指向人的全面自由发展。这种人的全面自由发展，在其现实性上，包括了人的全面丰富的社会关系的形成、人的能力的全面提高和自由个性的充分发展，以及多方面发展的人的需要的满足。这意味着，现实的人作为一种社会的存在物，只有当其现实的社会关系发展到了全面性和丰富性的时候，人才能够在这种社会关系中实现自身的全面、自由的发展。

综上所述，农村成人教育的立足点首先就应该是乡村场域中的现实中的农村成人，致力于自由而充分发展的人的培养目标，而不是首先站在社会化目标和功利化立场来培养为之服务的"工具人"。在当前开放多元的环境背景下，乡村成人群体具有多类型、多层次、复杂性特点，有着各自不同的人生阅历、生活感受和价值诉求，不同的个体的充分而自

① 马克思，恩格斯．马克思恩格斯选集（第1卷）[M]．北京：人民出版社，1995：71.

由发展首先是自我意识的觉醒和主体性的彰显。"世界上不存在两片相同的叶子",同样,农村成人教育中也不存在个性完全相同的人。个性的差异性存在是一个客观事实,也应该是我们农村成人教育追求的合理性结果。正如《学会生存》所指出的那样,传统教育有两个根本弱点:"第一个弱点是它忽视了(不是简单地否认)个人所具有的微妙而复杂的作用,忽视了个人所具有的各式各样的表达形式和手段;第二个弱点是它不考虑各种不同的个性、气质、期望和才能。"① 其实农村成人教育作为教育中的一个类型,何尝不是如此。这需要我们直面农村成人教育中存在的问题,围绕农村成人幸福的生成去努力建构一种新型的、充满活力的、能促进精神成长的农村成人教育体系。

总之,只有个人才能清楚、真切、现实地感受和体验幸福——属于自己独特的、不可替代的幸福,因此,农村成人教育首先要尊重生命、尊重个性、尊重体验、尊重独特,从农村成人的多样性、个性化需求展开,切实提高他们在教育中的获得感、幸福感,并着重立足于农村成人学员自身的全面自由发展来展开科学性评价。

---

① 联合国教科文组织. 学会生存 [M]. 北京:教育科学出版社,1996:105.

第二章 乡村振兴视域下农村基层干部治理能力提升与培训

　　中国的历史和实践都无可辩驳地说明：乡村治，百姓安，国家稳。乡村治理作为国家治理体系的重要组成部分，是国家治理体系和治理能力现代化的重要一环，关系着乡村振兴战略的整体推进和事业成败。治理有效，是乡村治理的目标。构建治理有效的乡村治理体系，是实现乡村振兴战略的基础。党的十八届三中全会提出："全面深化改革的总目标是完善和发展中国特色社会主义制度，推进国家治理体系和治理能力现代化。"2014年3月5日，习近平总书记在参加十二届全国人大四次会议上海代表团审议时指出："治理和管理一字之差，体现的是系统治理、依法治理、源头治理、综合施策。"党的十九大提出乡村振兴战略，并将"治理有效"作为实施乡村振兴战略的总要求之一，开启了乡村基层治理的新征程。2018年中央一号文件不仅明确指出当前乡村治理体系存在问题，"农村基层党建存在薄弱环节，乡村治理体系和治理能力亟待强化"，而且提出了以"加快推进乡村治理体系和治理能力现代化"为核心的解决路径，并擘画了乡村治理体系的宏伟蓝图："到2020年，乡村振兴取得重要进展，乡村治理体系进一步完善……到2035年，乡村振兴取得决定性进展，乡村治理体系更加完善。"无疑，乡村治理是实现农村和谐稳定、农民安居乐业的关键因素。因此，在乡村治理体系亟须进一步完善的大背景下，将乡村治理纳入国家治理体系并不断完善，创新乡村治理体系，走上乡村善治之路，实现乡村治理有效的目标显得尤为重要。那么，如何实现乡村治理有效呢？有学者认为，应该从以下三个方面切入：一是建设现代乡村社会治理体制；二是健全"三治结合"（自治、法治、德治）的乡村治理体系；三是以基层党组织为抓手实现乡村形态的稳定。① 笔者认为，要实现乡村治理有效，治理体系和制度建设固然重要，但最关键的是人，尤其是农村基层干部的治理能力。

要实现乡村"善治"，积极提升农村基层干部治理能力是不二法门，况且这也是推进基层治理现代化的题中之义，党的十九届四中全会就明确指出要"把提高治理能力作为新时代干部队伍建设的重大任务"。进入新时代，我国社会主要矛盾已经转化为人民日益增长的美好生活需要和不平衡不充分的发展之间的矛盾。乡村地区不仅面临着收入偏低、城乡和地区差距较大、缺乏凝聚力、农民素质不高、"空心化"日益严重等问题，而且面临着公共领域思想意识多元、行为方式多变、利益诉求多样、矛盾纷争多发等动态复杂问题，这急需具备高水平治理能力的农村基层干部来应对。习近平总书记指出，"治国安邦重在基层，基层是一切工作的落脚点"，要"推动社会治理重心向基层下移"，"建立和完善治理体系和治理能力现代化"。这凸显出乡村治理的重要性。全面乡村振兴的进程既是乡村治理的"痛点"突显期，更是亮点催生期。乡村地区由于受历史、文化和区域等因素影响，

---

① 孔祥智，等.乡村振兴的九个维度［M］.广州：广东人民出版社，2018：137－156.

其治理不同于城市，需要国家政策的大力支持和乡村地区良好的治理结构和治理能力共同推动，这种推动尤其需要具有高水平治理能力的农村基层干部来完成。可以说，乡村基层社会治理从传统治理向现代治理转型成功与否，关键在于农村基层干部的治理能力与水平。①

第一节　乡村振兴对农村基层干部治理能力提出新要求

乡村振兴战略的总目标，概括而言就是"产业兴旺、生态宜居、乡风文明、治理有效、生活富裕"，是谓"二十字"方针。从内在机制来看，"二十字"方针指向与"五位一体"总体布局有着内在契合之处，亦即产业兴旺要求经济发展有新突破，生态宜居要求人居环境有新改善，乡风文明要求文化建设革故鼎新，治理有效要求乡村治理有新发展，生活富裕要求农民经济收入上新台阶。事实上，从学理和实践上分析均可发现，其中的关键行动者离不开基层干部，基层干部作为乡村建设的领头羊，是基层管理工作的主要执行者和领导者。因此，实施乡村振兴战略务必要提升基层干部的治理能力。

---

① 许海东. 新时代提升民族地区基层领导干部治理能力研究[D]. 中央财经大学，2019.

一、产业兴旺的总目标要求农村基层干部提升经济发展能力

马克思主义认为，以物质资料的生产和再生产为逻辑起点，以生产方式和生活方式变革为逻辑路径，以共同富裕为最终逻辑目标是人类社会发展的逻辑主线。其中，生产力是推进社会前进的直接动力，"生产力的发展是社会进步的最高标准"[1]。从社会历史发展的总趋势看，生产力的发展是一个螺旋上升的动态过程，随着科学技术和生产力进一步发展，原本适合生产力状况的生产关系便逐渐落后与保守，站在了生产力的对立面，成为阻碍生产力发展的异化力量。"为了不致失掉文明的果实，人们在他们的交往方式不再适合于既得的生产力时，就不得不改变他们继承下来的一切社会形式。"[2] 唯物史观认为，人类历史是一个自然发展的历史，诸多要素的发展逻辑具有规律性——生产力决定生产关系，经济基础决定上层建筑，这条社会历史发展的铁律亦存在于现代经济社会范畴之中。当前，人民日益增长的美好生活需要和不平衡不充分的发展之间的矛盾已成为我国社会主要矛盾，这种不平衡不充分的发展在农村有其特殊表现：不平衡特指城乡发展不协调性；不充分特指农村发展单一性。因此，为了廓清与生产力不相适应的生产关系、促进乡村产业兴旺，无疑需要大力提升农村基层干部的经济发展能力。

---

① 列宁. 列宁选集 [M]. 第 16 卷. 北京：人民出版社，1972：209.

② 马克思，恩格斯. 马克思恩格斯文集（第 10 卷）[M]. 北京：人民出版社，2009：44.

2015年，习近平总书记在贵州调研时指出："基层干部是加强基层基础工作的关键，要提高其发展经济能力、改革创新能力、依法办事能力、带领群众能力。"① 提升基层干部发展经济的能力，就要增强其对"以经济建设为中心"的深刻认知，积极了解高科技、运用新技能、增长大本领，敢当、想当、善当"千里马"，做好乡村经济社会发展领路人；同时要加强经济工作的理论实践、经验探索，掌握主流经济发展的一般规律和方法，主动适应经济发展新常态。最后，核心要义在于要依据本地实际，因地制宜，走出一条符合当地乡村经济发展的道路。

二、生态宜居的价值旨归要求农村基层干部提升生态保护能力

乡村良好的生态环境关乎农民生活福祉、关涉乡村未来的可持续发展大计，是乡村振兴战略的重要内核。对于人与自然关系的问题，马克思和恩格斯有诸多论述，展现了他们的生态思想。马克思指出，"人直接地是自然存在物，而且作为有生命的自然存在物"②，是自然社会不断衍变的产物。自然界作为人类生产、生活的重要场所，是社会历史发展的物质承担者。为了自身及后代的生产与发展，人类在进行自然生产与社会交换的过程中，必须遵循事物的本质属性和客观规律，实现人与自然和谐统一。此后，马克思在剖析异化

---

① 习近平在贵州调研时强调 看清形势适应趋势发挥优势 善于运用辩证思维谋划发展 [J]. 当代贵州，2015（24）：8 - 13.

② 马克思，恩格斯. 马克思恩格斯全集（第42卷）[M]. 北京：人民出版社，1979：167.

劳动时指出："人靠自然界生活。这就是说，自然界是人为了不致死亡而必须与之不断交往的、人的身体。所谓人的肉体生活和精神生活同自然界相联系，也等于说自然界同自身相联系，因为人是自然界的一部分。"① 恩格斯的《自然辩证法》更是蕴含了丰富的人类与自然共生的理论思想和理论品行，他在《自然辩证法》中警告："我们不要过分陶醉于我们人类对自然界的胜利。对于每一次这样的胜利，自然界都对我们进行报复。"② 恩格斯在《自然辩证法》中提出"整个有机体"概念，不仅包含着人类与自然的有机整体关系层面，而且蕴含着人与人的有机整体关系层面，展示了他的生态世界观、生态方法论和生态价值论。③

2018 年，习近平总书记在全国生态环境保护大会上指出，打好污染防治攻坚战时间紧、任务重、难度大，要着力建设一支政治强、本领高、作风硬、敢担当，特别能吃苦、特别能战斗、特别能奉献的生态环境保护铁军。④ 就乡村社会而言，"生态铁军"的主体成员无疑是基层干部。基层干部作为乡村环境整治的突击队，是打赢绿水保卫战、做好机动货车污染治理、田野臭水体治理、水域保护修复、自然环

---

① 马克思，恩格斯. 马克思恩格斯选集（第 1 卷）［M］. 北京：人民出版社，2012：52.

② 恩格斯. 自然辩证法［M］. 北京：人民出版社，2018：313.

③ 冯起国，杨谦. 恩格斯《自然辩证法》的理论内蕴及其在全球卫生治理中的彰显［J］. 福州大学学报（哲学社会科学版），2021（5）：33 –40.

④ 习近平出席全国生态环境保护大会并发表重要讲话［EB/OL］.（2018 – 5 – 19），新华社，http：//www. gov. cn/xinwen/2018 – 05/19/content_ 5292116. htm.

境保护工作的关键力量。如何在环境治理的过程中提升其主体性功能，发挥其主体性作用，是当前农村基层治理中值得深思的问题。

三、乡风文明的精神指向要求农村基层干部增强文化建设能力

乡风文明是乡村文化建设的价值目标，乡村是整个国家和社会文明程度表征的基础单元，通过推动乡村文化建设，不断提高农民素质，有利于农业农村现代化，因而实现乡风文明事关国家的现代化整体进程。从实践发展来看，从社会主义新农村建设的 20 字方针"生产发展、生活富裕、乡风文明、村容整洁、管理民主"到乡村振兴的 20 字方针"产业兴旺、生态宜居、乡风文明、治理有效、生活富裕"，虽然对乡村建设的内涵进一步丰富、层次进一步提升，但是"乡风文明"的表述却始终不变，足见乡风文明在乡村振兴中的重要作用，换言之，乡风文明既是加强农村文化建设的重要举措，更是乡村振兴之魂。

马克思、恩格斯在《共产党宣言》中指出："代替那存在的阶级和阶级对立的资产阶级旧社会，将是这样一个联合体，在那里，每个人的自由发展是一切人的自由发展的条件。"[①] 在马克思设想的"自由人联合体"时代，文化的功能主要是造就出自由个性和素质全面发展的人，而文化的价值指向则是崇尚能力和人的基本素养，两者是相互联系、相

---

① 马克思，恩格斯．马克思恩格斯选集（第 1 卷）［M］．北京：人民出版社，2012：422.

互交融的逻辑关系。恩格斯指出，"文化上的每一个进步，都是迈向自由的一步"①，回溯近代以来中国苦难的历史，尽管中国屡遭帝国主义的侵略和欺凌，但国家并未灭亡，反而在中国共产党的带领下，中华民族实现了从站起来、富起来到强起来的伟大飞跃。深入探究，这跟中华民族强大的文化基因不无关系，在中华民族生死攸关的关键时刻，不少仁人志士以文化信念为支撑，在困难和挫折面前没有丢掉自我，反而越挫越勇，发奋图强，从而铸就了中华民族自强不息的伟大革命精神。新中国成立后，中华民族在一穷二白的基础上，撸起袖子加油干，不怕苦、不怕累，使国家和社会的发展焕发出巨大的活力和动力，特别是改革开放以来，中华民族的创造力和发展力展现空前的水平和高度，成为世界第二大经济体，创造了世界经济发展史上的奇迹，这与中华民族的文化积淀、文化精神内核不无关系——这是中华民族立足于优秀传统文化并融汇了马克思主义革命文化、吸收了外来的以民主、科学精神为表征的理性文化等先进文化而铸就的伟大干事创业的建设精神。

2018 年全国"两会"期间，习近平总书记在山东代表团参加审议时强调："要推动乡村文化振兴，加强农村思想道德建设和公共文化建设，以社会主义核心价值观为引领，深入挖掘优秀传统农耕文化蕴含的思想观念、人文精神、道德规范，培育挖掘乡村文化人才，弘扬主旋律和社会正气，培育文明乡风、良好家风、淳朴民风，改善农民精神风貌，提

---

① 马克思，恩格斯．马克思恩格斯全集（第 20 卷）［M］．北京：人民出版社，1973：126.

高乡村社会文明程度，焕发乡村文明新气象。"① 这一重要论述，深入阐释了加强乡村文化建设的重要意义并提出了明确的目标任务，为新时代推进乡村文化建设指明了方向、提供了遵循。农村基层干部作为乡村灿烂革命文化、绚丽乡土文化和社会主义先进文化的坚实守护者，是实现乡村文化振兴的重要力量。增强农村基层干部文化建设能力无疑是实现乡村全面振兴的必然要求。毫无疑问，乡风文明的价值旨归成为乡村振兴的基本内核。"乡风文明"对基层干部提升"文化建设能力"指引了方向，亦提出了新要求。

四、治理有效的总方针要求农村基层干部提高政治领导能力

党的十九大报告首次提出"党的政治领导力"这一概念，具有鲜明的时代性和重要的政治性。要认识和理解政治领导力，首先需明白"力"的内涵。从现代汉语词典释义来看，"力"就是力量、力气和效能的意思。从物理学意义讲，能"力"就是物体间的相互作用，其构成要素主要由力的大小、方向和作用点组成。《孟子》有言："以力服人者，非心服也，力不赡也；以德服人者，心悦而诚服也。"孟子所说的力在这里指力量、武力，全句的意思就是靠武力使人服从，不是真心服从，只是力量不够（反抗）罢了；靠道德使人服从，内心是高兴的，是真心的服从。从以上简单的分析可知，在政治领导后加一个"力"，是要强调领导和执政要有权威、

① 习近平李克强王沪宁赵乐际韩正分别参加全国人大会议一些代表团审议 [N] . 人民日报，2018 – 03 – 09（1）.

有力量、有实效。概言之，党的政治领导力即党对一切事物关于路线、方针、政策领导的能力。它不仅是领导力的具体体现，也是衡量政党领导力的重要尺度，并在党的领导能力和执政能力中居于关键地位，把握准了政治领导力，就能达到提纲挈领、牵一发而动全身的功效。党的政治领导力最为重要的基本内核在于依法办事、依宪行事。2014 年 10 月在党的十八届四中全会上，习近平总书记强调："全面推进依法治国，基础在基层，工作重点在基层。推进基层治理法治化，要增强基层干部法治观念、法治为民的意识，提高依法办事的能力。"基层治理法治化目标的提出也为基层干部主体能力的提升指明了方向。

　　乡镇作为我国政权机关的组织根基，是与人民同呼吸的基层单元。基层干部作为乡镇工作的管理者和领导者，是引领农民参与乡村振兴最直接的实施者。因此，基层干部的政治领导力，直接影响到乡村振兴各项工作的顺利展开和成效，同时也关系到党和政府在基层民众心中的公信力和感召力。客观而言，政治领导力是指执政党对各类社会阶层、各种政治力量正向的感召力，涉及社会治理的各方面能力。笔者认为，从基层来看，基层干部的政治领导力主要体现为依法办事的能力。其一，依法办事能力是"政治领导力"的基本内核与题中之义；其二，相对而言，在基层行政中，基层干部的依法办事能力还比较欠缺，依法办事能力提升了，民众的安全感、获得感增加，政治领导力必然也会增强。可见，只有不断增强基层干部的依法办事能力，才能在提高农民获得感的同时得到他们的拥护，共同铸造乡村振兴共同体。综上所述，必须把准农村基层干部乡村治理能力的现状和问题，精准施策，着力提升和培育其总揽全局的魄力和依法办事的能力。

五、生活富裕的价值取向要求农村基层干部提升群众组织能力

群众组织力是指中国共产党发动组织群众、团结带领群众完成党和人民的伟大历史任务的核心能力。习近平总书记指出："历史和现实都告诉我们，密切联系群众，是党的性质和宗旨的体现，是中国共产党区别于其他政党的显著标志，也是党发展壮大的重要原因；能否保持党同人民群众的血肉联系，决定着党的事业的成败。"马克思主义科学地阐明了人民群众在历史活动中的主体地位，阐发了人民群众在推进历史进程中的伟大作用。马克思、恩格斯曾指出："历史活动是群众的事业，随着历史活动的深入，必将是群众队伍的扩大。"[1] 马克思主义发展史明确地表明，人民群众是自然历史和社会历史的缔造者，是社会生产方式和科技水平不断创造革新的主体动力，只有充分尊重人民群众的首创精神，始终坚持人民群众的主体地位，马克思主义政党才能永葆生命力、创造力和发展力。毛泽东指出："任何有群众的地方，大致都有比较积极的、中间状态的和比较落后的三部分人。凡属真正团结一致，联系群众的领导骨干，必须是从群众斗争中逐渐形成，而不是脱离群众斗争所能形成的。"[2] 其中深刻阐发了党员干部与人民群众之间的相互交融性和内在规定

① 马克思，恩格斯．马克思恩格斯全集（第2卷）[M]．北京，人民出版社，1973：104.
② 毛泽东．毛泽东选集（第3卷）[M]．北京：人民出版社，1991：898.

性。中国共产党百年奋斗历程充分说明，党之所以能在各种严峻挑战下获得生存、发展并壮大起来，并能不断地从胜利走向新的胜利，最根本的一条经验就是党始终扎根于人民群众之中，始终保持同人民群众的血肉联系，始终把人民群众的需要作为自己的奋斗目标。

全面乡村振兴中，基层干部既是带领群众谋发展、创机遇的"主心骨"，也是引导群众共建家园、奔向致富路的领路人。"人民富不富，关键看干部。"然而，随着乡村振兴的纵深推进，一些自然历史条件一般的地方乡民由衷地希望摆脱贫困的枷锁和巩固脱贫的成果，但苦于致富无门。作为处于乡村治理一线的基层干部，要带头维护党中央权威，坚定为民办实事、办好事的决心，力争在提高农民获得感、幸福感、安全感的同时，也得到人民的真心拥护与支持。再者，要坚持勤政为民的基本准则，坚守好为人民谋幸福的政党初心，以高度负责的工作态度和满怀激情的处事状态投身于乡村治理各环节当中，帮助群众厘清发展思路，同人民一起同呼吸、共命运，为创造美好幸福生活而奋斗。

第二节　农村基层干部治理能力的现状及存在问题

基层既是一个地域的概念，也是一个国家治理层级的概念。农村基层干部治理能力主要是指农村基层干部具备的治理经济社会和公共事务的基本能力，是农村基层干部在多元治理时代的基层治理体系中，在治理国家事务和社会事务中所具有的潜在的或现实的能量和力量，具体指农村基层党组织和基层政府机关工作的干部，还包括村民委员会的干部以直接或间接的方式，推动基层经济社会发展，管理基层国家事务和社会事务的本领和能力。主要包括统筹经济发展能力、公共服务能力、法治能力、精准扶贫能力、解决实际问题能力、政策执行能力、及时回应公众需求能力、协调协商能力、预测和处理危机能力、网络治理能力等，这些能力是农村基层领导干部治理的质量和水平的综合反映，是衡量农村基层领导干部治理模式有效性的直观度量指标。为了解农村基层干部治理能力的现状和问题，本研究选取广西壮族自治区为样本地进行实地调研，研究者于2020年12月，2021年3月、4月先后三次深入桂林、贺州、柳州、河池、梧州等地进行农村基层干部治理能力的实地调研，通过问卷调查和深入访谈的方式收集资料。问卷调查法是采用王赛男、滕玉成、吴玲（2019）编制的基层干部治理能力问卷。[①] 该问卷分为引导与执行力、公共服务能力、整合资源能力、管理创新能力、知识与技能拓展力、信息分享提升力6个维度组成，共35题，采用Likert6点计分法。本研究问卷Cronbach's α系数依次为0.921、0.829、0.833、0.788、0.919、0.883，累积总解释变异量为67.917%，该问卷信效度良好。访谈法则采用结构化与非结构化相结合的方式，具体调研框架如表2-1所示。

---

① 王赛男，滕玉成，吴玲. 基层干部治理能力结构探索及问卷编制 [J]. 心理学探新，2019 (5)：474-480.

表 2 - 1 农村基层干部治理能力调研框架

一级维度	二级采访点	具体观测点
新时代农村基层干部治理能力	公共服务能力	农村基层干部作为公共服务主体,能否意识到公共服务客体的需求并及时提供公共服务以及提供公共服务的水平如何。
	法治能力	农村基层干部学习法律知识,理解法律本质,运用法治思维依法办事的能力。
	危机处理能力	农村基层干部应对突发事件处理的能力。
	协同共治能力	农村基层干部自觉意识到并与其他部门共同联动、协同治理农村事务的能力。
	沟通协调能力	农村基层干部在日常工作中妥善处理好上级、同级、下级等各种关系,使其减少摩擦,能够调动各方面的工作积极性的能力。
	回应能力	反映农村基层干部对于社会诉求的倾向性态度,更多地是指农村基层干部为满足农村社会诉求而采取的措施或行动。
	治理技术能力	农村基层干部利用现代技术进行农村基层治理的能力。
	创新能力	农村基层干部运用系统性思维、创造性思维和实践思维创造性进行农村基层治理的能力。

资料来源：本研究整理。

问卷调查对象 600 余人，回收有效调查问卷 523 份，深入访谈对象 80 余人，整理文字稿 8 万余字，背景变项如表 2 -2。

表 2-2　背景变项统计表

基本资料		样本数	比例（%）
性别	男	431	82.4
	女	92	17.6
年龄	25 岁及以下	13	2.5
	26~35 岁	110	21.0
	36~45 岁	195	37.3
	46 岁及以上	205	39.2
学历	高中及以下	121	23.1
	专科	267	51.1
	本科	129	24.7
	研究生	6	1.1
职位	正科	18	3.4
	副科	47	9.0
	科员	115	22.0
	办事人员	157	30.0
	村干部	186	35.6
工作地点	农村	275	52.6
	乡镇	211	40.3
	城区	37	7.1
参加工作培训情况	从来没有	16	3.1
	1 次 / 年	108	20.6
	2~3 次 / 年	260	49.7
	4~5 次 / 年	72	13.8
	6 次及以上 / 年	67	12.8

资料来源：本研究整理。

一、农村基层干部治理能力的现状

（一）农村基层干部基本情况统计分析

汇总本研究调查结果，进一步统计此次调查对象不同性别在各年龄阶段、学历、职位、工作地点和参加工作培训情况的分布，可以看出此次调查男性 36 岁及以上、女性 26 ~ 45 岁人数所占比例较高；在学历方面，男性、女性专科人数占比较高；在职位方面男性村干部、女性科员人数占比较高；在工作地点上男性人数较多的为农村地区，女性则是乡镇；在参加工作培训情况中，男、女一年参加 2 ~ 3 次工作培训的较多。具体统计数据如表 2 - 3 所示。

表 2 - 3　各年龄阶段与其他背景变项交叉统计（ n = 523）

基本资料		男	比例（%）	女	比例（%）
年龄	25 岁及以下	8	61.5	5	38.5
	26~35 岁	71	64.5	39	35.5
	36~45 岁	166	85.1	29	14.9
	46 岁及以上	186	90.7	19	9.3
学历	高中及以下	106	87.6	15	12.4
	专科	223	83.5	44	16.5
	本科	97	75.2	32	24.8
	研究生	5	83.3	1	16.7
职位	正科	17	94.4	1	5.6
	副科	39	83.0	8	17.0

基本资料		男	比例(%)	女	比例(%)
职位	科员	85	73.9	30	26.1
	办事人员	130	82.8	27	17.2
	村干部	160	86.0	26	14.0
工作地点	农村	242	88.0	33	12.0
	乡镇	155	73.5	56	26.5
	城区	34	91.9	3	8.1
参加工作培训情况	从来没有	11	68.75	5	31.25
	1 次 / 年	90	83.3	18	16.7
	2~3 次 / 年	204	78.5	56	21.5
	4~5 次 / 年	68	94.4	4	5.6
	6 次及以上 / 年	58	86.6	9	13.4

资料来源：本研究整理。

从不同职位与培训情况的统计数据中可以看出，虽然职位不同，但一年工作培训 2~3 次的所占比例最高。具体统计数据如表 2-4 所示。

表 2 − 4　职位与培训情况统计（n = 523）

基本资料	正科	副科	科员	办事人员	村干部
从来没有	0	0	7	8	1
比例(%)	0.0	0.0	6.1	5.1	0.5
1 次 / 年	3	8	35	38	24
比例(%)	16.7	17.0	30.4	24.2	12.9
2~3 次 / 年	9	28	43	68	112
比例(%)	50.0	59.6	37.4	43.3	60.2
4~5 次 / 年	2	6	12	22	30
比例(%)	11.1	12.8	10.4	14.0	16.1
6 次及以上 / 年	4	5	18	21	19
比例(%)	22.2	10.6	15.7	13.4	10.2

资料来源：本研究整理。

（二）农村基层干部治理能力现状分析

被试者在治理能力各维度的得分情况呈现基层干部治理能力的现状。各维度总得分越高，代表被试者治理能力的程度越高。反之，则代表被试者治理能力程度越低。由表 2 − 5 可以得知，被试者整体治理能力情况较好，但管理创新能力方面低于其他能力。

表 2 – 5　基层干部治理能力得分描述性统计（$n = 523$）

维度	M（平均值）	SD（标准差）
引导与执行力	5.66	0.56
公共服务能力	5.25	0.61
整合资源能力	5.14	0.78
管理创新能力	4.75	0.77
知识与技能拓展能力	5.60	0.58
信息分享提升能力	5.42	0.69
总治理能力	5.34	0.53

资料来源：本研究整理。

（三）农村基层干部治理能力差异分析

差异分析主要探讨农村基层干部不同性别、民族、年龄、学历、职位、工作地点和参加工作培训情况在不同维度的干部治理能力中是否存在差异。经研究发现，农村基层干部的治理能力在性别、年龄、职位、参加工作培训情况中有显著差异，在民族、学历中无显著差异。

由表 2 – 6 可以看出，在引导与执行力方面，村干部得分最低。同时可以发现不同职位的基层干部间存在显著差异，具体为职位为正科、副科的基层干部的引导与执行力显著高于村干部，副科显著高于科员与办事人员。

在公共服务能力方面，不同年龄阶段与参加培训次数不同的基层干部存在显著差异，具体为 25 岁及以下年龄阶段的基层干部公共服务能力得分最低；从没参加培训、2 ~ 3

次/年、1 次/年的基层干部公共服务能力显著低于参加培训 6
次及以上/年的基层干部。

在整合资源能力方面，不同性别与参加培训次数不同的
基层干部存在显著差异。具体为男性整合资源能力得分显著
高于女性；参加培训 6 次及以上/年的基层干部整合资源能力
得分显著高于参加培训 1 次/年的基层干部，参加培训 4 ~ 5
次/年与 6 次及以上/年的基层干部得分显著高于 2 ~ 3 次/年
的基层干部。

在管理创新能力方面，不同性别、职位与参加培训次数
不同的基层干部存在显著差异。具体为男性得分显著高于女
性；基层干部职位是正科的得分显著高于村干部，正科、副
科得分显著高于办事人员，正科得分显著高于科员；参加培
训 6 次及以上/年的得分显著高于 2 ~ 3 次/年。

在知识与技能拓展能力方面，正科得分最高，村干部得
分最低，而且不同职位的基层干部之间存在显著差异。具体
为基层干部职位是正科、副科的得分显著高于村干部，正科
得分显著高于办事人员、科员、副科。

在信息分享提升能力方面，不同职位的基层干部之间存
在显著差异，在得分上正科最高，村干部最低。差异具体表
现为职位为科长的基层干部得分显著高于科员、办事人员、
村干部。

表 2 - 6　基层干部在不同背景变项下的差异分析表（$n = 523$）

差异来源	变项	分组	M	SD	$F(t)$值	差异比较
性别	整合资源能力	A.男	20.76	2.90	(2.53*)	B < A
		B.女	19.70	3.79		
	管理创新能力	A.男	24.03	3.70	(3.45**)	B < A
		B.女	22.53	4.22		
年龄	公共服务能力	A.25 岁及以下	32.62	6.87	6.671***	A < B、C、D
		B.26~35 岁	36.14	4.93		
		C.36~45 岁	37.43	4.25		
		D.46 岁及以上	36.76	3.45		
职位	引导与执行力	A.正科	40.89	1.78	3.70**	E < A、B
		B.副科	41.11	2.08		D < B
		C.科员	39.57	3.96		C < B
		D.办事人员	39.78	2.95		
		E.村干部	38.94	4.89		
	管理创新能力	A.正科	25.83	2.90	3.49**	E < A
		B.副科	24.85	3.81		D < A、B
		C.科员	23.04	4.24		C < A、B
		D.办事人员	23.59	3.57		
		E.村干部	23.90	3.76		
	知识与技能拓展能力	A.正科	35.17	1.50	3.25*	E < A、B
		B.副科	34.49	2.61		D < A
		C.科员	33.53	3.45		C < A
		D.办事人员	33.83	2.99		B < A
		E.村干部	33.02	4.05		
	信息分享提升能力	A.正科	34.72	1.56	3.47**	E < A
		B.副科	33.51	3.31		D < A
		C.科员	32.68	3.73		C < A
		D.办事人员	32.75	3.68		
		E.村干部	31.83	4.89		

续表

差异来源	变项	分组	*M*	*SD*	*F*(*t*)值	差异比较
职位	总治理能力	A.正科	195.39	9.07	3.10*	E＜A、B
		B.副科	193.53	14.54		D＜B
		C.科员	185.27	18.77		C＜A、B
		D.办事人员	187.01	16.52		
		E.村干部	185.13	21.31		
参加工作培训情况	公共服务能力	A.从来没有	35.38	5.39	4.08**	C＜E
		B.1次/年	36.85	3.69		B＜E
		C.2~3次/年	36.27	4.61		A＜E
		D.4~5次/年	37.31	3.26		
		E.6次及以上/年	38.37	3.99		
	整合资源能力	A.从来没有	19.31	5.35	4.74**	B＜E
		B.1次/年	20.44	3.02		C＜D、E
		C.2~3次/年	20.22	3.25		
		D.4~5次/年	21.32	2.21		
		E.6次及以上/年	21.64	2.33		
	管理创新能力	A.从来没有	22.13	5.10	4.54**	C＜E
		B.1次/年	23.70	3.75		
		C.2~3次/年	23.33	3.95		
		D.4~5次/年	24.56	3.17		
		E.6次及以上/年	25.12	3.38		
	总治理能力	A.从来没有	180.63	26.82	3.73**	C＜E
		B.1次/年	186.94	16.02		
		C.2~3次/年	184.79	20.43		
		D.4~5次/年	189.24	15.31		
		E.6次及以上/年	193.49	14.54		

注1：*p＜0.05 **p＜0.01 ***p＜0.001；注2：括号内为 t 值。

资料来源：本研究整理。

二、取得的成就

（一）现代治理的理念有所养成

理念是行动的先导，一定的社会治理行为源于特定的社会治理理念。20世纪70年代末以来，西方国家政府改革运动及其后的新公共管理实践推动了现代治理理念的形成。之后，以世界银行和联合国等为主要代表的国际组织对这一理论进行了最初的探索。1989年世界银行首次在其报告中使用"治理危机"一词，并于1992年将其年度报告定题为《治理与发展》。联合国专门成立了治理委员会，并于1995年发表了《我们的全球伙伴关系》的专题报告。同时，许多西方学者，特别是政治学家和政治社会学家，从不同角度对治理的概念做出了界定。与管理相异，治理的权威不依靠政府，而有赖于广泛的社会合作。一方面，治理的主体从传统一元管理主体向多元合作主体转变；另一方面，治理的过程从自上而下的单一向度的管理向上下互动的多元向度的协商转变。党的十八届三中全会提出"推进国家治理体系和治理能力现代化"，将"现代治理"的概念提升到国家战略层面。现代中国的社会治理结构到了一个关键的转型时期，需要从治理理念到治理策略上完成一个整体性的现代转向，这就必须重构政府与社会之间的关系，重塑政府组织与市场组织之间的关系，从而实现乡村各项事务治理的制度化、规范化和程序化。

随着乡村振兴战略的推进，乡村治理越来越受到各方的关注和重视，这对农村基层干部的治理能力也提出了更高的要求。从调查的情况来看，通过各种培训，农村基层干部对治理理念转变持越来越肯定的态度，服务意识、责任意识和协作共治意识得到增强，绝大部分基层干部更加贴近群众、依靠群众和服务群众。大部分农村基层干部了解治理能力的概念和要求、对治理能力与管理能力的区别有较清晰的认识，也认为自己的治理能力有一定程度的提升。他们普遍认同要用现代治理理念来指引工作，愿意在自己的日常工作中积极践行现代治理理念。

（二）社会综合治理能力不断提升

近年来，农村基层政府非常重视治理能力建设，农村基层领导干部的依法办事能力、精准扶贫能力、处理公共危机能力、组织动员能力等核心能力得到了增强。首先，绝大多数基层干部都认为自己能"依法依规办事"，超过一半的被调查对象认为自己处理公共危机事件的能力是较强的。在"农村基层领导干部如何处理上访问题"上，绝大多数人（占七成以上）选择"依法依政策依程序处理"，两成以上的受访者选择"换位思考分析上访者需求"，剩下的被访者认为"实在不行，想办法帮助解决问题"，这表明农村基层干部的服务意识不断增强。

在"解决群众精准脱贫能力"方面，超过七成的调研对象认为当前自己解决群众脱贫的能力"比较强"，这表明在国家大力推进精准扶贫的政策支持下，农村基层领导干部扶贫能力得到较大程度的提高，当地群众也能在此过程中获得切身利益。

在"对基层领导干部解决群众脱贫的能力"方面，近一半的村主任或村支部书记认为基层领导干部解决群众脱贫的能力"非常强"，其余约一半的受访者认为自己此能力"需要加强"，这一方面表明在党的十八大以来实施精准扶贫的这几年时间，党的扶贫政策和措施以及基层领导干部执行精准扶贫政策能力方面的工作得到了群众的认可和肯定，另一方面也说明了我国农村基层干部解决群众脱贫的能力还有可提升的空间。

在"调动公众积极参与治理公共事务"方面，大约七成的被调查村委主任或村支部书记认为基层领导干部很好地调动了公众积极参与治理公共事务。笔者在广西桂林市全州县某屯调研访谈中，村主任唐某说："在屯道路建设过程中，全屯村民，男女老少，全员参与到建设中。不用请专门的施工队，这能省下一大笔开销。"这表明，农村基层领导干部都相应地认为当前基层领导干部在协调调动群众参与政府治理方面做了大量的工作，具有相当高的一致性，特别是在精准扶贫背景下，很多基层领导干部最大限度地调动了公众的参与积极性，在村级干部和村民中得到认可和肯定。

综上所述，党的十八大以来，农村基层政府非常注重基层干部治理的核心能力建设，使得干部相关治理能力得到了相应的提升，适应了基层社会应时代发展的需要，在促进农村基层社会发展方面起到了很大的作用。

（三）回应公众需求的能力日渐增强

我们在调查过程中了解到，乡镇基层政府及工作人员在回应公众需求的能力方面取得了卓有成效的进步，不少基层政府创建、完善了社情民意反映制度和专家咨询制度，确立了以人民为中心的治理理念，把以人民为中心作为政府和干部社会治理的出发点和落脚点。例如，政府对儿童、残疾人、失业者、老年人、贫困者等社会弱势群体的特殊关照；对民族地区进行交通、通信和饮用水等基础设施的支援建设。超过一半的农村基层领导干部能够经常主动及时回应公众的需求。在具体治理工具问题上，基层也做了大量的工作，如某些政府职能部门实行首问负责制或首办负责制，实行服务承诺制等，基层干部快速回应公众反映问题的能力得到一定程度的增强。在"农村基层领导干部采取何种方式了解公众需求"的问题上，主要依靠民生访谈或民主座谈会、深入民众走访调查、接待民众上门反映问题、利用网上政府或媒体这几种途径，这表明农村基层干部试图通过多渠道了解公众需求。

新时代条件下，广西很多地方在增强回应性方面进行了积极探索，在回应和处理公众需求，了解社情民意方面，渠道是多样的。例如，在调研的部分县域中，镇（乡）长热线实行24小时值班制度，方便公众反映问题；普遍建立了群众接待日制度和干部下访制度，面对面地听取群众意见和解决问题。政府和干部积极应对公众的需求，一定程度上实现了政府和干部行为的公开化和透明化，特别是在满足公众基本生存和发展需要的基本公共服务方面能做出快速响应，建立起了与群众利益密切相关的重大事项社会公示制度和政务公开制度。总的来说，农村基层干部的回应能力相比以前有了很大的提升。

（四）治理能力的培养保障机制日趋完善

根据调研的反馈情况，党的十八大以来，广西壮族自治区非常重视农村基层干部的培养与教育，采取政策倾斜、财政扶持等手段，通过采取线上线下、"走出去"与"引进来"、成人教育脱产与函授、异地挂职与锻炼等方式方法，强化干部治理能力建设，干部治理能力的培养保障机制日趋完善。在回答"上级组织部门在提升乡镇基层干部治理能力方面的措施如何"上，调查数据显示，超过一半的被访者认为农村基层干部的培养机制日趋完善。调研对象认为，当地组织部门在提升基层干部治理能力方面下了不少功夫、采取了许多有效的措施，得到了参培基层干部的认同和肯定。可见，在国家大力推进治理体系和治理能力现代化的背景下，广西结合乡村振兴的战略需求，非常注重对乡镇基层干部治理能力培养保障机制的构建，以有效推动农村基层干部治理能力和治理水平的现代化。

三、存在的问题

无疑，农村基层干部作为乡村基层治理的推动者和引领者，其在"健全自治、法治、德治相结合的乡村治理体系"中承担着重任。农村基层干部由于历史发展、自然环境、受教育程度、与外界交往不畅等多方面因素的影响，在治理理念、治理方式等方面还存在与时代脱节等状况，治理能力的提升及其现代化面临重重困境。

（一）治理文化薄弱，传统习俗文化影响深厚

调研中发现，农村基层尚缺乏良好的治理文化基础，农村基层干部受传统管制行政理念、传统文化、地理条件、教育水平、交往习惯等的影响很大，社会治理过程不透明，尤其在乡村基层对各种社会信息资源进行垄断等现象时有发生，传统行政管理思维较重。基层干部圈子存在官本思维浓厚的暗流，具体表现为拉不下面子全身心融入基层、融入民众的意愿性不高。基层干部文化投入成本偏低，其主体思维能力、认知能力方面的创新性和能动性不足，缺乏对中央政策的深刻体悟和对农村发展趋势、市场信息的准确把握。综上所述，当前农村基层干部在一定程度上治理观念落后，传统习俗文化浓厚，还不能完全适应当前结构多元化、差异化的社会状况。

（二）服务意识不强，重管制轻服务仍占主流

从调查的结果来看，虽然我国农村基层干部在提供公共服务方面有较大改善，但是从整体上来讲社会服务的基本功能的发挥不明显，在乡村地区不少地方，日积月累形成了一种不健康的思维方式，在治理方式上还停留在传统社会做法上，习惯于通过对社会组织和人民群众下达任务的方式进行社会治理，运用行政手段、高压手段强行干预市场，而不是建立与市场经济的发展相适应的有机服务体系，导致公共服务总体上存在着供给不足、效率低下等问题，这与乡村基层政府和干部公共服务能力低下有密切关系。在农村基层干部调研对象中，仍然有约两成的受访者认为当前基层治理存在重管制轻服务现象。部分乡镇地区的一些基层干部尚未确立一种真正的"公仆"意识，服务意识淡薄，服务效率和服务质量低下，缺乏公共精神，存在工作推诿、办事拖拉，沉不下去联系群众，对基层需求不闻不问，习惯于"坐堂门诊"，工作左躲右闪、大打"太极拳"，对群众疾苦熟视无睹等不良现象。

（三）政策依赖性强："等靠要看"思想不同程度存在

"等靠要看"思想就是"等"的观望思想、"靠"的依赖思想、"要"的功利思想、"看"的消极思想，这些其实就是犯懒，是缺乏责任心、进取心和奋斗精神的表现。长期以来，乡村基层一直受到中央及自治区政策的倾斜和照顾，"等靠要看"思想不仅在群众身上存在，在部分农村基层干部身上也存在。调研访谈中，我们发现，调研地区从县级政府到农村政府，从县级干部到农村干部再到群众不同程度地存在着"等靠要看"思想，思想畏难，缺乏主动性。一些基层干部在访谈中说道，本村/屯习惯享受国家/区的优惠政策，

在脱贫攻坚工作上，"自己反正也想不出办法，上级总会有指导意见的"。这说明基层干部思想还不够主动，存在畏难情绪，行动力不足，有严重的"依赖症"。有些基层干部缺乏干事创业精神，依赖上级党委政府、依赖派出单位，存在"守摊子、混日子"的"太平官"意识，一味地寄希望于上面给政策、给扶持、给资金，习惯了凡事等政策、靠扶持、要条件，遇到困难和问题要么能拖就拖、要么畏首畏尾，不敢放手去干、去闯，总是寄希望于上级帮忙解决；在工作上存在着"等着干、不想干、不会干、怕去干"的懈怠心理。

（四）学历较低，治理主体核心能力低下

基层干部文化层次不高，学历层次低，专业结构不合理。党的十八大以来，全国基层干部经过各种教育和培训，文化层次得到明显提高，学历结构得到了进一步优化，但是仍然存在文化层次跟不上时代发展需要的问题，特别是农村基层干部文化层次不高、结构不合理的问题仍然突出。以我们此次调研的对象为例，本科层次以上占比仅为19.5%，且其中许多基层干部的学历是通过成人高等教育函授形式取得的。在拥有非函授本科学历的干部中，正规"科班出身干部"较少，其第一学历仅为高中或中专。学历较低导致一些基层干部边工作边深造的现象。通过调研，笔者普遍感到当前农村基层干部队伍科学文化水平不高，知识面相对比较窄，接受新技术、新信息的能力差，知识更新速度慢，治理能力水平难以适应乡村振兴战略的需要。在实地调研和访谈中，我们还发现，调查对象中的基层干部大多有很多是靠自学和短期培训成长起来的，班子成员从经济、金融、法律、科技等科班出身的人才比较少，在乡村治理体系现代化中所需的规划设计、管理、法律和科技方面的知识十分缺乏，这就使得他们在乡村振兴战略推进中，难以有效开展工作。此外，部分地区的干部队伍年龄结构出现断层，性别结构失衡。

（五）决策能力层次低，决策手段单一粗暴，缺乏科学性

长期以来，乡村地区经济发展相对落后，基层政府决策程序不够规范、过程不够透明、结果不够科学等现象较突出，而农村基层干部受地域以及管辖范围的影响，无法吃透党的路线、方针、政策，掌握其内涵实质，缺乏用战略思维分析、研究本地实际问题，存在决策手段单一、决策粗暴，缺乏科学性等问题，且治理决策权经常掌握在某一个人或少数几个人手中，过多强调"一把手"的权威性和重要性，同时还缺少专家团队的指导，忽视社会组织和公众在社会治理中的主体地位，决策过程"一言堂"，"一把手"大小事务大包大揽。结果导致乡村基层领导干部组织协调动员公众参与治理的能力不强，造成很少有普通民众能够参与到治理或决策过程当中，广大民众得不到应有的参与治理机会。当决策结果与民众利益冲突时，缺乏有效的应对措施，简单粗暴地处理群众的利益关切，致使在农村时常呈现部分干部与民众之间相互诋毁、相互举报、相互谩骂的不良现象。

（六）创新能力层次低，创新思维不够，创新动力不足

创新能力是衡量一个干部治理绩效的主要标准之一。乡村地区大部分基层干部由于生活环境、知识视野及历史发展等问题，存在创新能力层次低下的问题，这在调查问卷中也有所体现，管理创新能力方面（M = 4.75 SD = 0.77）得分未达到 5 分以上，低于其他能力。主要表现为：一是创新思维不够。部分基层干部观念陈旧，缺乏开拓精神，喜欢按照习惯行事，陷入"习惯型、经验型"的思维定式中；部分基层干部认为基层工作头绪多、难度大、压力大，每天疲于应付，

根本没有时间和机会来思考创新性开展工作的问题。二是创新力不足。大部分基层干部缺乏处置复杂问题的能力，面对创新发展的机遇与挑战、困难和希望，往往只看到客观形势的挑战和困难，看不到客观形势的有利因素，不能辩证地看待事物的优、劣势，或者穿新鞋走老路、按照惯常行事；一些基层干部对治理理念重视不够、领会不透，造成工作中思路不宽、方法不多、工作打不开局面。三是创新动力不强。有些基层干部长期待在基层，多年来养成的小农意识和小生产意识根深蒂固，平时又忽视政治理论学习和业务学习，对新形势新机遇反应迟钝、敏感度不够，创新意识缺乏，存在不愿创新、不敢创新、不能创新的心理；有些基层干部常常感觉自己不被关注、不被重视，处于"被遗忘的角落"，很难有"出头之日"，工作进取心受到挫伤，缺乏积极性、主动性和创新性。特别是在当前问责高压态势下，部分基层干部认为"不干不出错、越干错越多"，"为了不出事，宁愿不干事"，导致出现不愿干、不想干，见事迟、行动慢、办法少的怠政行为。

（七）执行能力层次低，执行不准、执行不力、执行不到位

调查研究中发现，不同职位基层干部在引导与执行力方面具有差异，村干部（M = 38.94 SD = 4.89）、办事人员（M = 39.78 SD = 2.95）、科员（M = 39.57 SD = 3.96）得分情况不如职级为正科（M = 40.89 SD = 1.78）、副科（M = 41.11 SD = 2.08）的基层干部。这反映了部分基层干部执行力不强，存在机械执行、趋利执行、应付执行和低效执行等现象，出现这种现象的原因主要是基层干部执行不准、执行不力、执行不到位。一是执行不准。调研对象在座谈中反映，有的

基层干部由于科学文化水平不高，平时关注时事前沿理论少，对上级的方针政策"不求甚解"，不能正确理解把握上级政策精神，不能把握好上级政策的尺度，传达文件精神，习惯于以会议贯彻会议，以文件落实文件，制定不出有效的执行方案。二是执行不力。不少基层干部不太重视对社情民意的调查研究，不去深入了解掌握基层实际情况，导致对民情民意掌握不够。有的干部不能很好地理解上级的意图，或盲目解读，或墨守成规，因而在执行上级要求时不能很好地把上情与实情相结合，致使许多工作存在执行不具体、不深入，只讲原则化，不求精细化的问题。三是执行不到位。调查中发现，有些基层干部有时候对中央政策特别是扶贫政策理解不到位，只会机械地理解执行，致使在执行政策过程中出现政策偏差问题。

（八）现代治理技术能力缺乏：接触少，存量不足，不会用

新时代，正值推进国家治理体系和治理能力现代化的进程，需要有更多现代的治理技术来辅助治理工作，这要求农村基层干部要善于运用现代科技手段进行社会治理，通过互联网、大数据等方式和手段来了解民情、回应民心。然而，我们在调查中发现，村干部在知识与技能拓展能力方面得分较低（M = 33.02 SD = 4.05），这说明村干部在知识与技能拓展能力方面急需加强，这可能是由于部分干部并没有意识到新兴治理技能、技术手段的重要性和必要性。有的干部缺乏主动学习进取的精神，缺乏现代治理技术的培训和教育，缺乏对现代治理技术的掌握与运用。面对互联网、大数据、区块链、人工智能等前沿科技的迅猛发展，乡村地区的基层干部由于"接触少，存量不足，不会用"的先天不足，如果不

迎头赶上，缺乏应有的现代治理技术便成必然，这样就难以在信息化时代有效治理新的社会公共事务问题，致使治理方式手段跟不上时代发展的需要。

（九）考核制度的缺陷：指标"单一化"，导向"一刀切"

党的十八大以来，经济社会发展进入新常态，创新发展、绿色发展、高质量发展已成为发展主题，政府部门的考核评价逐渐淡化数量发展目标而更注重质量的综合考核评价。但是在调查中发现，由于乡村大部分地区仍然很落后，干部竞争方式主要还是靠经济数量发展这一显著的指标来体现，所以一些地方的干部考核机制仍然唯指标"单一化"，导向"一刀切"，还是以 GDP 作为主要考量，适合治理能力现代化需要的领导干部治理能力考核机制并没有具体成型。基层干部的考核主要是以上级领导的具体考核评价体系为导向，采取"一票否决制"、签订"责任状"、政绩考核等方式对基层干部进行引导和控制，存在着考核缺乏层次性，对不同部门、不同岗位、不同水平等客观条件下干部考核区分不够，且缺乏民众参与。

（十）存在"信息孤岛"：信息壁垒化，共享机制不完善

本研究统计结果显示职位是科员（M = 32.68 SD = 3.73）、办事人员（M = 32.75 SD = 3.68）和村干部（M = 31.83 SD = 4.89）的基层干部在信息分享提升能力方面得分要大大弱于正科级干部（M = 34.72 SD = 1.56），这就很有存在"信息孤岛"的可能。"信息孤岛"的特征是信息不关联互助、共享互换。我们讲的治理能力"信息孤岛"是指政府之间、部门之间，信息资源相互封闭，犹如一座座"孤岛"，相互之间在干部能力培养信息、资源上不能互通共享。打破

"信息孤岛"就是要打破部门利益，打破部门壁垒，打开部门通道。在调研中发现，同一地方干部信息共享机制不完善，有些基层领导干部独有专享信息资源的观念根深蒂固，互通共享的意识淡薄，把信息资源当作自己的"一亩三分地"。在调研过程中我们还发现，乡村基层政府信息资源很难得到有效共享，导致"内部信息"价值流失。尤其注意的是，当前在民族地区不同农村之间的各种条件差别很大，一些基础条件好的基层政府有充足的资金来培养干部治理能力、发展公共服务，而条件差的基层地区常常陷入恶性循环，无法切实执行很多公共职能和治理事务，在竞争过程中劣势十分明显。"信息孤岛"难以使信息之间有效传递、互通共享。因此，要打破"信息孤岛"，必须利用大数据等工具，建立信息共享平台，使信息资源从内部独享走向开放共享，共同促进能力提升，才能不断提升乡村基层社会治理能力现代化水平。

综上所述，我国农村基层干部在治理能力提升上取得了一定的成绩，但是应该清醒地看到，总体而言，目前我国农村基层干部的素质和能力还不完全适应新时代乡村发展的需要。因此，要使乡村振兴战略扎实推进、农村农业现代化如期实现，首先就要针对当前农村基层干部存在的问题，下大力气提升其现代治理能力和治理水平。

第三节 农村基层干部治理能力提升的策略

针对以上情况，建议通过"七能"策略提升农村基层干部的治理能力。选"能"——甄选优秀农村基层干部，为农村基层干部群体注入活力。激"能"——增强农村基层干部现代治理理念，强化农村基层干部的执行能力。促"能"——构建治理能力评估体系，优化基层干部干事创业的环境。培"能"——建立培训制度和平台，以继续教育培训带动农村基层干部治理能力提升。提"能"——建立农村基层干部治理能力培育的长效机制、交流共享平台、竞争激励机制和督查问责制度。赋"能"——充分、灵活运用现代化信息技术，提升农村基层干部运用现代化治理方式手段的能力。强"能"——充分发挥先锋模范作用，带动农村基层干部治理创新能力提升。

一、选"能"——甄选优秀农村基层干部，为农村基层干部群体注入活力

"用人得当，当富一方。"选拔能力较强、素质较好的干部充实基层，无疑是乡村振兴的必要前提。习近平总书记指出，新时代的领导干部既要重实干，也要重实绩。为此，需要落实好基层领导干部选任标准，将能力实绩准则视为选任的"指南针"，坚持不只看"痕迹"更要重"实绩"的研判准则，旗帜鲜明树立能人优先、智人为上的用人导向，大力选用经验丰硕、勇于负责、有所作为、实绩颇多的"领头羊"型干部，为乡村的全面发展提供源源不断的人才保障，成为乡村振兴的"主心骨"。这需要各级党和政府强化对广大农村基层干部的关心关爱和能力培养，倾力打造一支能力强、水平高的基层干部队伍；同时，社会也要为农村基层干部创造宽松、包容的干事创业环境，多一些理解、支持，少一些误读、批判。

二、激"能"——增强农村基层干部现代治理理念，强化农村基层干部的执行能力

基层干部应树立以人民为中心的治理理念、协同治理理念、民主法治理念以及共建共享理念。以人民为中心的治理理念要求基层干部必须遵循民情民意执政施政，以利民、便民、惠民为原则，以人民需求为出发点和落脚点，真正正视人民群众的内在需求，更自觉地关注民生、发展民用、维护民权、保障民利，从源头上发现社会问题，将群众所思所盼所求的事情真正办好，以实实在在的工作成效为群众谋利益。协同治理理念要求农村基层干部改变传统的自上而下的一元管理思维，从理念层面确立起协同治理的价值追求。鼓励社会各方面的协同和配合，鼓励和支持基层自治组织、志愿者组织、各类社会组织及个人参与社会治理，相互服务、自我服务，将多元主体各自应有的功能和作用激发出来，实现政府治理、社会自我调节、居民自治的良性互动，形成社会治理整体合力，全面提升社会治理水平。民主法治理念要求基层干部坚持把"法律至上"作为治理的最高准则，树立法治信仰理念，强化法治信仰培养，树立法治思维。共建共享理念要求基层干部树立共建共治的价值理念，树立成果共享的利益导向，坚持反映民意的价值导向。

三、促"能"——构建治理能力评估体系，优化基层干部干事创业的环境

一是根据乡村地区特殊性，突出可持续发展，完善基层经济社会发展评价指标体系。防止简单地把经济总量、发展

113

速度作为评价干部政绩的主要依据，防止用短时期的量化指标来衡量干部的治理绩效，可以通过经济增长水平、社会就业水平、社会治安发案率等"硬指标"来衡量，重点考核转变经济发展方式、生态治理成效和结构调整情况等内容，更加体现乡村基层发展根基、发展质量、发展方式、发展后劲、发展成效，更加科学地反映基层的实际治理状况。二是突出保护生态环境，完善基层社会经济发展与生态环境建设情况评估体系。要具体问题具体地区具体分析，把生态环境放在与经济建设同等重要的地位来看待，更好体现绿色发展、循环发展、低碳发展等指标的权重。三是突出以民生为本，完善社会民生评估体系。围绕实现人的全面发展，以区域治理的综合绩效为目标，坚持经济指标、社会指标、人文指标、环境指标相一致，摒弃分类进行简单量化的做法，统筹经济、政治、文化、社会、生态文明等全面协调发展，逐步提高人民生活和社会进步等社会指标权重，使治理绩效考核能真正反映基层的经济社会发展和人的全面发展程度。换言之，就是要按照新时代新理念，对农村基层干部提出新的考核要求，结合乡村振兴战略的目标要求，务必将"五力"视为领导干部能力实绩考核的价值标尺，即基于产业兴旺目标要旨的经济建设力；基于治理有效总要求的政治领导力；基于乡风文明精神旨归的文化传承力；基于生活富裕实践本性的社会建设力；基于生态宜居主体依归的生态保护力。[1] 此外，应积极推行能力责任制考核，坚持基层干部实绩能力与潜绩能力

① 童成帅，周向军. 提升农村基层干部治理能力的实现理路：基于乡村振兴战略的分析视角 [J]. 西南民族大学学报（人文社会科学版），2021（9）：185－193.

有机结合，运用能力实绩准则考核总数据来确定其职务升迁任用和绩效待遇。

四、培"能"——建立培训制度和平台，以继续教育培训带动农村基层干部治理能力提升

继续教育培训是提升农村基层干部治理能力的有效手段，从调研的分析结果可知，每年参加多次业务培训的基层干部与较少参与的在治理能力上有显著差异，它们之间表现出较强的正相关关系。因而，加强继续教育培训是建设农村高水平干部队伍的基础性、长远性、战略性工程，是提高党执政水平和打造高效政府的关键举措，是推动乡村振兴战略顺利开展的组织保障。教育技术的快速发展和国家信息工程的整体全域推进，特别是新冠肺炎疫情催生的在线教学的迅猛发展，使得对农村基层干部进行继续教育培训有更多选择，可以有更大更多的模式创新。未来，可以更多探索线上线下混融式教育培训新机制。线下培训要围绕培训主题，精心设计培训课程，重点向学员讲授新时期乡村创新治理的理论与实践。采用灵活多样的培训形式，设置分组研讨、现场教学、案例教学、观摩学习等，围绕乡村治理中的热点问题、难点问题进行突破，形成基层治理的创新举措。要以村民群众最关心的问题为导向，真正做到"干什么学什么，缺什么补什么"。同时也要激发线上培训活力。采取统一内容、分散培训、专题辅导、现场观摩、讨论交流、网络慕课、翻转课堂、线上工作坊、推送数字资源等形式，合理善用各种网络平台。利用 App 如学习强国等，直播教学平台如腾讯会议、雨课堂、钉钉等进行网上教学，集中收看加强乡村基层组织建设、

推行组织振兴等方面的政策辅导，全面提升农村基层干部政策意识和理论水平。

五、提"能"——建立农村基层干部治理能力培育的长效机制、交流共享平台、竞争激励机制和督查问责制度

一是建立健全农村基层干部能力开发体系机制，着力从政府绩效、基层干部自身、基层干部职责三方面确定开发内容。针对基层干部的个人能力进行分析，采用基层干部个体的自我评价以及互相评价方式进行分析从而得出每名基层干部应加强的能力；通过对乡村基层干部职责的认定，即对不同岗位层次、不同地区、不同职级的基层干部进行总体分析，总结出不同层级的基层干部应该具备哪些能力。确定各层级各岗位基层干部能力开发的内容。针对个人能力和层级能力的水平，进行以提升能力为导向的培训和学习，以建立基层干部治理能力开发长效机制。完善基层干部交流共享平台，坚持纵向交流、横向培养、交叉发展，积极探索上挂学习、下派锻炼、岗位交流等多种方式，搭建平台以发挥其治理能力交流锻炼长效机制作用。二是注重建立干部实践锻炼信息共享机制，积极搭建信息平台，建立干部实践锻炼工程牵引机制，确保乡村基层领导干部在实践锻炼中能够平等共享信息。三是以竞争激励机制促进乡村基层干部治理能力提升。完善基层领导干部治理能力提升的制度环境、优化基层干部治理能力提升的政治生态以及营造基层干部治理能力提升的组织环境。大力推进基层职务与职级并行制度改革，职级与经济待遇相挂钩。拓宽和畅通基层干部晋升渠道，建立激励

长效机制。四是加强问责机制建设，治理问责制度化、治理监督常态化以及强化问责考评督察，确保基层治理工作落到实处。

六、赋"能"——充分、灵活运用现代化信息技术，提升农村基层干部运用现代化治理方式手段的能力

随着时代的发展和技术的迭代升级，技术在政府治理、社会治理当中扮演着越来越重要的角色，对于农村基层干部来说，要顺应时代的发展潮流不断提升治理能力，就需要充分地掌握和运用现代化信息技术，提升运用现代化治理工具和手段的能力，实现智能治理、智慧治理。具体到基层治理实践，是要以"网格化管理、组团式服务"为基础，充分运用基层社区网格化治理的多网合一、工作联动的特点，以互联网平台为依托，以物联网、大数据、云计算、区块链、人工智能等前沿技术为支撑，借助大数据、云计算等分析技术，发现流量和用户信息中的生活逻辑，了解村民群众的需求、行为、习惯、态度和价值倾向等，进而实现以大数据为基础的乡村基层管理服务，推进乡村基层治理现代化。以多部门协作和信息共享为手段，将技术要素不断融入基层治理，将社会情境转化为数据，融入治理理念、治理结构、治理内容，并重塑治理模式，为"三共治理""智慧治理""整体性治理"注入新特征和新活力，进而实现乡村基层治理形态的创新，形成真正意义上的"互联网＋乡村基层治理"。

七、强"能"——充分发挥先锋模范作用，带动农村基层干部治理创新能力提升

一是借力于优秀的基层村干部做出表率，通过巡回宣讲、事迹报道、做出表率、挂职指导、银幕宣传等方式充分报道他们攻坚克难啃下"硬骨头"、实干、担当、有作为的优秀事迹和人物形象，发挥先锋模范作用。帮助其他基层干部更新观念、解放思想、增强创新意识，找出与时俱进的新路子。二是发挥以强带弱，以点带面作用，树立先锋模范的旗帜形象。通过结成对子、共同实践等方式在共同工作中带动全体基层干部创新能力的提升。在深入调查、分析问题和解决问题的基础上提升开拓创新、科学决策的能力，促进其在实践中探索，在实践中创新，不断在实践中自我提高。当然，在发挥先锋模范作用的同时，我们还必须坚持集思广益，确保创新成效。基层干部要善于依靠民众，广泛收集民意、广聚民智，牢固树立马克思主义的群众观，虚怀若谷，问政于民、问需于民、问计于民，从群众身上汲取智慧和力量。

第四节　提升农村基层干部培训实效性的路径

从调研的分析结果可知，继续教育培训对农村基层干部治理能力提升具有正向相关关系，结果显示，每年有机会多次参与继续教育培训的比很少参与继续教育培训的干部在基层治理能力上表现更佳。换言之，继续教育培训是提升农村基层干部治理能力的有效手段。事实上，一直以来，党和政府就非常重视干部的继续教育培训工作，特别是近年来，国

内外的新形势、新变化、新发展，要求各级干部有更高的素质和治理能力来应对和处理相关事务，党和国家也因此对新时代干部继续教育培训工作提出了新要求，出台了系列文件以推动相关培训工作的开展。如《干部教育培训工作条例》（2015 年）、《2018—2022 年全国干部教育培训规划》（2018 年）、《2019—2023 年全国党员教育培训工作规划》（2019 年）等。因而，在全面推进乡村振兴的当下，要根据中央对干部培训的要求，结合乡村发展的区域性特点，积极开展富有成效的农村基层干部培训工作，以大力提升农村基层干部的乡村治理能力。

一、当前农村基层干部培训中存在的问题

毋庸讳言，当前农村基层干部培训工作取得了较大进展，培训的规范化程度不断提升、内容更加丰富、形式更加多样、效果持续改进。但同时我们也发现，在农村基层干部的实际培训工作中，仍存在形式主义作风、培训设计和安排错位、培训机会不均等、培训内容不均衡、培训管理水平参差不齐等问题。①

（一）形式主义作风

部分地区将农村基层干部培训工作看作一项年度必须完成的硬性任务，导致"为培训而培训"的情况发生，培训缺乏整体规划，培训的针对性不强，实效性没有受到足够重视，培训往往流于形式。究其原因，主要是对农村基层干部培训的重要性认识不足。我们在一些乡镇调查发现，由于培训的

---

① 刘昕. 提升基层干部培训实效的路径［J］. 人民论坛，2021（13）：40－43.

组织部门没有事先做好相应的规划，又缺乏培训管理的专业知识和技能，结果导致平时不重视培训，关键时刻搞突击，导致农村基层干部参加培训的积极性不高，为了确保培训任务的完成，培训组织者硬性将参加学习和培训情况纳入考核，成为一种必须完成的任务，这在一定程度上既增加了农村基层干部的负担又导致部分干部抱着一种配合工作或走过场的心态来参与培训，更有甚者以各种借口和理由逃避培训，这些情况显然背离了培训的初衷，也极大地浪费了培训资源。

（二）培训设计和安排错位，以供给方为主、忽视需求方

农村基层干部培训大都由组织部门或相关职能部门发起，基本都是应上级要求或具体工作需要由上而下开展。也就是说，教育培训更多地体现为组织或者具体工作任务的需要，至于农村基层干部个人、群体的个性化培训需求以及所在单位或部门的具体培训需要，往往没有得到应有的重视。这样，很容易出现培训设计和安排的供需不对等，既影响农村基层干部参加培训或其所在单位派出干部接受培训的积极性又不利于农村基层干部个人和群体的全面发展和成长。

（三）培训机会不均等，参与不足和过度培训并存

从调查的情况看，在部分乡镇农村基层干部培训工作中存在一个非常矛盾的现象：一方面，有些干部的培训机会很多，甚至会参加不少与工作无关的培训活动，但是他们参与培训的意愿却不高；而另一方面，很多干部因实际工作或个人成长发展的需要，有很强烈的培训需求，但却很难有参与培训的机会。出现这种问题的一个重要因素，跟某些领导干部对培训工作的重要性认识不足，不是从部门工作的需要和干部个人发展的需求出发来分配培训机会有关。

（四）培训内容不均衡，重实用轻素质能力

干部培训的目的既在于通过培训提升其适应当前工作的能力和服务水平，同时还要着眼于提升其政治素养、思想境界以及治理水平，进而为乡村的发展和农村农业现代化培育人才。然而，在培训实践中，无论是领导干部还是参培干部，对于与本职工作高度相关的实用性、技术性、政策性较强的培训比较重视，参与度较高，培训效果较好；但是，对于一些着眼于干部长远发展的文化素质类、能力开发类培训往往不太重视，参与的意愿较低，培训效果达不到预期。

（五）培训管理水平参差不齐，纪律要求松紧不一

严格而高效的管理是提升基层干部培训质量的重要因素。在农村基层干部培训中，管理水平参差不齐、纪律要求松紧不一是较为常见的，即便同一个地区不同的培训项目上，在内容设计的科学性和适用性、培训管理的规范性、培训纪律要求的严格性等方面也会存在很大差异。一般情况下，得到领导高度重视的且由专业教育培训机构组织实施的培训项目，通常培训设计比较合理、管理比较规范、纪律要求较为严格，培训效果也很好。而那些领导不怎么重视，又是自行组织的培训活动，由于专业培训设计、高水平培训师资、专业管理人员的缺席，导致出现培训内容陈旧、培训方式落后、培训讲师不合适、培训管理混乱等问题。

二、提升农村基层干部培训实效性的路径

（一）提高思想认识，深入理解培训的目的和意义，抓实抓好培训工作

农村基层干部培训工作中之所以存在诸多问题，既有主观方面的原因也存在客观方面的原因。从主观方面来讲，部

分地方领导抱着实用主义态度，更考虑短期的工作目标和效应，更倾向于关注当前的工作目标和工作任务，而大部分培训的效应存在滞后性和长期性，这自然导致少部分基层领导干部对相关培训工作不是特别重视，迫于上级的压力和培训任务考核的需要才开展相关培训工作。从客观因素而言，我国当前处于百年未有之大变局，国际国内面临诸多的困难和挑战，经济社会的发展必须全面转向高质量发展阶段，转型期的挑战使农村基层干部承受了很大的工作压力，而新冠肺炎疫情反复，也进一步加大了农村基层干部的工作负担。此外，一些地方基层管理中，要求工作处处留痕，工作任务也层层加码，增加了农村基层干部大量的工作负担，使得农村基层干部很难抽出必要的时间参与培训活动。

农村基层干部处于乡村振兴的第一线，是党的乡村振兴战略路线、方针、政策的具体执行者，是密切联系群众的党的形象和政策的鲜活载体，是凝聚各方力量全面推动乡村振兴、促进农业农村现代化和乡村社会和谐发展的基层生力军。因此，一支高素质、强能力、具备优良作风的农村基层干部队伍，不仅关乎广大乡村人民群众对党的整体印象和感知，更关涉党和国家全面推进乡村振兴战略的实现。从这个意义上说，加强对农村基层干部队伍的教育培训，锻造一支"敢干事、能干事、干成事"的高素质专业化干部队伍具有重大而深远的意义。为此，各级领导干部一定要有人才培养和开发的意识，兼顾当前工作和干部发展的长远需要，充分认识到加强和改进农村基层干部教育培训工作的重要性和紧迫性，积极主动去抓实抓好农村基层干部的培训工作。

（二）构建组织保障，建立培训统筹协调机制，协同做好培训工作

农村基层干部培训工作牵涉的部门较多，有两大主线：一是由组织部门牵头开展的干部培训；二是由业务主管部门或者相关职能部门牵头开展的业务培训。农村基层干部培训工作中存在搞形式主义的问题，一个重要原因就在于相关培训工作存在多头管理，统筹和责任落实不到位，导致出现各自为政的现象。中央明确指出，各级组织部门要履行好牵头抓总的职能，各业务主管部门以及党校、行政学院、干部学院等教育培训机构要按照职责分工各司其职、各尽其责、密切配合，形成齐抓共管的工作格局。同时中央也提出要建立健全干部教育培训领导小组或联席会议制度，加强对干部教育培训改革工作的沟通协调。在多部门多机构共同负责农村基层干部培训的格局下，统筹规划和协调配合是促进农村基层干部培训工作良性发展并产生良好效应的基础和关键。统筹规划和协调配合不到位就很容易产生重复培训、交叉培训与培训缺失或培训不够的杂糅问题，且培训也缺乏连续性、系统性，导致培训碎片化、低效化。另外，在各级干部培训时间上，中央也有明确要求，根据《干部教育培训工作条例》的规定，科级及以下干部参加教育培训的时间每年累计不少于 12 天或者 90 学时。但是，在现有的培训管理体系下，缺乏对此负责落实的相关机构。换句话说，对于每名干部需要接受哪些培训、培训时间是否达标，还跟踪落实不够。

因此，做好农村基层干部的培训工作，还必须明确农村基层干部培训工作的综合管理责任。第一，要善于发挥各级党委的作用，在党委领导下切实履行农村基层干部培训的综合管理职能，加强制度建设和整体规划。第二，要强化农村

基层干部所在单位尤其是各单位人事部门在教育培训方面应当承担的具体管理责任。尤其要做好的是，建立并完善干部教育培训档案，如实记载干部参加教育培训的情况和考核结果，落实中央关于农村基层干部教育培训时间等方面的要求，不断优化和改进农村基层干部的培训工作。第三，应积极探索参与培训后成果的综合利用机制，组织部门和农村基层干部所在单位可以将干部接受教育培训情况作为干部考核以及任职和晋升的重要依据。

（三）做好全过程管理，不断提升培训的专业化水平

农村基层干部培训是一项系统工作，涉及多个相互影响和相互依存的环节，包括需求分析、计划编制、项目实施以及效果评估等四大环节。要切实提高农村基层干部培训工作的科学性、实效性及整体性水平，就需要围绕四大环节形成比较清晰和规范化的操作要求和行动指南，做好培训工作的全过程管理。

在需求分析上，不仅应当考虑政府的各种政策要求和工作需要以及单位和同事对干部参加培训工作的支持情况，同时还要考虑基层干部自身的绩效状况、岗位职责及其需要完成的各项具体任务等。换言之，基层干部的培训不能过于强调供给侧，而是应当在进行需求分析的基础上设计和实施培训活动。如此，才能确保培训工作从一开始就符合上级组织、本单位和基层干部三个方面的需要，真正做到分级管理、分类实施、针对性培训。

在计划编制上，要明确培训目标，确定合理的培训对象，设定合适的培训时间跨度，安排恰当的培训讲师或指导者、培训地点以及培训方式等，此外，还需做好相应的培训预算。由于农村基层干部人员多、工作领域分布广，再加上培训内

容涉及政治理论教育、政策法规教育、业务知识教育和科学人文素养教育等不同方面，因此，每一项培训计划都必须有针对性地研究和设计，切实符合农村基层干部的实际需求、教育背景与个性特点。

在项目实施上，培训通知的设计与发布，培训日程的安排，培训资料的准备与整理，培训现场的安排和设备调试，培训组织者的人员安排和职责划分，培训讲师、参会领导以及其他人员的对接，培训纪律的强化以及培训记录的整理等各个方面，应不断提高培训活动的专业化和精细化水平。从实践上看，培训活动的实施过程安排得越严谨、越规范，越能展现出培训管理的专业化水平，培训活动往往就越受到干部的重视，越有助于达到培训目的。

在效果评估上，应从两个方面展开，一是对于业务提升培训，可以从农村基层干部工作实践中工作的改进情况加以评估和考察；二是对于一些思想政治教育、个人综合能力培养等方面的培训，直接评估的难度较大，但同样应该加强质量意识，注重对培训组织方和参培者的满意度调查，从而争取在未来相关培训项目的设计和实施上更加有针对性。

第五节　个案研究——农村基层干部
培训的濮阳探索①

　　濮阳，位于河南省的东北部，黄河下游。濮阳市是中华民族重要发祥地之一，是国家历史文化名城。2015 年 9 月，濮阳市委在习近平新时代中国特色社会主义思想指导下，顺应大抓基层、大抓支部时代背景，创办了全国首家"农村党支部书记学院"，2016 年 5 月建成并投入使用。创办 5 年来，濮阳市农村党支部书记学院在坚持针对性、实践性、互动性的办学理念下，尤其是在全面推进乡村振兴的大背景下，聚焦以村支书为主体的农村基层干部，创出了一条基层党员干部教育培训新路子、新品牌，被中组部确定为全国 12 个"导师帮带制"试点、全国 6 个新时代基层党员干部培训试点的重要参与单位和河南省乡村振兴示范培训基地。濮阳市"农村党支部书记学院"近年来开展的农村基层干部培训实践主要体现了以下特色。

一、树立了党建引领农村基层治理的理念，抓好村支书等基层干部的治理能力培训

　　农村社区作为农村居民所组成的社会生活共同体，往往具有人口密度低、居住分散、聚居规模小、家庭功能比较突

---

　　① 新时代农村基层干部培训的濮阳探索［N］．濮阳日报，2021 –08 –27（3）．

出、宗亲关系复杂、各种利益交织等特点，因此在全面乡村振兴背景下，这对农村基层党组织的治理能力提出了更高的要求。2019 年 6 月，中共中央办公厅、国务院办公厅印发了《关于加强和改进乡村治理的指导意见》，指出"实现乡村有效治理是乡村振兴的重要内容，要按照实施乡村振兴战略的总体要求，坚持和加强党对乡村治理的集中统一领导，坚持把夯实基层基础作为固本之策，坚持把治理体系和治理能力建设作为主攻方向"。这为新时代加强乡村治理、夯实乡村振兴基础指明了方向和道路：坚持党建引领。

坚持党建引领是破解农村基层治理问题的关键。农村基层党组织在群众中的地位至关重要。"群众看党员，党员看支部"，群众遇到问题就找支部，有了困难就找支书，这已成为广大农民长期以来的习惯思想，党支部已成为群众心中的依靠和主心骨，农民无不希望有一个坚强的党支部能够为他们做主，能够带领他们发展致富。一段时间以来，随着中国经济社会的快速发展，农村基层社会发生了巨大的变化，农村基层治理也面临着一系列新问题。比如，基层组织弱化，政治素养不高，党员队伍老化。治理主体单一，涉及农村经济社会发展的各类利益相关者没有参与进来或者说没有机会和平台参与进来。缺乏"善治"的治理观，以行政命令、行政管理代替治理，用农村的传统观念去化解和解决各种问题和矛盾，缺乏法治观念。治理体系不完善，机制不健全等。针对存在问题，围绕乡村振兴的未来愿景，只有不断加强基层党组织建设，充分发挥党组织的领导核心作用，加强党对农村各项工作的领导，以党建带动农村其他组织的建设，才有可能形成治理合力，构建以党建为引领的基层治理新格局。而要达成这种目标，必须大力加强对农村基层干部的治理能力建设，可以采用引进高素质的大学生村官培育良好的治理理念和生态，但更重要的是要大力加强农村基层干部尤其是村党支部书记的继续教育培训，通过开展常态化的教育培训，积极更新农村基层党员干部的知识，树立与乡村振兴相契合的现代化治理理念，不断增强党员的党性修养和履职能力，形成以党建引领为核心的农村基层社会共治机制。

"党建＋自治组织"。在基层党组织书记与村委会主任"一肩挑"的基础上，进一步加强党组织对村民议事会、村务监督委员会、各类理事会等其他类型自治组织的领导。"党建＋社会组织"。充分发挥文化教育、医疗卫生、休闲娱乐、环境保护等各个领域的社会组织在服务、协调、管理方面的积极作用。"党建＋经济组织"。推行村党组织书记通过法定程序担任村级集体经济组织负责人，强化党组织对村级集体经济的领导。充分发挥村社、农协、农会、产养协会、种养协会、旅游协会等组织的功能，不断完善"党建＋公司＋农户""党建＋合作社＋农户"等经济组织形式，努力实现规模化、现代化经营，使村党支部书记真正成为众乡亲的致富带头人。

总之，党的领导是农村基层治理的灵魂，党的建设是农村基层治理的总领，以基层党建引领各方，实现社会共治，就是抓住了乡村治理的核心和关键，而围绕基层干部党建引领来展开治理能力提升就是抓住了农村基层干部教育培训的"牛鼻子"。

二、坚持培训需求导向，构建差异化特色化课程体系

农村党支部书记学院针对农村基层干部这个专门群体，

坚持培训的需求导向，突出抓好党性教育、理论学习、能力训练、行为养成四个重点任务，并形成了差异化、特色化的课程体系，为推广普及农村基层干部培训做出了"濮阳探索"。

第一，坚持问题先行，重视需求调研。培训开始前，积极开展学员需求调研，征集学员想通过培训解决哪些问题、最想了解哪些知识和发展哪些能力。同时，积极与培训组织者沟通，了解组织者的培训定位和培训目标。通过多方面、多渠道的调查，学院可以收集最真实的培训组织者和培训学员的需求。

第二，坚持"以需定培"，组合培训课程。确定培训需求后，有针对性地设计相关的课程和培训，确保培训方提供培训课程的针对性和实效性。在具体实践中，还要根据学员群体特点、培训专题特点和日程的不同，确定差异化特色培训课程套餐。根据课程库订制培训菜单，组合培训套餐。根据农村基层干部的不同职责，将他们分为市县组织部门和乡镇干部、村党支部书记、后备干部、村"两委"成员、乡村其他各类人才五类群体，再根据当前工作重点难点、履职尽责所需能力素质的不同，形成不同的培训课程。按照培训主题分类，实践中学院一般分为新任培训、提升培训、专题培训三类主题。新任培训，集中在村"两委"换届后开展，帮助他们尽快适应角色、进入工作状态。提升培训，适用于优势不突出、发展不平衡村的基层干部，助力当地发展。专题培训，聚焦当前的重点任务、难点任务或特定时期，助力工作开展。

第三，坚持跟踪测评，关注课程实效。坚持新课每堂一测、培训每班一测、公共课每周一测。实践中，学院设计了具有针对性和时效性的课程测评问卷，通过"问卷星"等线上问卷调查手段直接获取最真实的第一手课程反馈，形成课程测评报告。坚持跟踪问效，定期回访参训学员和培训组织者，听取他们的意见和建议，课程体系及时完善和更新。具体实践中，学院每年制订切实可行的回访计划，分批次开展回访调研，并根据对方需要分配专人跟踪帮扶。定期组织教研人员研判课程测评情况、分析回访报告，根据跟踪问效的具体情况提出课程体系的完善建议，反馈给任课教师或教研人员。同时，对课程测评结果持续走低、整改反馈效果不佳的课程，不再安排授课。

第四，课程形式多样，拓展多个教学模块。具有五类课程形式：互动课。分层次开展教师与学员互动、学员与学员互动，特别是邀请农村基层干部典型到学院面对面讲授生动经历，受到学员的普遍欢迎。研讨课。把大班分为小班，再把小班分为 6~8 人的小组，分组就问题、疑惑等开展研讨交流，课后由学院教研人员形成报告，反馈给该班次负责授课的老师，以便其后靶向教学。实操课。进行工作实务演练、模拟现场、角色扮演，并进行现场点评。现场课。把学员带到发展一线观摩好经验、好做法，再在观摩现场进行一次系统授课。理论课。采用传统的大班授课模式，系统学习理论知识。发展了七个教学模块：党性教育。以吃亏奉献精神为主要内容，开展《支书吃亏学》《学党章守规矩讲纪律》等专题教学。产业发展。围绕农村产业发展，学习《乡村振兴战略与乡村经济发展》《中央一号文件精神解读》相关内容。乡村治理。围绕提高化解农村社会矛盾纠纷的能力，开展"实践'枫桥经验'围绕治理有效""农村矛盾纠纷调解化解方法与艺术"等课程培训。履职实务。围绕如何组织开会、如何汇报工作做典型发言、如何运用新知识新技能等问题，开展"村支书实用语言系列课程""当好村支书的方法与途径"等方面的学习。乡风文化。围绕乡村文化建设，设置如何加强精神文明建设、健全村规民约、倡导文明新风尚等专题教学。生态文明。围绕习近平生态文明思想，实地开展黄河流域生态保护和高质量发展专题教学。廉政建设。聚焦农村党风廉政建设、小微权力等问题，紧扣西辛庄①作为全国村务监督工作诞生地，学习"三资"管理、阳光村务等内容。

正是因为做好了问题先行、需求调研，并在此基础上展开有针对性、实效性的培训，才使学员带着问题来、满怀收获走，极大地提升了培训的满意度和美誉度。

三、专兼结合，构建高质量基层干部师资培训体系

高水平的基层干部教育培训离不开高水平的师资培训体系。基于基层干部的工作特点和工作性质，基层干部治理能力提升既需要科学的理念和知识引领，也需要基于问题解决的实践指引，这对教师队伍的理论素养和实践面向提出了一个较高的要求，为有效解决这个问题，农村党支部书记学院按照"理论功底扎实、实践经验丰富、授课效果好"的基本原则，构建了一个"专兼结合、能干会教"的基层干部培训师资体系。

---

① 西辛庄隶属河南省濮阳县庆祖镇管辖，位于河南东北部。该村先后荣获"全国农业旅游示范点""全国精神文明村""全国民主法制示范村"等称号。

第一，选好用好兼职教师。紧密结合学院办学实际，坚持精准细致原则，把好兼职教师入口关。一方面，积极同濮阳市委组织部对接沟通，印发《关于选聘干部教育培训工作兼职教师的通知》，经过市、县（区）组织人事部门和乡镇党委层层筛选，按照"政治上靠得住、学识上有造诣、能力上能服众"的要求，从全市162名领导干部、企业经营管理人员、专家学者、先进模范人物和优秀基层干部中精心选聘一批兼职教师；另一方面，依托与最高人民法院、农业农村部、浙江大学、中央团校等合作办学关系，从学院课程设置出发，有针对性地引入多名优秀兼职教师。在选准兼职教师后，积极跟进培养和考核，做到用好兼职教师。首先，把好跟进培养关。发挥"导师帮带制"试点优势，结合教学培训需求，从增加知识储备、强化理论功底、提升教学水平等方面出发，持续完善创新工作机制，将课程设置、师资选配、集体备课、审核把关、教学评审等环节制度化、标准化、流程化，打造了一支适合学员"口味"的"田专家""土秀才"村党支部书记兼职教师队伍。其次，把好考核评价关。出台《农村党支部书记学院兼职教师课程评价办法》《农村党支部书记学院兼职教师管理办法》《农村党支部书记学院兼职教师考核细则》等文件，严格兼职教师的考核评价制度，积极发挥考核评价的"选优培优"导向引领作用。

第二，持续培养专职教师。在积极引入社会兼职教师的同时，农村党支部书记学院还持续地培养农村基层干部培训的专职师资队伍，使专职教师逐渐成为学院的农村基层干部培养的中坚力量。在锻造学院专职教师队伍过程中，坚持教学优先导向，通过与人事、组织部门积极对接，将理想信念坚定、热爱培训事业、理论功底扎实、专业知识丰富、勇于探索创新、注重调查研究、善于总结实践的对象吸纳到专职教师队伍。同时，狠抓专职教师的教育培训，努力提高其教育教学能力和水平。成立由教务科、培训科、乡村振兴教研室、优秀村支书成长培养规律教研室、吃亏奉献精神教研室等 7 个部门 11 人组成的学院课题组，制订学习制度，通过主题学习、集体备课、模拟教学、研讨分析、座谈交流、比赛演练等系列方式，每周进行两次能力提升培训。同时，定向将课题组成员向国内知名高校、培训基地、省委党校进行输送深造，定期组织课题组成员沉入一线实践锻炼，在提升理论水平的同时，积累实践经验。近两年来，学院共计选派 43 人次到农业农村部党校、中央团校、浙江大学、西北农林科技大学等地进行学习深造及实地考察，形成学习实践报告 29 篇，进行学习调研交流研讨 9 次；组织 34 人次进行基层实践锻炼，提交高质量实践调研报告 17 篇，进一步提升了教学水平，丰富了课程开发能力，已形成了"习近平新时代中国特色社会主义思想""党史学习教育""培训导学""破冰行动""激情拓展""U 形岛研讨""情境模拟""现场教学点讲授""多题融合"等 15 类主题，打造"好好学'习'""基层干部教育培训三大体系的打造""推动农村党支部全面进步全面过硬"等 36 门精品课程。

高素质的师资是高质量教育培训的前提和基础。正是由于学院在专兼职教师培养、培训上的用心、使力、倾情，才逐步锻造出农村基层干部教育培训的高素质师资队伍，为新时代农村基层干部治理能力提升的高质量教育培训打下了坚实的基础，可为资鉴。

第三章　乡村振兴视域下新型职业农民培育

第一节　新型职业农民概念的提出和培育政策的兴起

一、从"职业农民"到"新型职业农民"

2005 年 11 月农业部颁发《关于实施农村实用人才培养"百万中专生计划"的意见》，其中首次使用"职业农民"这一提法。随后，2006 年年初，农业部进一步提出招收 10 万名具有初中以上文化程度，从事农业生产、经营、服务以及农村经济社会发展等领域的职业农民，把他们培养成有文化、懂技术、会经营的农村专业人才。2007 年 1 月，《中共中央国务院关于积极发展现代农业扎实推进社会主义新农村建设的若干意见》再次明确指出，要培养"有文化、懂技术、会经营"的新型农民。2007 年 10 月，新型农民的培养问题写进党的十七大报告。2012 年，《关于加快推进农业科技创新持续增强农产品供给保障能力的若干意见》提出，以提高科技素质、职业技能、经营能力为核心，大规模开展农村实用人才培训……大力造就新型职业农民。"新型职业农民"的概念由此提出。此后每年中央一号文件都对新型职业农民工作提出要求，并聚焦新型职业农民培育问题。2013 年，中央一号文件指出，大力培育新型农民和农村实用人才，着力加强农业职业教育和职业培训。2014 年，中央一号文件提出，加大对新型职业农民和新型农业经营主体领办人的教育培训力度。2015 年，中央一号文件将"积极发展农业职业教育，大力培养新型职业农民"作为发展要点。2017 年 3 月，习近平总书记在涉及农业发展问题时，指出要"就地培养更多爱农业、懂技术、善经营的新型职业农民"。可以说，"职业农民""新型农民""新型职业农民"等概念的提出是当时我国社会主义新农村和现代农业建设理论和实践领域的重大创新，在 2017 年党的十九大提出乡村振兴战略后，新型职业农民的培育成为与乡村振兴耦合发展的重大策略。

二、新型职业农民的内涵与分类

长期以来，西方学术界一直以 peasant（传统农民）而不是 farmer（职业农民，也翻译成农场主）来称呼中国农民。当前学术界对职业农民的定义尚未形成统一的观点。根据美国人类学家艾瑞克·沃尔夫（Eric R. Wolf）的经典定义，传统农民以追求维持生计为主，他们是身份有别于市民的群体；而职业农民则充分地进入市场，将农业作为产业，并利用一切可能的选择使报酬最大化。沃尔夫对传统农民和职业农民的观点实际上区分出两者的最大差异。传统农民是社会学意义上的身份农民，它更强调等级秩序；而职业农民与经济学意义上的理性人有些类似，它是农业产业化以及现代化过程中出现的一种新的职业类型。

新型职业农民是顺应历史发展而伴生的概念，是我国现代化进程中的必然产物。相较于传统的农民，新型职业农民是有文化、懂技术、会经营，与现代生产技术、信息接轨，并转化为生产力的群体。2017年，《"十三五"全国新型职业农民培育发展规划》把新型职业农民界定为：以农业为职业、具有相应的专业技能、收入主要来自农业生产经营并达到相当水平的现代农业从业者。新型职业农民更突出"职业"，这就意味着新型职业农民将务农作为终生职业，而且后继有人。"新型"强调具有高素质，是我国面对农业现代化、规模化、产业化、市场化的产物，是现代农业的主体。①

对于新型职业农民的概念，学者们也做了相应阐释。黄玉蕊认为，所谓新型职业农民，是指以农业为职业，并具有较高的专业技能，收入主要来自农业生产经营的现代农业从业者。新型职业农民不仅具备普通农民的基本条件，还掌握先进的农业生产技术和管理水平，具有较高的社会责任感。②李一平认为，新型职业农民是指具有较高农业生产技能、文化素质和社会责任，自主选择在农业一、二、三产业充分就业，专业从事农业生产、经营或服务工作，其主要收入来源于农业的农民。新型职业农民是农业现代化和新农村建设的主力军。③ 可见，作为从农民发展而来的一个新概念，新型职业农民除了具备农民以农业生产经营为主要收入的特征外，

---

① 梁浩. 新型职业农民培育现状调查与对策研究［D］. 河北师范大学，2020.

② 黄玉蕊. 培育新型职业农民对策探析［J］. 现代农业科技，2020（24）：251－252.

③ 李一平. 中国粮食生产稳定发展路径探析［M］. 北京：中国农业出版社，2014：60.

还体现以下特点①：（1）职业的稳定性。新型职业农民以务农作为固定职业，甚至终生职业，有身份的认同感，有职业素质要求与职业标准。（2）生产的市场化。新型职业农民涉及农业生产经营的全过程，且立足农业生产过程，不断扩展产前的技术研发、模式探究，产后的品牌销售、市场拓展等内容，实现农业生产经营市场化、现代化、科学化。（3）能力的素质化。新型职业农民不仅有文化、懂技术、会经营，还要求其行为对生态、环境、社会和后人承担责任。

近年来，人们对新型职业农民有了共识性的分类和理解，具体而言，可分为"生产经营型"、"专业技能型"和"社会服务型"三种类型。"生产经营型"指以家庭生产经营为基本单元，充分依靠农村社会化服务，开展规模化、集约化、专业化和组织化生产的新型生产经营主体，主要包括专业大户、家庭农场主、专业合作社带头人等。"专业技能型"是在农业企业、专业合作社、家庭农场、专业大户等新型生产经营主体中，专业从事某一方面生产经营活动的骨干农业劳动力，主要包括农业工人、农业雇员等。"社会服务型"指经营性服务组织中或个体从事农业产前、产中、产后服务的农业社会化服务人员，主要包括跨区作业农机手、专业化防治植保员、村级动物防疫员、沼气工、农村经纪人、农村信息员及全科农技员等。

三、新型职业农民发展性的学术之争

国外许多学者通过实证研究验证了人力资本存量对提高

---

① 欧阳忠明. 新型职业农民职业化学习研究［M］. 北京：人民出版社，2019：17.

农业劳动生产率的作用。Myrdal（1972）[1] 在以东南亚国家为对象的研究中揭示了农民懂得先进科技，较之实践训练来说，对于基础教育培训层面的意义更为重大。速水和拉坦（1985）分别在 1960 年、1970 年和 1980 年对西欧和北美的 21 个发达国家和 22 个欠发达国家进行相关农业生产率数据分析，其研究结果表明，法国等发达国家和巴西等欠发达国家之间形成的差距主要源自国内资源禀赋、现代科技投入和人力资本的差距。针对这三年的数值、平均值进行回归分析，其结果均验证了农民的教育水平对农业劳动生产率具有显著的正向影响。Bidsall 在 20 世纪 90 年代基于对马来西亚一代农民文化素质的数据分析，证明受教育水平与农民的产出存在正比例关系。Benjamin[2] 在 21 世纪初，证明较高的文化禀赋对经济社会发展的机遇更加敏感。

但是，人力资本的投入在某些地区并不会导致必然的劳动生产率的提高，尤其在发展中国家较为明显。Hayami and Ruttan（1985）认为产生这种现象的原因主要是农民教育水平太低，使教育水平的变动范围过窄，以至于产生教育投入力量的"无力感"，造成教育成效无法发挥。[3] Foste and Rosenzweig（1996）通过对文化水平较低的印度农户采用新技术的可能性影响分析，研究表明有家庭成员完成了小学教

---

[1] 张纯，薛瑞，胡高裕. 新型农民培训手册 [M]. 北京：中国社会出版社，2008.

[2] 蒋寿建. 培育江苏新型农民研究 [M]. 北京：中国农业出版社，2008.

[3] Hayami, Y. and V. W. Ruttan, 1985, "Agricultural Development: An International Perspective", The Johns Hopkins University Press.

育的家庭远比没有任何人接受过小学教育的家庭更倾向于接受新技术。[1] Huffman and Mercier 早在 1991 年通过对美国 1982—1984 年爱荷华州的样本数据进行分析，得出了教育程度对农场主购买电脑及信息服务具有显著的正向影响的结论。[2]

人力资本投入的成效也会因内容和方法的缺失"大打折扣"。华莱士（1996）通过对撒哈拉以南非洲的教育投入分析，发现农业职业教育培训内容是阻碍乡村发展的主要因素。[3] 在这些非洲国家，乡村生活状况、农业发展水平比较落后，加之当地农技人员水平有限、农业课程陈旧、无法理论联系实际，不适应当地农业发展水平，导致人力投资无法带动当地农民的学习积极性。他还强调需要综合各个层次的培训课程，使整个教育体系得到优化，能够向当地农民提供可转让的技能，特别是体验式学习。充分发挥当地农学院的作用，与当地社区建立紧密联系。本奈尔（Bennell，1988）[4]

---

[1]　Foster, A. D. and M. R. Rosenzweig, 1996, "Technical Change and Human Capital Returns and Investments: Evidence from the Green Revolution", the American Economic Review, 86: 931 – 953.

[2]　Huffman, W. E. and S. Mercier, 1991, "Joint Adoption of Microcomputer Technologies: an Analysis of Farmers' Decision", Review of Economics and Statistics, 73: 54 – 546.

[3]　Wallce, I.; Mantzou, K.; Taylor, P. Policy options for agricultural education and training in sub – Saharan Africa: report of a preliminary study and literature reciew [R]. AERDD Working Paper 96/1. Reading, UK: University of Reading. 1996.

[4]　Bennell, P. vocational education and training in Tanzannia and Zimbabwe in the context of economic reform. Department for International Development, Education Research Series 28 [R]. London: EFID, 1998.

认为，培育主体所提供的培训内容对农民缺乏吸引力，主要问题集中在培训课程与农业发展形势脱节，脱离农民的实际需求；培训结束后，缺乏必要的意见反馈搜集行动，更没有后续的资源支持。马吉里（Maguire，2000）通过调查研究，显示农业大学在改善农民收入，以及在接受前沿的农业政策上反应迟钝。①

我国学者倾向于认为人力资本存量对提高农业劳动生产率具有积极作用。国家层面也推出了一系列新型职业农民培育工程以提升农民素质。在我国，新型职业农民培育工程是一项国家惠民工程，由国家提供资金支持。改革开放以来，随着城镇化的推进，乡村大批青壮年人口进城务工，乡村劳动力急剧减少。乡村劳动力老龄化严重，农民受教育程度不高，这是当前中国甚至全世界都面临的问题。新型职业农民培育是我国新乡村发展的重要工作，对提高我国农业生产率，促进农业科技进步、农业改革和发展有着非常重要的作用。②

四、新型职业农民培育政策的兴起

进入 21 世纪以来，中国经济社会发展迈入快车道，与此相应，城镇化进程快速推进，农村人口流动加剧，向发达地区、中心城镇快速位移，进城务工成为普遍现象，"农民工"

---

① Maguire, C. From agriculture to rural development: crtical choices for agricultural education. Proceedings of 5th European Conference on Higher Agricultural Education [C]. Seale – Hayne Campus, University of Plymouth, UK. 2000.

② 聂志国，孟令芳，闫志标，等. 新型职业农民培育存在的问题及建议 [J]. 现代农业科技，2021（1）：257 – 258，261.

成为社会热词，农村"空心化"现象成为普遍存在。社会的急剧变革，使乡村的发展受到猛烈冲击，长远来看，乡村人口流向城市是必然。农村人口大幅减少，人均耕种面积骤然增加会对种植者提出更高要求。未来谁在种地，谁能种好地，成为乡村发展必须要解决的问题，同时也是保障国家粮食安全的深度关切。因此，传统以家庭为单位的小农经济模式已不适应中国农业农村现代化的要求，规模化经营、市场化推广、精细化管理、科学化投入的模式是国家与社会对农业发展的新要求。在这种背景下，农民职业化的问题应时而生，一批爱农业、懂技术、善经营的"现代农民"——新型职业农民正在成为现代农业建设的先导力量，即农业农村现代化的关键变量。青年农民工、中高等院校毕业生、退役士兵、科技人员、农村种粮大户、农业企业骨干、家庭农场主等成为新型职业农民的主要来源，正逐步发展为具有适度规模的农业生产经营主体。截至 2015 年底，全国新型职业农民约 1272 万人，比 2010 年增长 55%，可以说，农民职业化呈现势不可当的趋势。① 2017 年，农业部印发的《"十三五"全国新型职业农民培育发展规划》明确提出，到 2020 年，我国新型职业农民数量要超过 2000 万人。相关数据显示，到 2020 年，我国的新型职业农民数量已达 2000 万人，预计到 2025 年将达到 3300 万人。对于拥有 14 亿多人口，5 亿多乡村人口的中国来说，多少数量的新型职业农民方可达到我国社会对农业发展的要求？据原农业部推算，拥有生产型 3000 万人、专业技能型 6000 万人、社会服务型 1000 万人，总数

---

① 欧阳忠明. 新型职业农民职业化学习研究［M］. 北京：人民出版社，2019：4.

约 1 亿规模的新型职业农民比较符合中国国情。因此，只有加大新型职业农民的培育力度，才能为我国农业农村现代化提供坚实的人力基础。

让农民成为一个有前景、有获得感、有幸福感的职业，就要在农业产业现代化进程中有效地开展新型职业农民培育工作。新型职业农民培育是一项复杂的系统工程，需要科学系统的顶层设计和积极有效的政策支持，这是推动其发展的重要保障。为了推动现代农业发展，我国在新型职业农民培育方面投入了大量资源。就培育政策支持分析，相关文件的颁布为新型职业农民培育提供了强有力的支持和保障。2017年，农业部印发的《"十三五"全国新型职业农民培育发展规划》系统地分析了我国新型职业农民培育中的发展形势、发展指标、主要任务、重点工程，为开展新型职业农民培育提供了系统性、全局性的指导。随后，各省、自治区、直辖市也及时跟进，出台了相应的新型职业农民培育的政策文件，为各地推动新型职业农民培育提供了政策支持与制度保障。

概言之，新型职业农民培育政策的兴起，主要体现在以下三个方面：（1）就培育对象而言，注重广泛性与针对性相结合。新型职业农民的培育对象主要包括三类：一是具有创新、创业能力的"新农"，以大学生、返乡农民工和退伍军人为代表，主要对其开展绿色生态农业、休闲农业等培训，为现代农业发展注入新鲜"血液"；二是想务农、有经验的"老农"，以传统农民为代表，主要对其开展农业技术推广、规模化经营、专业化生产等培训，积极为农民拓展新出路；三是高学历、有情怀的"知农"，以高学历人才、农业科技人员等为代表，主要对其开展理论学习、实践教学和创业孵化等相结合的创业、创新培训，为农业发展储备人才。

（2）就培育体系来说，构建多元的教育培训体系，为新型职业农民培育提供了多种选择。2016年，新型职业农民培育工程已经覆盖了8个整省、30个整市和800个示范县，全国1600个县开展了新型职业农民培育。自2012年开始，中央一号文件都会涉及新型职业农民培育的内容，致力于构建各级农业广播电视学校、涉农高校、科研推广机构、农业社会组织等多元化的培育体系。同时，新型职业农民培育项目实践也根据目的、内容、对象有所侧重。在培育认证方面，初步形成了新型职业农民初级、中级、高级"三级贯通"的新型职业农民培育认证框架。（3）就培育资源投入分析，资金、项目、人才等投入能帮助新型职业农民培育更加有效推进。2014年、2015年中央财政资金对新型职业农民培育分别投入11亿元专项资金，到2016年增加到13.9亿元，2017年投入为15亿元，2018年投入20亿元。与中央政府一致，据不完全统计，地方各级政府纷纷加大投入力度，仅2017年地方各级财政投入就突破10亿元。资金的投入为新型职业农民培训师资库发展、教材完善、基地建设等提供了支撑，提升了教育培训的质量。

第二节 国内外新型职业农民培育的实践探索

大力培育新型职业农民是乡村振兴的必然选择。对于新型职业农民的培育，国内外进行了有益的实践探索。

一、国外新型职业农民培育模式的经验

在国外，与新型职业农民类似的术语为"Farmer"，依据农业现代发展水平、人力资源和土地资源划分，可以将国外

新型职业农民培育分为三种模式：人少地多的北美和澳洲模式（美国、加拿大、澳大利亚）；人多地少的东亚模式（韩国、日本）以及人与土地居中的欧盟模式（英国、德国）。美国的职业农民培育模式得益于司法体系的完备。20 世纪以降，美国先后通过了《史密斯－利弗农业推广法》（1914）、《史密斯－休斯法》（1917）、《人力开发和培训法》（1962）、《经济机会法》（1964）四部法案，为职业农民培育保驾护航。最终，其将全国 56 个州立农学院、试验站和推广站紧密结合在一起，建立了庞大的融教育、科研和推广"三位一体"的职业农民培育模式。加拿大实行严格的绿色证书培训考试，没有证书不能务农，保障"绿色证书"的"含金量"，加拿大给予农民同等"国民待遇"，与城镇人口享有同等的医疗、失业和养老等社会保险，保障职业农民有较高的福利待遇。

澳大利亚经过多年探索，农业科研服务和农业推广体系趋于成熟，农业科技成果转化率很高，达到 80%。澳大利亚的教育培训主要以终身制为基本理念，且对培育主体的准入、培育过程、实施过程进行严格审查和监督，保障了职业教育培训课程实施和评估始终遵守国家标准。澳大利亚政府对农业采取宽松开放性政策，建立灵活的市场机制刺激农业发展，保障畅通的农民融资渠道，激发农民务农积极性；减少农业推广个人投资，增加政府公共投资，放松对教育培训管控力度，引入市场机制，保障农民拥有更多的受教育机会和更高质量的教育培训。①

----

① 梁浩 . 新型职业农民培育现状调查与对策研究 ［D］. 河北师范大学，2020.

欧盟的职业农民培育最大特点就是将职业农民培育和证书有机结合起来。欧盟主要是以农场主为农业经营单位，因此对农业技术需求较高，需要先进的科学技术和发达的现代信息技术作支撑。欧盟各国将政府、学校、科研单位、农业培训网四者有机结合，通过普通教育模式、职业教育模式、成人教育等多种形式对农民进行教育培训。欧盟为了吸引40岁以下的青年人参与到农业生产，计划给新青年农民的基本支付额外增加25%。对于想加入的小农户，则给予500—1000欧元的基金支持。

韩国为了应对农民老龄化严重、城乡收入差距大、农业劳动力不足的现状，解决农业后继无人等严重问题，构建了具有韩国本土特色的农民职业教育体系。韩国的农业职业教育分为三个系统，分别是由96个院组成的公共训练、242个训练院组成的企业内训练和139个专门的职业学校组成的认定训练。三大系统职能明确，职责界定清楚，有条不紊，系统规范，严格遵守教育规律，并与当前农民需求紧密结合，构成了韩国职业教育的特色。日本同韩国一样，为了应对乡村后继乏人、村落凋敝、粮食自给率低等突出问题，深刻认识到需要大力培育有文化、懂技术、会经营的农民。日本农民培训的主体是教育系统，农业基础教育从小学开始，延伸到农业高中、大学，实施农业普及教育。农民培训由文部科学省、农林水产省、农协和其他民间组织实施，培养农科教师和学生、农业后继者、农业技术员和培训者以及少、青、中年农民。日本农协坚持"属地原则"，具有"政府背景"，作为纽带，联系并维护农户与市场、政府的关系，更是政府的执行载体，在农民的生产中起主导作用。①

综上所述，国外发达国家非常重视农民的职业教育，主要在于提高其国民素质，开发人力资源，激活农业市场。通过在实践中不断探索，发达国家逐渐形成了与自己国情和资源禀赋相适应的职业农民培育模式。一是这些国家普遍重视农民教育培训的立法。对农民教育培训的管理机构、实施主体、运行机制以及经费来源做了比较明确的规定。二是普遍地保障农民的教育培训经费投入充足。三是普遍重视农业生产经营资格的准入。也就是说，从事农业生产经营需要具备相应的条件，在法国，农民一定要拿到证书、持证上岗，北美、欧洲、日本，实际上都有资格准入。四是普遍重视农业发展后继有人的问题。尽管国外这些培育模式的形成过程、表现形式和支持政策均有差异，但其共同的经验对我国新型职业农民培育有一定的借鉴作用。

二、国内新型职业农民培育的实践探索

当前，全国已基本形成农业部门牵头，以公益性培训机构为主体，市场力量参与的"一主多元"职业农民教育培训体系。各地结合各自实际积极开展新型职业农民培育，探索出具有地方特色的培育模式。

（一）教育培训机构创新模式

农业广播电视学校（以下简称农广校），是我国唯一一所具有从中央到省、市、县完整办学体系的公益性教育培训机构，专门从事农民教育培训，已成为职业农民培训的主阵

---

① 张建．日本农业结构改革中的农协问题分析［J］．华东师范大学学报（哲学社会科学版），2015（2）：83－91.

地。2018 年，全国共有 1484 所农广校承担培训任务，占全国农广校总数的 66.3%。体系承担培训任务 60.18 万人，占全国任务总量的 62.24%。① 农广校体系力图通过全国新型职业农民培育示范基地遴选、田间学校建设，引领带动各类培育基地更好地发挥作用。

北京农广校通过驻乡进村，在实践中总结提炼了农民田间学习模式，通过"'两校'合一，'三证'结合，科技文化融合"，为北京郊区培养了近 5 万名新型职业农民。该模式通过培训前的调研了解当地农民对技术的实际需求，制定培训目标；根据调研结果，确定学员范围，制订培训计划，在争取基层领导对该项工作支持和肯定的同时，对学员进行开学测验，了解学员的知识层次和人员背景结构；组织专业团队，主要以农广校的教师为主，确定教学方法；教学过程采用参与式培训，即辅导员与学员共同参与到作物整个生育期中，在不同阶段会遇到不同问题，从解决问题入手，辅导员和学员一起发现问题、提出问题、分析问题和解决问题；最后通过效果检验、效果评估进行培训工作总结。该模式创立了"现代学徒制"，发挥品牌效应，得到地方领导高度肯定，新京报和央视当作典型案例多次报道。

（二）四川崇州"职业经理人"培育模式

四川省崇州市政府自 2012 年以来，依据中央文件精神和省政府职业农民培育的政策措施，立足自身实际，把职业农民制度的建设重点放在农业经理人上，开展新型职业农民培育工作。在职称评定方面，优先把认定的农业经理人纳入职

---

① 乔金亮. 职业农民培训重在提质增效［N］. 经济日报，2019 - 05 - 24（5）.

业农民职称评定范围；在生产领域，支持农业经理人所在经营主体优先承接农业基础设施建设、农业生产发展等相关支农项目。通过"双培训"模式，培训了一批优秀的职业经理人，且通过这批经理人以点带面，充分发挥示范作用，起到良好效果。以农业专家为核心，土地股份合作为载体，通过"一站式"服务平台和"菜单式"服务方式的社会化服务体系，成立专门机构、统一质量标准，形成了在国内比较典型的"崇州模式"。① 截至 2015 年，建成新型职业农民培训中心 1 个、实训基地 2 个，累计培训 5960 名新型职业农民，其中农业职业经理人达到 1460 人，② 初步实现了由分散经营向规模经营转变，农民收入明显提高。

（三）江苏太仓模式

太仓市于 2013 年依据"本地户籍""年轻化"原则，培育"下得去、留得住、用得上"的新型职业农民，提高科技素质，以适应现代化要求。太仓市通过政校定向委培方式培养了年轻的新型职业农民。在尊重本人意愿的前提下，由农业职业院校招收往届高中毕业生进行三年大专学习，毕业后参与农业生产工作。采用"在校期间政府先行支付 60% 学费，毕业后从事农业活动，政府一次性补齐剩余 40% 学费"的资助形式。在校期间，学校课程本着理论与实践相结合的教学思路，在校由学校组织教学任务，并定期开展社会实践

---

① 赵宗峰. 四川省崇州市新型职业农民培育模式研究 [D]. 河北农业大学，2015.

② 路征，李睿，康馨月. 现阶段我国乡村土地流转意愿的影响因素分析：基于对四川省安岳县 823 户农户的调查 [J]. 资源开发与市场，2017（10）：1153 – 1158.

工作，暑假安排学生到就近村进行为期一个月的乡村实践。毕业后，政府全额包分配工作，从事一线的农业活动，在薪资待遇上承诺享受村副职干部的待遇。该模式实践后，三年共招录了407名学生，实践单位给予委培生高度评价。①

（四）陕西安康"阳晨模式"

"阳晨模式"是依托阳晨牧业公司，成立了安康职业农民培训基地。阳晨牧业公司共计投资200万元，开展了7期培训。通过学员报名，制订课程计划，实施教学。一次培训为期两个月，第一个月进行系统的理论学习，第二个月在公司实地实习操作。通过理论考试后，对职业农民进行评定，评定分为三类：生产经营型、专业技能型、社会服务型。生产经营型主要指以家庭生产经营为主的一些乡村大户、农场主、专业合作带头人；专业技能型主要指专业从事生产经营的骨干农业劳动力；社会服务型是指从事农业生产中产前、产中、产后服务的农业社会化服务人员。市区政府给予信贷支持和保险优惠政策。通过该模式，园区为200多名农民提供工作岗位；与此同时，通过学习，农民的年均收入达到了5万元左右。因此，吸引了大批的青年农民愿意继续从事农业生产。

（五）江苏溧阳"产教融合模式"

溧阳市地处沪、宁、杭金三角之中枢，苏、浙、皖三省之交界，属长三角区域核心地带，是我国历史上久负盛名的"鱼米之乡""茶乡""丝绸之乡"。为适应溧阳现代农业发展需求，2014年，溧阳市新型职业农民培育工作紧紧围绕

"政府主导、部门主管、机构实施、社会参与"的理念，坚持"立足产业、政府主导、多方参与、注重实效"的原则，通过政府引导，推动了农业行政管理部门以江苏省溧阳中等专业学校为培育主体、多家社会资本参与的新型职业农民教育培育体系的建立，通过精心打造，形成了"四方协同，校企融合"混合所有制新型职业农民产教融合培育模式。在溧阳市农林局主导和组织下，学校与溧阳曹山慢城、溧阳优鲜到家、溧阳市天目湖晨晓茶树种植家庭农场和溧阳市天目湖毛尖花红生态农业有限公司等单位共建混合所有制现代农业实训基地。一是政校企合作，共建基地组织机构。二是社会资本投入，完善基地硬件设备。三是溧阳市农林局资源入股，扩大基地资源平台。四是学校技术入股，保障基地专业教学，承担提高培训质量的义务与责任。

（六）湖州"农民学院模式"

浙江省湖州市是全国首个地市级生态文明先行示范区，2014年被农业部确定为全国首批整市推进新型职业农民培育试点市。通过积极实践，湖州市"七位一体"的培育模式被农业部列为全国十大职业农民培育典型模式。湖州农民学院成立于2010年，自成立以来，学校积极承接湖州市新型职业农民培育与管理工作，通过"高定位、强特色、重服务、促满意"，打造了新型职业农民培育的湖州"农民学院模式"。①

（1）以"乡村振兴战略"为统领，制订新型职业农民培育的指标体系。将新型职业农民培育作为乡村振兴战略的重

---

① 杨璐璐.乡村振兴视野的新型职业农民培育：浙省个案［J］.改革，2018（2）：132－145.

要推手，根据区域发展的目标定位，创新新型职业农民的培育体系。围绕"构建现代农业产业体系、生产体系、经营体系"的要求，细化地方的发展目标和特色项目，结合产业发展和规模经营的现代化人才素质要求，制订新型职业农民培育的素质指标体系。

（2）以重大教育培训项目为抓手，加大职业农民培育力度。启动实施现代青年农场主培养计划，着力提高青年农场主创新创业能力。做优做强专题研修班项目。办好农家乐经营管理、蜜蜂养殖技术、新型职业农民培育管理高级研修班和农村电子商务等系列专题研修班。探索新型职业农民"高、中、初"三级资质认定机制，打通新型职业农民层级晋升的有关通道。抓实"高级研修班"与"农民创业大讲堂"等特色培训项目。

（3）以农民需求为导向，分类制订培训方案，实施精准培训。根据农民学习特点、专业性质和课程特征，创新课堂教学内容、教学方法和教学手段，推进小班化教学。按照精细培训、因需施教的原则，分产业、分专业、分层次、分类别科学选择培训内容，完善符合农业生产规律和农民学习特点的"分段式、参与式、菜单式"培训形式。

（4）以加强培训平台建设为支撑，着力提升农民职业教育质量。打造培训基地平台，建立新型职业农民教学实践基地，规范"田间课堂"建设，实行"专家辅导＋电化教育＋示范基地"的实践教学模式，把更多接地气的专家教授请到"田间课堂"授课，规范建好一批"固定课堂""空中课堂""流动课堂""田间课堂"。加强信息化建设，打造新型职业农民"互联网＋教育"模式，建好"云教室"、移动学习端，搭建基于微信公众号的"掌上农民学院"学习平台，做好

"微课超市"。

（5）积极创建良好的培育环境。一是加强培育新型职业农民重要意义的宣传，加强农民科技教育培训政策举措、经验做法和典型事迹的宣传，充分引起社会各界的关注，调动农民参加教育培训的积极性。二是聚力打造发展平台，多方面开展涉农项目，全方位为新型职业农民培育和发展搭建平台，创造"在参与中提高、在企业中培育、在产业链中成长、在市场体系中成熟"的良好环境。

第三节 我国新型职业农民培育中存在的主要问题

我国 2012 年 8 月在安徽省蚌埠市正式启动实施新型职业农民培育试点工作。2014 年，在全国 100 个试点县中，已有 88 个县建立了新型职业农民教育培训制度，73 个县制定了认定管理办法，61 个县明确了扶持政策。① 2017 年 5 月，农业部公布了首批 100 个全国新型职业农民培育示范基地。按照农业部规划，到 2020 年全国性示范基地总数将达到 1000 个，登记入库基地达到 1 万个以上，初步形成一个基地网络。② 可见，迄今为止，我国新型职业农民培育工作取得了一定的

---

① 李一平. 中国粮食生产稳定发展路径探析 [M]. 北京：中国农业出版社，2014：61.

② 中华人民共和国中央人民政府. 农业部：2020 年全国新型职业农民培育示范基地将达千个 [EB/OL]. (2017 – 9 – 18). http://www.gov.cn/xinwen/2017 –09/18/content_ 5225960. htm.

成效，但反观实践，仍存在以下问题。

一、对新型职业农民培育的认识不到位

新型职业农民培育是一项全新的事业。但目前从政府领导到专家学者再到普通民众，对新型职业农民培育的认识还不是很一致。有的认为新型职业农民与传统农民没有多大区别，所以没有必要大张旗鼓地宣传和扶持；有的认为中国人多地少和土地集体所有制的国情不适合发展职业农民，或者目前还不是发展职业农民的最佳时机；有的认为职业不职业都是农民自己的事，应由农民自己去解决，政府不必花那么大的财力、精力去推动等。此外，农民对教育培训重视程度也比较低。认识不到位使得在新型职业农民培育实践中存在一系列亟待解决的问题。一是新型职业农民培训的组织实施问题。新型职业农民培训最要紧的是筛选出那些有一定产业、愿意扎根农村积极创业的有文化的年轻人，把他们组织在一起根据从事的产业和个人的特长、爱好等进行分类培训。受市场经济、思想观念等影响，当下的文化青年、相关专业的大学生较少能被吸引到家乡担任新型职业农民的重任。因此常常出现随便抓几个农民来凑数进行培训的现象。此外，在培训组织中也存在不少问题，没有对培训对象进行很好的筛选和分类，往往把种养大户、小户混在一块进行培训，甚至有的地方为了完成培训任务，把老人和青少年都叫来参加培训，导致培训效果不好。

二、培训课程体系建设不足，培训方式缺乏创新

新型职业农民教育培训课程体系建设存在诸多问题。课程是人才培养的核心和关键，在新型职业农民培训中，课程

内容和结构的设计非常重要，如果缺乏针对性的设计，培训就很难收到预期的良好效果。新型职业农民的定位是要扎根农村，开展规模化现代农业经营活动，实际上他们是在农村创业，是创业型农民。而现在的农民培训项目的课程内容和结构模式基本上以单一的技能型为主，缺少创业理念、经营管理、投资融资、风险控制、市场拓展等方面的课程安排。

农民职业教育培训方式老旧，缺乏创新。部分教师教学照抄照搬课本，机械套用，从理论到理论，不考虑学生的实际情况；教学形式生硬僵化；课堂上教师讲得过多，学生体验的活动过少；课堂气氛沉闷，教师缺乏激情和感染力，学生学习的积极性、主动性不高；师生、生生交流肤浅，最终导致培训形式化，甚至偏离主题。对乡村原有的农民来说，他们较少接触理论知识，且知识及文化水平较低，这就造成了"经验派"的诞生。纯理论的讲授导致农民在实际操作中参与度不足，在实际的操作过程中无法做到实际与理论相结合。

三、参与新型职业农民培育的师资数量不足、质量不高

从实施主体看，当前我国新型职业农民培育工作主要是由教育部和农业农村部下属的涉农高职院校、各级农广校等机构组织实施。但客观来看，涉农职业教育与成人教育仍然是我国整个教育体系较为薄弱的环节。第一，关于培训实施主体的政策构想是较好的，但落实下来存在着诸多问题。如培训项目很多是凭关系照顾委托给相关涉农学校承担，培训教师也主要是这些学校的老师，而学校的很多老师是从学校

到学校，理论知识很丰富，实践经验却很少。这就无法解决新型职业农民所提出的问题，不能从理论与实践结合的角度给农民提供有用的知识和方法，培训效果也就大打折扣，造成国家培训经费的浪费。第二，大部分涉农教育机构的师资队伍质量不高，要么缺乏理论知识，要么缺乏实践经验，既有深厚理论知识又有丰富实践经验的教师少之又少。不少培训机构为了解决学以致用的问题，请当地种植大户作为兼职教师，但是多数情况下这些具备丰富经验的农业能手由于缺乏理论知识和专业的教学方法，很难把一身的本领以合适的方式传授给学习者。第三，教师数量不足。国家统计数据显示，2014 年到 2018 年，职业技工学校的教职工数逐年递减。部分农业技术站、农业推广机构只有管理人员而较少有专职教师，难以满足正常的教学需求。且这部分数量极少的教师之中，其培训内容主要以理论讲授为主，缺乏实践指导，因此，农户很难将理论知识转变为自身技能。① 第四，就新型职业农民培训行业来说，尽管由国家牵头对农民进行转型升级，但是由于农业技术人员数量少，年纪普遍偏大，专业性不强，基层队伍里人才缺乏，特别是中青年技术型人才严重短缺，乡村由于各种条件的限制，吸纳人才的能力相对较弱，导致农业技术推广人员和农民培训的师资力量严重不足，出现"巧妇难为无米之炊"的情况，这在一定程度上阻碍了新形势下新型职业农民的培育。

---

① 卢华. 乡村振兴背景下新型职业农民培育研究［J］. 教育与职业，2021（1）：96－100.

四、对新型职业农民的职业教育缺乏针对性与实用性

目前农民职业教育中，分区分类培训缺乏，点单式培训少，难以满足个性化的新型职业农民需求。这一方面是由于培训师的素质造成的，即培训师无法胜任农民职业教育的针对性培训。在农民培训中，有些培训教师缺乏实践经验，停留在书本上，对乡村现状不太了解，在培训中过多地灌输理论性知识，缺乏实用性技术的指导。并且，教学语言太过于书面化，容易造成农民对教师讲授的内容无法理解，导致上课情绪不高、培训效果不好。另一方面，新型职业农民培训涉及多个主管部门（比如教育、农业农村、科技、中央农业广播电视学校等），但由于缺乏协同机制，单兵作战的现象比较普遍，培训项目杂乱，低水平的重复培训较多，统筹性和长远性不足。当前，结合地域特征、新型职业农民自身禀赋特征以及不同种（养）殖产业特点等差异进行分区分类培训较少，且鲜有涉及农业绿色发展、农业环境友好型技术采纳、优质农产品种植的点单式和高层次培训，尤其是能紧密结合本地特色产业而开展的高层次培训较为缺乏，难以满足个性化的新型职业农民需求。[①]

五、新型职业农民培育制度环境欠佳、经费匮乏

制度环境欠佳表现在两大方面：一是支持其发展的针对

[①] 卢华. 乡村振兴背景下新型职业农民培育研究［J］. 教育与职业，2021（1）：96－100.

性政策措施缺乏。当前诸多农业扶持政策往往偏好于规模较大的农业经营主体，而处于新发展阶段的新型职业农民产业规模往往较小，其所需要的资本和技术支持极易被忽视，致使新型职业农民培育保障政策的有效落实不够。二是新型职业农民认定不清晰，纳入标准也较为模糊。假如把新型职业农民定位为一个职业，那么其就应该有自己的准入制度、标准和要求，没有准入要求或者准入要求不高会造成市场主体参差不齐，市场环境混乱，最终会导致"逆向选择"市场现象，影响培训效果。① 此外，新型职业农民培育受到培训经费不足的限制。以往在教育投入方面，主要是以九年义务教育为主，在职业培训教育方面尽管有相关政策，但是对其的教育投入却相对较少。在发展规划时，也往往忽视及缺失了对新型农民教育的经费支出关注，经费的匮乏使得当下的乡村劳动力或者乡村教育知识培训的投入较少，造成了农民职业教育的开展遇到困难。2019 年《国家职业教育改革实施方案》指出新增教育经费要向职业教育倾斜，职业教育成本往往高于普通教育，对新型职业农民培训方面的经费支出目前远远不能满足实际需求。

六、新型职业农民资格认定和相关扶持政策问题

现代化的农业生产和经营是一项技术性非常强的工作，农民要真正迈向职业化，就需要参照其他技术性行业规范实施职业准入制度。从西方来看，大多数发达国家的职业农民都建立了职业准入制度，例如在德国，成为一个合格农民就

---

① 卢华. 乡村振兴背景下新型职业农民培育研究［J］. 教育与职业，2021（1）：96 – 100.

要经过严格的实践劳动锻炼和理论学习过程。虽然我国的国情与西方发达国家存在很大差异，但随着我国农业现代化进程的推进，建立职业农民的职业准入制度既有必要性也有可行性：一方面，相对于传统农民而言，职业农民代表了我国现代农业的发展方向，是一种高层次的职业，实施职业准入有其必要性；另一方面，农业也是国家的基础产业，涉及国家的安全和社会的稳定，建立职业农民的准入制度，有利于提高农业的地位，有利于国家对农业的扶持、监督和管理。从新型职业农民的培育来说，只有建立了职业准入制度，新型职业农民的教育培养才有现实的抓手。以往的农民培训项目可谓五花八门，培训机构给农民发了许多证，却因为"含金量"低，缺乏现实的统一适用性。要解决现有农民职业教育的优质教育资源利用率低，经费、配套设施不足，部门之间缺乏必要的衔接和配合等问题，建立职业农民的职业准入制度是一个较好的选择。

第四节　进一步促进新型职业农民培育的有效路径

2019 年，农业农村部启动职业农民培育 3 年提质增效行动，推动职业农民培育从注重数量向数量质量并重转型升级。让农民从几千年的身份认同向职业认同转变，并提升他们在我国农业农村现代化中的示范引领作用，需要下大力气对新型职业农民进行培育，提升质量和效益，助力其成为爱农业、懂技术、善经营的高素质新农人。面向未来，进一步做好新型职业农民的培育，需从以下几个方面继续发力。

一、切实提高认识，真正重视新型职业农民的培育工作

党的十八届三中全会对全面深化改革作出了战略部署，对农村改革创新也提出了明确要求。大力培育新型职业农民，是深化农村改革、增强农村发展活力、解决未来谁来种粮问题的重大举措，也是发展现代农业、保障重要农产品有效供给的关键环节。中国自古以来就是农业大国，农业的发展一直受到政府的高度重视，重视农业是固本安民之需，而培育新型职业农民是确保国家粮食安全和重要农产品有效供给、推进现代农业转型升级、构建新型农业生产经营体系的迫切需要。各级政府特别是农业部门要认真学习、深刻把握党的十八届三中全会精神，充分认识新型职业农民培育的重要性、紧迫性，加快推进农民的职业化进程。把培育新型职业农民纳入农业农村经济工作总体部署，作为当前和今后一个时期农业农村经济工作的中心任务和重点工作。要在认真总结借鉴试点工作经验的基础上，创新培育模式，切实采取有效措施，推动新型职业农民培育取得突破性进展。要加强组织领导，加大投入力度，设立新型职业农民培育专项资金，建立长效投入机制。要做好宣传引导，在全社会营造推进新型职业农民培育的良好氛围和环境。同时，作为实践主体，农民自身也要重视新型职业农民培育工作，自觉配合、积极主动迎接新挑战，力求自身素质不断提升，与时代发展保持同步。

二、发挥农村基层党组织战斗堡垒作用，助力新型职业农民的培育

习近平总书记强调："农村要发展，农民要致富，关键靠支部。"培育新型职业农民，从根本上说，还是要积极发挥农村基层党组织的战斗堡垒作用。党的农村基层组织是党在农村全部工作和战斗力的基础。《中国共产党农村基层组织工作条例》指出，要"组织党员、群众学习农业科学技术知识，运用科技发展经济"。当前，推进乡村全面振兴，大力促进传统农民向新型职业农民转变，应充分发挥农村基层党组织战斗堡垒作用和党员先锋模范作用。农村党支部要勇于担当、积极作为，向内引进先进技术与观念，对党的农村政策要全面理解和掌握，向外努力推介农产品，在农民与社会需求之间搭建桥梁。党员干部要贯彻党的群众路线，深入群众，摸排各家各户新型农业发展的状况，积极组织各类农业技术培训班、政策解读班，结合不同问题定向予以不同的政策、物质、技术帮扶，鼓励、引导新型职业农民发展特色产业、提高致富本领。①

据测算，预计到 2025 年新型职业农民将达到 3300 万人，且根据农业现代化发展的需要，未来新型职业农民的培育工作会进一步发力。这必然要求持续扩大各类型职业农民规模，但更为重要的是要着力优化素质结构。从部分地区抽样统计看，目前农业从业者的素质结构不容乐观。在年龄结构上，

---

① 张译木. 培育新型职业农民 实现乡村全面振兴 [N]. 光明日报，2020 – 05 – 06（6）.

各地务农农民 50 岁以上的普遍超过 90%，很多地区平均年龄已突破 60 岁；在教育程度上，农业从业者初中以下文化程度普遍占到 90%～95%。① 因此，新型职业农民培育必须要关注后继者，并且须下大力气把农业劳动者素质优化到与发展现代农业相匹配的水平。

三、建立健全新型职业农民培育的法律制度和体制机制

目前，新型职业农民培育的各项法律法规、体系还不够健全，政府、农业部门要加大对新型职业农民培育的投入力度，出台相关立法加强农民权益保护。建立以政府为主导、农业部门为依托、企业和社会机构为力量的支撑体系，加强多部门间的协调沟通，并出台相关惠农政策措施，将培训资金、经费补助等纳入财政预算中，以保障资金充足。特别是对认定为新型职业农民的要有更多实实在在的惠农政策，比如在银行贷款、利息补助、税费减免等方面给予优惠，让广大农民得到实实在在的好处。同时鼓励企业、社会团体等民间资金加入，并有效整合各类资源，完善培育体制和机制，为新型职业农民培育提供有力的支撑和保障。

要统一新型职业农民认证及管理制度，以细化现有新型职业农民的类别和资格等级为基点，完善门槛准入标准，经过培训和考核且合格后，才能颁发资格证书，将其认定为"新型职业农民"。认定后，对其开展定期的培训，完善培训

---

① 乔金亮. 职业农民培训重在提质增效［N］. 经济日报，2019－05－24（5）.

内容，在内容中与时俱进，加入最新的生产、经营、管理、政策法规和市场信息等，拓展及丰富新型职业农民的培训内容，最大限度地提高新型职业农民的素养和水平。同时，要严格新型职业农民的认证过程，构建以先认证、后培训、再扶持等为核心内容的职业农民发展框架体系。

全面建立职业农民制度，加大产业扶持政策力度是基础和保障。上海市提出要在全国率先建立职业农民制度。在上海，职业农民有享受扶持政策的优先权，并把职业农民资格作为市级示范家庭农场评定的必要条件。浦东新区在土地流转、农机具购买、农业基础设施建设等方面给予职业农民优惠政策；松江区对家庭农场每年安排专项资金给予奖补；崇明区在产业化项目扶持方面，对职业农民投入专项资金，对于经营粮食的家庭农场，每年有特设考核奖。

加快培育新型职业农民，要将职业农民培育纳入国家教育培训发展规划，基本形成职业农民教育培训体系。要办好农业职业教育，将全日制农业中等职业教育纳入国家资助政策范围；依托高等教育、中等职业教育资源，鼓励农民通过"半农半读"等方式就地就近接受职业教育；开展新型农业经营主体带头人培育行动，使其基本得到培训；加强涉农专业全日制学历教育，支持农业院校办好涉农专业；健全农业广播电视学校体系，定向培养职业农民。

要健全新型职业农民政策保障机制框架和体系。首先，构建多方参与的协作机制，寻找社会力量，构建个人、企业和其他社会力量等多主体共同参与的资金筹集机制，辅以政府或者社会机构设立的各类新型职业农民培育基金，通过设置基金申请"门槛"，引入竞争性拨款来获得更多扶持和优惠。其次，政策扶持办法要避免广撒网，要有针对性和指向性，增强新型职业农民的主观驱动力。对于经过认证且投身于农业生产的职业农民在现有保险补贴和良种补贴的基础上，政府可以向他们提供贷款优惠，为新型职业农民开通绿色通道，使越来越多的农民愿意加入新型职业农民队伍。①

四、充分了解新型职业农民培育的特点与定位

习近平总书记强调，应"就地培养更多爱农业、懂技术、善经营的新型职业农民"，这明确指明了新型职业农民培育的主要途径是"就地培养"。《新型农业经营主体和服务主体高质量发展规划（2020—2022 年）》指出，到 2022 年，高素质农民培训普遍开展，线上线下培训融合发展，大力开展新型农业经营主体带头人培训。这一文件凸显了在新型职业农民培育中，"线上线下培训融合发展"的重要性。众所周知，农业生产具有很强的地域性，不同地区的地理位置、地形地貌、温度、湿度等都有很大差异，区域经济发展也大不相同，这就决定了不同地区主导产业的不同。② 以福建省为例，福州适宜种植水稻，三明以柑橘和梨树为主，宁德以茶叶和水稻为主，漳州种植水仙花等花卉苗木等。因此，要根据不同地区特色产业开展适应当地生产需求的针对性分类型培训。另外，由于农民的年龄、文化程度、接受水平、培训需求等也存在较大差异，在新型职业农民培育过程中，可根据不同情况进行初、中、高级分层次培训，采取丰富多样

---

① 卢华. 乡村振兴背景下新型职业农民培育研究［J］. 教育与职业，2021（1）：96－100.

② 黄玉蕊. 培育新型职业农民对策探析［J］. 现代农业科技，2020（24）：251－252.

的培育方式，提升培训效果，满足不同学员的需求。①

　　培育新型职业农民，需要充分了解他们的特点与定位。当前，新型职业农民创造财富的渠道与方式不断变化，体现出鲜明的时代特征。与传统农民相比，新型职业农民思想开放、受教育程度相对较高，其中相当一部分人是具有专业农学学历及相关技术的人员，他们将所学知识和专业技术主动应用于农业生产，进而使得农业生产的质量与技术得到实质性提升，他们能够较快地掌握并运用新技术与新渠道，就如在新冠肺炎疫情期间，越来越多的新型职业农民通过网络直播的方式销售滞销农产品，取得较好的经济效益和广告效应。新型职业农民群体的构成具有综合性特征，其中不仅有实现转型的传统农民，还包括拥有大量生产机器的农机大户与组织力强的乡村合作社带头人。这表明新型职业农民实现了服务性与技术性的统一，作为一股专业化的新生力量，为现代化农业注入了新生动力。

五、搭建完善的网络基础设施，为新型职业农民培育提供现代化土壤

　　近年来，"互联网＋"作为一股新动能在各行各业展现了惊人的发展态势，为我国经济发展注入新的活力。同样，新型职业农民的培育工作也离不开互联网等基础设施的支持。《数字乡村发展战略纲要》（2019 年）指出：到 2020 年，数字乡村建设取得初步进展，全国行政村 4G 覆盖率超过 98%，

----

　　① 王韬远，朱志国，桂美根．新型职业农民培训对乡村经济的推动作用探索［J］．山东农业工程学院学报，2019（12）：9 - 10，29．

农村互联网普及率明显提升；到 2025 年，数字乡村建设取得重要进展，乡村 4G 深化普及、5G 创新应用，城乡"数字鸿沟"明显缩小，初步建成一批兼具创业孵化、技术创新、技能培训等功能于一体的新农民新技术创业创新中心，培育形成一批叫得响、质量优、特色显的农村电商产品品牌，基本形成乡村智慧物流配送体系。毫无疑问，乡村"数字化"能够有效弥合新型职业农民在发展过程中面临的"数字鸿沟"问题。应继续加强基础设施共建共享，加快乡村宽带通信网、移动互联网、数字电视网和下一代互联网发展，鼓励开发适应"三农"特点的信息终端、技术产品、移动互联网应用（App）软件，利用 5G 技术推动物联网与传统农业的结合，为培育新型职业农民和推动农业转型发展搭建完善的网络基础设施。[①]

六、创新机制模式，提升新型职业农民培育质量

在现代农业经济发展的新形势下，传统的课堂理论教学模式有较大的局限性，难以将理论转化为实践应用，针对性不强，无法与农民实际需求相结合，无法调动农民的积极性，培训效果不尽如人意，已经难以满足现实的需要。开发和创新学习模式，采取灵活多样的方式将更有利于提高新型职业农民培育的效果。如在培育方式上，利用课堂理论教学与实地实践教学相结合，通过现代网络技术开发线上课程进行线上线下融合培训、在线答疑、送教下乡等；在培训内容方面，除掌握农业技能知识外，还要传授农民更多的实践知识，比

---

① 张译木. 培育新型职业农民 实现乡村全面振兴［N］. 光明日报，2020–05–06（6）.

如经营管理、营销策略、网络电商等方面的内容，鼓励学员自主创新创业；在师资方面，聘请农业院校、科研院所教授专家进行现场授课，邀请当地有经验的"土专家"深入田间地头手把手指导，解决农民在现实中遇到的问题；另外，可打造校企协同培训模式，充分利用涉农院校、龙头企业的优势资源增强培训效果，还可通过定向培育模式，有针对性地培养一批具有专门技能的新型职业农民。①

通过采用线上线下混合式教学的有机结合，搭建高素质农民培育路径。在课上可提供菜单式培训方式，针对个人的特点、闲暇时间和学习方式推送个性化教学资源。建立分层分类、系统、科学、规范、可操作性强的高素质农民教育工作评价标准体系，在乡村发展数据共享平台增设高素质农民培育模块，在现有线下考核机制的基础上，构建集学员遴选、培训需求调研、培育方案制定、课程设置、教师选聘、培训开展、培训后跟踪指导、学员发展于一体的线上考核评价机制。探索建立高素质农民终身学习账号制度，通过建立个人信息数据库，进行培训过程记录、质量监控和效果监控，实现学习成果可追溯、可查询、可转换。②

七、满足不同层次需求，精准培育新型职业农民

培育新型职业农民，必须拓宽渠道，实施精准培育。应尊重农民的学习规律，结合农民的知识水平和日常话语习惯，

① 王栋，侯秀芳，温馨. 乡村振兴战略下新型职业农民培育使命与着力点［J］. 教育与职业，2020（1）：108－112.
② 闫宗芳. 新型职业农民教育培训的困境［J］. 甘肃农业，2020（12）：112－113，119.

深入浅出、有针对性地做好相关培训，不断提升农民技术培训的效能。还要有精准培育的思维，逐渐形成满足不同层次培训需求的培育体系，分批分类因材施教，提高针对性。要围绕当下与未来新型职业农民发展的需要，结合本地实际发展状况，通过现代青年农场主培养、新型农业经营主体带头人轮训、乡村实用人才带头人培训和农业产业精准扶贫培训等计划，进一步提高新型职业农民培育工作的针对性、规范性、有效性，切实提高培训效率，最大限度将农业知识转化为生产力。

此外，需要精神文明和物质文明同步建设。古语有云，"仓廪实而知礼节，衣食足而知荣辱"，这句话表达了"仓廪实"和"衣食足"是"知礼节"和"知荣辱"的基础，部分地反映了物质文明与精神文明的关系，但"仓廪实"和"衣食足"未必就一定"知礼节"和"知荣辱"，这给予新型职业农民培育以启示——需要精神文明和物质文明同步建设，以促进"两个文明"协调发展。农村现代化的目的是达到农村社会的全面发展和进步，必须培育农村文明新风尚，倡导农村健康文明的生活，因此，要加强农民的思想道德教育和民主法制教育，指引农民形成正向的思想道德观念，提升自我道德素养，约束自身的行为。

八、完善资格"认定系统"，加大对新型职业农民培育的政策支持力度

实现学习成果的合理认证可以连接不同教育和培训形式，推动正规、非正规和非正式学习实现实质等价，从而完善现有的教育体系和制度使其能够更好地适应社会对于人才多样

化的要求和学习者群体多元化的学习需求。① 基于新型职业农民发展的需要和学习的本质，构建以先前学习认证和专业认证为基础的立体化"认证系统"是实现新型职业农民学习成果合理认证的重要手段。②

　　一是新型职业农民的先前学习认证。先前学习（Prior Learning）又被称为经验学习，即经验知识通过非正式的学习（如生活、工作）获得，或通过非正式的、有目的的学习获得。③ 为此，先前学习认证将是一种行之有效的方式，通过对个人先前学习的经历进行评估，可以识别新型职业农民的技能状况。《国家教育事业发展"十三五"规划》中明确提出要建立学分银行和信息化平台的目标——"完善学习成果认证制度，通过部分地区率先探索、以点带面的方式，推进国家学分银行建设，为每一位学习者提供能够记录、存储自己的学习经历和成果的个人学习账号，对学习者的各类学习成果进行统一的认证与核算，使其在各个阶段通过各种途径获得的学分可以得到积累或转换。被认定的学分，可累计作为获取学历证书、职业资格证书或培训证书的凭证"。从全球发展的经验看，先前学习认证是一个系统化工程，需要构建有效的政策保障体系，具体到新型职业农民来说，应明确先前学习认证的机构和专业人员，完善认证的信息化平台，

----

　　① 王海东，韩民. 学习成果认证制度相关概念及问题探讨 [J]. 开放教育研究，2016（5）：61–67.

　　② 欧阳忠明. 新型职业农民职业化学习研究 [M]. 北京：人民出版社，2019：240.

　　③ 王莉颖. 试论成人的经验与成人学习模式 [J]. 职业技术教育，2006（31）：63–66.

以及学分互认机制、流程等。

二是新型职业农民的专业资格认定。专业资格认定关注的是新型职业农民持续的专业发展，即在新型职业农民职业化进程中，知识、技能和能力的保持与改进以及学习达到的水平，是对个体按照专业标准进行实践的现有地位和权利的认可。2015年，农业部下发了《农业部关于统筹开展新型职业农民和农村实用人才认定工作的通知》，对新型职业农民资格认证办法、程序、统计等方面进行了规定。然而，由于该通知缺乏对认定的机构、具体办法、要求、流程的进一步规定，从而导致全国各地资格认定中存在许多问题。比如，认证标准不统一，不同地区缺乏可比较的一致标准；认证机构不统一，证书的有效性缺乏普遍适用性。为此，农业农村部应该联合相关部门，对新型职业农民资格认证出台进一步的实施细则，明确由专业的认证机构来统一管理和实施资格认证工作，严格要求，必须达到相应的质量和水平才能发给合格证书。且一旦获得认证证书，就具有普遍的适用性，地方政府相关部门可对认证农民从土地流转、农业补贴、信贷担保、农业保险、社会保障等方面进行支持，以积极引导新型职业农民扎根农村投身"三农"事业。

第五节 新型职业农民培育的典型个案

案例一：陕西省渭南市富平县新型职业农民种植黄花菜①

---

① 杨探花，张富娥，李艳妮. 陕西富平新型职业农民李保江：种植"黄花菜"有门路［N］. 富平县融媒体中心，2020－7－10.

近年来，陕西省渭南市富平县拥有"新型职业农民"身份的人越来越多。他们有文化、懂技术、善经营、会管理，在富平生态农业发展中挑起大梁。东华街道办闫村村职业农民李保江就是其中一位，他在自己创办的家庭农场中，引进黄花菜种植，年收入15万元，带动当地剩余劳力30余人。

李保江是土生土长的闫村村人，曾经贩过粮、卖过炭、做过木头生意，随着市场经济的发展，出现了很多村民不愿意耕种的零散土地，使他萌生了流转土地，发展农业的想法。2016年，在东华街道办的协调下，李保江成立了"田野园家庭农场"，种的是小麦和玉米，但是效益不景气。后来认识了富平县农业广播电视学校的很多老师，通过和老师的交流，了解到大荔县发展的黄花菜产业，考虑再三，他觉得这是一个转型的好时机。黄花菜引进以后，他觉得自己在技术上还不是太懂，便于2016年在富平县农业广播电视学校报名，成为一名真正的职业农民，从那个时候开始，他就一边学一边种植。

2016年李保江参加了富平县农业广播电视学校组织的为期三年的家庭农场主培训，最终获得高级职业农民职称。取得高级职业农民证书后，李保江成为一名新型职业农民，以种植黄花菜为主，种植面积30亩。经过不断努力，2018年，李保江为黄花菜注册了"田野园"干菜商标。除此之外，在销售方面，更是多措并举，取得实效。2019年之前黄花菜销售有两个渠道，一是网上销售，二是实体店销售。2020年销售渠道又加了一个旅游团采摘，这一块的销量也是相当可观，而且效益相当好。李保江的农场除了旅游团前来观光采摘鲜菜外，主要是以加工为主，全部加工成耐贮存的干菜。乡村振兴人人有责，作为农民，李保江相信农业是有奔头的产业，更是一个朝阳产业。

李保江不但盘活了自己的产业，还带动了更多周围剩余劳动力就业。从李保江的案例可以看出，积极培育爱农业、懂技术、善经营的新型职业农民，既有利于发展现代农业又能带动周围剩余劳动力就业，助力乡村振兴战略的推进。

案例二：安徽省安庆市田地上的逐梦者

近年来，在安庆市广阔的田野上，一批新型职业农民大显身手，发展现代农业，推进乡村振兴。田还是那片田，地还是那块地，安庆市广大田地上种的庄稼更加生态环保，产量大幅提升。这些改变，除了各项惠农政策推动外，一支逐渐壮大起来的新型职业农民队伍功不可没。据悉，"十三五"时期，安庆市共培训新型职业农民 2.6 万余人，有效助力现代农业的发展。

1. 新型职业农民成为致富带头人

2007 年，26 岁的曹双乐从福建返乡创业。刚开始，他从事生猪养殖，但受各种条件制约，很难有起色。后来他发现当地家家户户都有种茶传统，加上家乡得天独厚的生态环境，就把目光投向了茶产业。当年，在当地镇党委政府的大力支持下，曹双乐利用该镇 1000 余亩山场进行茶叶种植及加工。由于技术的限制，曹双乐的茶事业很快就遇到"瓶颈"——产量不高、品质普通、规模不大。一次偶然的机会，曹双乐被县里推荐参加农村实用人才培训班，因为这次培训，曹双乐开启了从普通农民到新型职业农民的转型之路。

通过培训，曹双乐深刻体会到了"要富口袋，先富脑袋"这句话的深刻含义。利用学到的知识技术，曹双乐一方面扩大规模、完善经营，一方面与县农广校合作，建立"新型职业农民培训基地"。培训基地建立后，本村要求参加培训的农民越来越多，各种培训逐渐开展起来，仅2020年，基地就举办培训20余场，当地学科技、用科技、依靠科技发展生产的氛围也越来越浓厚。

肯于钻研、善于学习的曹双乐慢慢成为"种茶能手"，他的茶叶基地也从1个发展到3个，累计流转山场和田地3.2万亩，栽培茶树5000万株，并先后牵头成立了农产品合作社、大丰收农机合作社等新型合作经济组织，大力发展茶叶、毛竹、油茶等特色种植业，年产值达3000万元以上，辐射带动了周边14个建制村2000余户农民增收致富。由于各方面成绩突出，曹双乐先后获得"全省农村青年致富带头人""安徽省农民创业带头人""乡村致富好青年"等荣誉；2020年，他被农业农村部评为全国"百名优秀扶贫先锋"。

2. "90后"小伙的无人机飞翔路

黄其健是安徽芜湖人，他和爱人一起在怀宁县平山镇高泽村经营一个家庭农场。两年前的一次农业技能培训课上，黄其健第一次接触到植保无人机，由于近年来农村大面积施肥、喷洒农药的需求越来越旺盛，黄其健从中嗅到了商机，萌生了当专业无人机"飞手"的想法。

黄其健坦言，刚开始，大部分农户对于无人机替代人工进行大面积施肥和喷洒农药作业基本是观望的态度。然而，随着无人机作业效果得到认可，加上无人机作业具有经济实惠、快速高效、健康安全的优势，无人机植保服务发展进入"快车道"，受到广大农户的普遍认可，附近的合作社、家庭农场等种粮大户邀请使用无人机作业的次数越来越多，黄其健的事业也"越飞越高"，成为新农人的代表。

3. 电商创业者让更多农产品"走出去"

黄四清，怀宁县公岭镇永新村农民，在当地经营一家土鸡养殖场，农产品主要在县域范围内销售。随着生产规模的不断扩大，优质的鸡蛋、土鸡等农产品如何走出大山，是多年来一直困扰黄四清的发展难题。

2019 年初，镇里举办电子商务培训班，黄四清参加了培训。通过学习，困扰黄四清多年的问题终于有了答案。当年 5 月，在村委会的帮助下，黄四清成立了永新村电子商务服务站。服务站成立伊始，他主动对接当地农户，收购优质农产品，帮助他们打开销路。货源的问题解决了，售卖阶段，黄四清非常注重产品的质量。夏天气温高时，超过 3 天的鸡蛋他坚决不卖。每一个水果他都要仔细检查，遇到有瑕疵的，则坚决淘汰。很快，黄四清的网店收获了一连串的好评。2019 年，服务站的销售额为 63 万元，到了 2020 年，这一数字变成了 216 万元。产业逐步建立起来以后，黄四清的电子商务服务站与当地建档立卡贫困户 19 户签订帮扶协议，每年帮助每户贫困户增收 3000 多元，实现了反哺当地经济的梦想……

怀宁县商务局统计数据显示，截至 2020 年 12 月底，全县在淘宝、京东等电子商务平台注册商户 820 多家，主要集中在塑料制品、纸杯、服装、蒸笼、蓝莓、茶叶等产品，从业人数 6000 多人；2020 年全县年网销额 17.1 亿元，同比增长 34%。

第四章　乡村振兴视域下返乡农民工就业创业培训

改革开放后，尤其是 20 世纪 90 年代初确立发展市场经济以来，我国社会生产力得到极大的提高和释放，农村地区出现了大量剩余劳动力，其中一部分农民为了赚得更多收入或者谋取更好发展选择进城务工，逐渐形成规模巨大的"民工潮"。而今，受经济就业环境复杂以及智能无人流水线大量应用等因素影响，城市地区存在大量农民工显性失业，农民工回乡寻找就业创业机会的现象随之而生。随着城乡二元结构逐渐被打破，社会主义新农村建设不断推进，在经济下行压力加大、外部环境发生复杂变化之际，农民工回流成为一种新的趋势，因而保障农民工有序就业，积极支持其在乡村就业创业，成为必要之举。[①]

国务院发展研究中心"农民流动与乡村发展"课题组对农民工回流进行了界定，认为农民工回流是改革前后农村剩余劳动力走出乡村、出县务工，时间在半年以上，又返回本县内从事各类职业的现象。[②] 农民工回流是一种"逆向流动"

---

① 周凯. 返乡农民工就业创业理论依据、现状及对策 [J]. 乡村科技，2020（9）：48 – 50.

② 国务院发展研究中心课题组. 农民工就业总体态势与政策因应：对 19 个省（区、市）107 个村的调查 [J]. 改革，2010（6）：5 – 24.

的就业现象，是个体在劳动力市场发生变化、在就业能力和就业意愿的反复权衡中做出的选择。改革开放以来，我国曾先后出现四次较为集中的农民工回流现象①：第一次是1989年至1991年，国家经济发展速度放缓和城市治理整顿造成的农民工返乡回流；第二次是1998年至2000年，国有企业改革和乡镇企业改制造成大量工人下岗，作为下岗工人再就业的竞争对手，农民工被歧视性的就业政策逼回了农村；第三次是2008年，国际金融危机爆发后，企业受到严重冲击，尤其是很多出口加工型、外向型企业出现经营性困难——限产、停产甚至倒闭，这造成大量农民工失业而返乡；第四次是2009年开始的主动回流，受中西部地区"回引工程"和国家系列惠农政策的影响，农村就业创业环境明显改善，许多农民工主动回乡就业创业。

近年来，随着社会的发展，我国城市建设步伐放缓，农民工回流规模扩大，并呈现出逐年上升趋势。自2013年起，"农民工回流"已经成为一种普遍现象，尤其是在安徽、湖北、四川等农民工外流大省，回流现象更加明显。湖北省统计局数据显示，2017年湖北省流入人口157万人，同比增长8万人；四川省统计局数据也显示，2017年从省外流入成都的常住人口数量高达46万人，流入绵阳常住人口10万人，流入广元、泸州、德阳等地常住人口均超过5万人。此外，其他省市也均存在"农民工回流"现象，规模依然在持续增

---

①　周伟. 乡村振兴背景下农民工回流问题研究 [J]. 农业经济，2020（3）：81－83.

加，增速高达20%左右。① 农民工大规模的返乡回流为振兴乡村产业、缓解人口流失问题带来了巨大的机遇，为乡村振兴战略的深入推进提供了必要的人力资本，但同时也会引发和激化农村内部的一些固有矛盾和新生矛盾，对农村社会治理提出了新课题。无论是人力资源开发还是解决农村社会治理中的新问题，加强对返乡农民工的教育培训是一个必须及时跟进的重要举措，可见，农民工返乡回流为当地农民教育培训带来了巨大的机遇和挑战，需要加以认真的研究。为此，《中共中央　国务院关于全面推进乡村振兴加快农业农村现代化的意见》（2021），在"（十七）提升农村基本公共服务水平"部分提出，要"面向农民就业创业需求，发展职业技术教育与技能培训，建设一批产教融合基地"。

第一节　"农民工回流"现象的相关理论

许多理论对返乡农民工就业创业进行了阐释，较为世人熟悉的有：刘易斯的二元经济结构理论、舒尔茨的人力资本理论、劳动力迁移决策模型等。为了从理论上对返乡农民工就业创业现象有更深入的理解，下面对相关理论进行简要介绍。

一、简单劳动和复杂劳动

所谓简单劳动是指一般劳动者都能胜任的劳动，无须特

---

① 侯中太."农民工回流"为乡村振兴增添新动能 [J].人民论坛，2019（16）：68－69.

别的技术专长、知识和技能训练。区别于简单劳动，复杂劳动需要较高的教育投入，生产要花费较多的劳动时间，因此具有较高的价值。不过简单劳动与复杂劳动的区分不是绝对的，从纵向上来说，随着生产力水平的提高与科学技术的进步，两者的评价标准也会随之改变。①

一般而言，在按劳分配的前提下，工资水平的差异是以两者的关系为理论基础的，越是高级复杂的劳动力，所支付的学习成本越多，也越能发挥人的主观能动性，其创造性越强，越能创造更多更大的价值，鉴于此特性，复杂劳动在分配过程中必然分到相对较多的劳动报酬，加上复杂劳动者基本处于供小于求的状态，其工资是高于其价值的；反之，简单劳动者的供大于求使其真正获得的工资总是低于其自身创造的价值。② 这也解释了"供给多、工作简单、创造了价值"的农民工工资水平普遍偏低的原因。

该理论为我们提供了一个视角来分析收入差异和分配的问题，告诉我们解决贫富差距，特别是城乡差距的重点便是提高穷人（农民）收入水平。进而发现，提高劳动者低收入的关键是改变我国教育不平等的现状，应努力增加教育投资，使得低收入劳动者能通过不断努力提升个人素质，从而获得更好的工作。

----

① 马克思，恩格斯. 马克思恩格斯全集（第 23 卷）［M］. 北京：人民出版社，1972：57 - 58.

② 朱学辉. 关于简单劳动与复杂劳动对我国收入分配影响的思路探析［J］. 山东商业职业技术学院学报，2011（5）：25 - 27，32.

二、人力资本理论

舒尔茨（Theodore W. Schultz）在 20 世纪 60 年代提出了人力资本理论。人力资本理论认为①，人力资本在经济增长中的作用大于物质资本的作用，而且人力资本投资与国民收入成正比，比物质资源增长速度快，而人力资本的核心是提高人口质量，教育投资是人力投资最主要、最普遍的形式，从另一个角度来说，也可以把人力投资视为教育投资问题。

在本研究中，对农民工的人力资本投资主要包括正规教育、技能培训、劳动力迁移、就业信息获取、卫生保健，它是能凝结在农民工身上，并为其带来持久收益的一种非物质资本。各种研究表明，人力资本在农民工就业以及选择就业过程中起着重要作用。农村劳动力素质的提高是其向劳动生产率较高部门转移的前提条件，而文化素质、技术水平与就业状况呈正相关，劳动力所具有的人力资本存量，对其转移后职业的稳定性有显著的作用，特别是文化水平，是影响职业稳定性的决定因素之一。② 可以说，人力资本是影响农村劳动力选择非农就业的重要因素，接受过技能培训且培训时间较长的劳动力，更容易获得较高的非农业就业收入，一般而言，人力资本越多（如劳动力接受过职业培训、拥有技术特长、文化水平高、身体健康），农村劳动力就业的非农化

---

① 西奥多·W. 舒尔茨. 改造传统农业 [M]. 梁小民译. 北京：商务印书馆，2010：150 - 152.

② 滕建华. 农村人力资本投资与农村劳动力流动的相关性分析 [J]. 农业技术经济，2004（4）：30 - 34.

程度越高，收入越多，就业稳定性越好。① 总而言之，对农村劳动力（包括返乡农民工）来说，就业状况影响最大的就是劳动者的人力资本因素。

三、成本收益理论

从人力资本理论出发，舒尔茨还提出了另一个理论——"成本收益理论"。舒尔茨认为农民工选择在城市或者在农村取决于对成本和收益的比对。例如，返乡就业预期收益为 E，返乡就业成本为 C，农民工进城务工的收益为 R，那么 E－R 表示为预期收益的增量，E－R－C 表示为农民工选择回乡就业相比在城市务工的净收益，仅从经济层面考虑，当 E－R－C＞0 时，农民工就会产生回乡就业意愿。所以，当农民工在进行区位选择决策时，会将成本和收入进行对比，当返乡后获得的实际收入高于成本时，农民工会留在家乡，不再选择迁移。当前，在强农惠农富农政策支持下，农村产业环境、就业创业环境逐步改善，就业保障逐步落实，E－R－C 的值呈增大趋势，越来越多的农民工选择回乡就业创业。

四、二元结构理论

在 20 世纪 50 年代，美国著名发展经济学家、诺贝尔经济学奖得主威廉·阿瑟·刘易斯（William Arthur Lewis）提出人口流动模型，在宏观层面对劳动力从第一产业向第二产

① 苏群，周春芳，高珊. 人力资本刘非农就业及其收入影响的实证研究：苏南、苏中、苏北的比较研究［J］. 农村经济，2007（5）：46－48.

业的流动做了阐释，认为农村劳动力从传统农业部门向现代工业部门转移是工业化过程的必然。1954 年刘易斯在《劳动无限供给条件下的经济发展》一文中提出了二元经济结构论，他认为发展中国家经济生长存在两种格局，一是维持较低生活标准的落后式生产方式，二是维持劳动报酬较高的相对先进的生产方式，这两种格局之间存在明显的经济收入差距。也正是这种差距，决定着农村剩余劳动力必然会流向报酬较多的产业。该模式既可以解释农民在两种格局下由农村向城市流动的现象，也可以解释农民工回乡就业的现象。近年来，国家倡导培养农业现代化产业链上的实用人才，政府不断对返乡农民工就业创业提供政策性支持，优化制度环境，使得农民工返乡就业创业的意愿越来越强烈。

毫无疑问，刘易斯模型也存在着一定的缺陷。其忽视了农业，只把农业作为劳动力输出部门，没考虑到城市也存在失业，这与现实有一定的脱节。应该看到，农业部门的积累，对于工业起支撑作用，农业不是被动的，而是能动的。由于刘易斯理论存在诸多缺陷，到了 20 世纪 60 年代，费景汉（John C. H. Fei）和古斯塔夫·拉尼斯（Gustav Ranis）对其进行了理论修正和创新，形成了费-拉就业转化理论。

五、费-拉就业转化三阶段论

费-拉理论修正了刘易斯假定，提出了就业转化三阶段论。与刘易斯的重要区别是，费-拉二元模型颇为重视农业的地位，强调经济的发展必须是工业和农业平衡发展，并提出工业应先采取资本浅化政策以吸收更多的农业剩余劳动力。

这意味着农产品的相对价格会上升，从而引起工业部门的贸易条件恶化。费-拉就业转化理论把农业劳动力的流动过程分为三个阶段。①

第一阶段：传统农业部门阶段，农业部门存在隐性失业，劳动的边际生产率为零，劳动力的供给弹性无限大。在这一阶段，边际生产率等于零（无贡献或基本贡献为零）的那部分劳动力是多余的，他们在向现代工业部门转移时，农业总产量保持不变，不会降低农业生产，农业剩余劳动力因资源重新配置而释放出能量，提高了效率，同时获得超过维持生存限度的工资收入，工业产值也得到增加。

第二阶段：存在隐性失业（disguised unemployment）。②边际生产率大于零但小于不变制度工资的那部分劳动力的流出会引起农业产出的下降，导致农业劳动力短缺、粮食不足的情况。到这一阶段，农业劳动力的转移会使农业总产出受到影响，但工业产值继续提高，还提高了效率。

第三阶段：在这一阶段，农业部门已经商品化，农业劳动力已经变成竞争市场的商品。费景汉、拉尼斯将第一阶段和第二阶段的交界处称为"短缺点"（shortage point），这时会出现粮食短缺现象；将第二阶段和第三阶段的交界点称为

---

①　费景汉，古斯塔夫·拉尼斯. 增长和发展：演进观点［M］. 洪银兴，郑江淮，等，译. 北京：商务印书馆，2004：2-7.

②　注：隐性失业，是指劳动力边际生产率接近于，甚至等于零时的剩余劳动力在撤出时不会减少总产量，这一部分劳动力就处于隐性失业状态。

"商业化点"（commercialization point）。① 进入商业化点之后，农业部门进入商业化阶段，二元结构结束。

简单地说，到第二、三阶段，农业劳动生产率的提高将会减少农业工人人数和总劳动剩余。农业中逐步形成生产剩余，有利于农业部门的剩余劳动力向工业部门转移，农业和工业就可以共同发展，如表4-1所示。

表4-1　三个阶段与工农业产值的变化情况

初始	农业	工业	全社会
第一阶段	0	+	+
第二阶段	-	+	+
第三阶段	+	0 或 +	+

在表4-1中，0表示不变，+表示增长，-表示降低。通过表4-1，可以看出刘易斯模型与费-拉模型的区别与联系以及费-拉模型是在哪些方面深化了刘易斯的理论。第一阶段，刘易斯也看到了，但刘易斯只讲工业部门吸收了农业部门的剩余劳动力，引起了工业部门与全社会经济的增长，而没有考虑到后两个阶段。费-拉理论模型则拓展了这一理论，推演出第二、三阶段。

---

① 注："短缺点"即所谓"费-拉粮食短缺点"，它发生于农产品的边际价值开始上升到零这一时刻，其实质是农产品短缺。而"商业化点"是指农产品价格上升、工业部门的贸易条件恶化、工业利润减少，由于农业边际生产力比制度性工资大，从而抑制了工业部门的扩张。

六、唐纳德·柏格的"推拉理论"

"推拉理论"属于古典和新古典主义下的"均衡"范式。早在 19 世纪 80 年代 E. G. 拉文斯坦（E. G. Ravenstein）就对人口的转移进行了研究，在《人口转移规律》一书中他阐明了人口迁移的动机，总结出"迁移七大定律"，其中经济原因是主要的，而受歧视、受压迫、沉重的负担、气候不佳、生活条件不舒适等也都是影响人口迁移的因素。推力、拉力这两个因素对人口迁移的作用，实际上是复杂的过程。唐纳德·柏格等在 20 世纪 50 年代较为系统、全面地阐释了人口迁移的"推拉理论"。该理论认为，从运动学的角度来看，人口迁移是两种不同方向的力的相互作用引起的。城市由于经济社会发展而具有拉力，同时农村经济社会发展处于劣势而形成了推力，农业劳动力总是在"推力"和"拉力""反推力"和"反拉力"的正负效益中权衡，从而做出流动的决定。"推拉理论"做出的假设是：人们的迁移行动是理性选择，迁移者对原住地与迁入地的信息有充分了解。由此，迁移者将从自身的发展进行全面衡量，以此做出是否迁移的决定。该理论阐释了劳动力转移的"推 – 拉"假设（push – pull hypothesis），说明了人口迁移的本质。"推拉理论"对流动的解释不仅考虑到经济因素，也考虑到社会因素，利用这一理论可以对农民工流动决策的内外驱动力做出较好解释。

"推拉理论"对人口流动的原因、动机的解释具有一定的影响力。但因为"推拉理论"的假设过于简单，在现实中也很难成立，所以后来的诸多经济学家在这一认识的基础上，不断地加以修改、完善。1966 年人口学家李（E. S. Lee）在美国《人口学》杂志上发表题为"迁移理论"的论文，将迁移行为的影响因素概括为四个方面：一是流出地的影响，这种影响由正、反两方面构成；二是中间障碍因素，指移民限制规定以及迁移距离等因素，包括物质的障碍、距离的远近、语言文化的差异以及移民自身的价值判断；三是流入地的影响，也由正、反两个方面构成；四是个人因素，指年龄、性别、文化程度、生活方式、收入水平等。① 这也是对"推拉理论"的总结。

七、托达罗的期望收入理论

在 20 世纪 60 年代末 70 年代初，美国发展经济学家托达罗（Todaro）在刘易斯二元经济假设的基础上，建立了哈里斯－托达罗迁移模型（Harris – Todaro Model），该模型假定劳动力迁移取决于城乡劳动力市场工资的比较。托达罗的人口流动模型建立在城市存在失业的假设基础之上，与建立在充分就业假定上的刘易斯模型形成了鲜明对比。他提出了"预期"这一概念以及期望收入理论，并提出用预期工资的均等取代工资的均等而作为基本的均衡条件，是发展经济学中具有启发意义的思想。托达罗预期收入理论认为，劳动力迁移是流动的一种形式，主要是以改变就业类型、改善收入状况为目的，是一种跨地域流动的行为，系统性大规模地从

---

① 钟甫宁，栾敬东，徐志刚. 农村外来劳动力问题研究 ［M］. 北京：人民出版社，2001：25 – 26.

农村向城市的劳动力迁移，是二元经济发展过程的一个重要方面。

托达罗模型认为，劳动力是否决定迁移取决于城乡的预期收入差异，而不是现实的城乡工资差距，其中，在城乡预期收入差异很大的情况下，劳动力向城市迁移的增长率超过城市工作机会的增长率是完全有可能的，而城市的高失业率正是大多数发展中国家城乡经济机会严重失衡的必然结果。[①]从微观机制上看，劳动力的迁移决策是建立在对迁移前后成本和收益审慎权衡的基础上的，如果迁移之后的收入越高、工作机会越多、工作前景越好，劳动力迁移的动力就会越强；反之则相反。因此，农民（工）的迁移同样是以增加收入为最终目的，而他们对于迁移后收入、生活和工作的预期影响着他们迁移的决策。人口流动是合乎理性的经济行为，人口向城市迁移的决策源于预期的收入差异。个人的迁移取决于预期的收入、就业机会的大小、输出成本和等待成本。农村劳动力把农村的现得收入与进城后找到工作机会的预期收入做比较后，才冒着失业的风险向城市迁移，这样就会有大量的农民工涌入城市。一句话，农村劳动力是否向城市转移不仅取决于城乡实际收入差距，还取决于城市就业率或失业率，即农村劳动力做出流动的决策是对稳定的农村低收入与隐含风险的城市高收入的权衡。农业劳动者是否向城市迁移，取决于他们对在城市获得较高收入的概率和成为失业者的风险

---

① 蔡昉，等. 劳动经济学：理论与中国现实 [M]. 北京：北京师范大学出版社，2009：152.

的权衡。托达罗的迁移模型是对推拉理论的进一步阐发。

发展中国家二元经济结构的消解不能仅仅依靠农村人口不断流入城市，还要同时发展农村，实现城乡之间的统筹发展、一体化发展，如此才能最终消除二元性（duality）。托达罗模型的政策意义是：发展中国家要合理地解决人口流动问题，就必须制定全面的就业创业战略，逐步缩小城乡不均等差距。托达罗模型对人口流动与失业并存现象的解释比较符合发展中国家的现实，但是，它假定农业部门不一定存在剩余劳动力而城市却有大量的失业，这与发展中国家的实际不吻合。[①] 托达罗模型告诉我们，发展中国家应当努力减轻城乡经济机会不平等的现象，因为过多的农村劳动力涌入城市，不仅会造成城市社会经济问题，还使得农业劳动力不足，因此，在增加城市就业机会的同时，应努力提高农民的收入，增加农村地区的就业机会，平衡城乡就业供求，从而缩小城乡之间的差距，推动农村地区的全面发展。

第二节　发达国家农民工职业教育与培训的经验

发达国家在城镇化进程中，普遍经历了农村剩余劳动力向城市转移的过程，并积累了很多对于农民工职业教育与培训的优秀经验。了解和学习它们在农村劳动力转移过程中职

---

① 黄建新．社会流动与农民工创业行为研究［M］北京：社会科学文献出版社，2017：317.

业教育与培训的经验与做法，可以对我国根据实际情况开展相关工作有所助益和借鉴。纵观发达国家城镇化进程中农民工职业教育培训发展史，各国普遍实施制定健全的职业教育培训法律法规、进行内容丰富且形式多样的职业教育培训、从不同渠道提供教育资金支持等策略。① 以下以英国、美国、日本为例来介绍发达国家这方面的基本情况。

一、健全的职业教育培训法律法规

虽然城镇化的进程各有差异，但是考察英国、美国和日本的城镇化进程，可以看出，每个国家政府对于农民工的职业培训工作都十分重视，通过出台系列的相关法律法规，指导全国的农民工职业教育与培训工作，确保农民工职业教育培训在法律法规的框架下顺利进行和展开。

（一）英国农民工职业教育培训立法

英国非常重视农民工职业教育培训法律法规建设，早在1838 年便成立了皇家农学会，对农业知识进行了系统性研究，1889 年《技术教育法》的出台正式确立了大众教育在英国的合法地位，明确了百姓参与培训、获得教育的权利受到法律保护。1909 年，英国政府出台了《职业教育法》，这部法律是世界上第一部职业指导的法规，规范了英国职业教育行业。1982 年，《农业培训局法》正式出台，这是一部关于英国农民工职业教育培训的法律，表明农民工职业技术培训

---

① 贾建锋，闫佳祺，孙新波. 发达国家城镇化进程中农民工职业教育培训对中国的经验借鉴与政策启示［J］. 现代教育管理，2016
（5）：27 - 33.

受到重视。随后，政府牵头设立了专门培训机构，并出台了农民工培训资助方案。

（二）美国农民工职业教育培训立法

美国是一个市场化国家，强调市场的主导，弱化政府的作用，但这并不意味着美国在农民工职业教育方面完全放任自由，而是充分尊重市场规律。随着市场对具有高科技技术水平的人才需求量激增，政府相应出台了一系列法律对职业技术培训工作进行规范和引导。1862 年美国政府颁布了《莫里尔法案》，以赠地的形式建立工农学院，在法律层面确立了农业在美国高等教育中的地位。1917 年出台了《史密斯－休斯法》，这是 20 世纪美国最为重要的职业教育法，在该部法律中联邦政府首次拨款扶持与农业和工业相关的职业教育培训，并相应建立了美国现代职业教育培训制度。1962 年，联邦政府出台了《人力发展与培训法》，随后，一系列提升农民工人力资本的劳动力培训计划随之出台，并由此产生了三种基本形式的人力发展培训计划——机构培训计划、在职培训计划、实验和实证项目。1976 年《终身学习法》和1994 年《美国 2000 年教育目标法》的出台，进一步强化了农民工基础教育和职业教育的重要地位。

（三）日本农民工职业教育培训立法

日本的城镇化进程被称作"按照政府意图开展的城镇化"。二战后，随着农民工大规模向城镇转移，政府为了提升农民工的就业能力，出台了一系列法律法规。日本政府在1949 年颁布了《社会教育法》，主要借助图书馆、公民馆等公共设施对农村成人劳动力进行教育，1953 的《青年振兴法》,更是通过强调政府的宏观主导地位来规范农村职业培训事业。1958 年出台《职业训练法》,鼓励农民工参与公共职业训练,并明确职业鉴定制度。1985 年出台《职业能力开发促进法》和《职业能力开发促进法实施细则》则强调了职业训练的长期性、广泛性和弹性。

二、内容丰富和形式多样的职业教育培训

英国、美国和日本虽然存在着文化上的差异,但在农民工职业教育培训课程设置方面都具有内容丰富和形式多样的特点。

（一）英国农民工职业教育培训的内容与形式

英国十分注重培训内容和培训形式的多样化,强调理论结合实际能力的培养。在培训内容方面,英国开展的职业教育培训内容多达 100 余种①,英国对农民工职业教育培训是全方位的,并不局限于某一特定技术,而是以提升农民工综合素质为首要目的,使他们能基于兴趣、特长和职业发展的需要选择适合自己的培训课程。在培训形式方面,英国不拘泥于固定的课堂模式,学习期限和培训形式的选择灵活多样,以满足各类人的各种需求。

（二）美国农民工职业教育培训的内容与形式

与英国相比,美国的培训课程虽然没有那么多种类,但同样具有丰富的内容和灵活的形式。在培训内容方面,主要

---

① 杨艳平. 英国农业教育的状况、特点及启示 [J]. 中国成人教育,2008（1）：112 – 113.

是从四个方面开展，即基本技能类培训、工作技能类培训、计算机操作技能培训和学习能力培训。① 在培训形式方面，美国采取的是政府牵头、多级配合、灵活的半脱产或不脱产形式，即政府与各类型协会、企业、大学合作，进行信息交流。在教师选配上，采用严格的准入制度，任教者须取得农业教育学士学位或同等学位，或在大学中主修或辅修过教育学和农业、工业相关课程。②

（三）日本农民工职业教育培训的内容与形式

日本城镇化进程中农民工职业教育培训由政府主导，具有有计划、分层次、有侧重的特点。③ 在培训内容方面，日本以农业技术培训为主，兼顾工业技术培训、法律知识培训、日常生活知识培训，培养适应现代化农业发展的骨干农民。在培训形式方面，主要有脱产培训和半脱产培训两类。脱产培训即农民工进入由日本政府创建的职业教育培训学校，在传统课堂上接受职业技能教育。④ 半脱产培训主要是指政府倡导、民间开设的培训机构、协会为无法完全脱产培训的农民工提供参与培训的机会。

---

① 侍建旻. 美国农村成人教育对我国农村成人教育的启示 [J]. 继续教育研究，2011（5）：158－160.

② 董丽，梁正，李芳. 借鉴美国农村成人教育经验，推动我国农村成人教育发展 [J]. 中国成人教育，2011（20）：190－192.

③ 杨波，贺志亮. 发达国家农民教育培训质量保障机制及对我国的启示 [J]. 农村经济，2014（10）：125－129.

④ 张季风. 战后日本农村剩余劳动力转移及其特点 [J]. 日本学刊，2003（2）：78－93.

三、广泛的职业教育资金来源

在财政支出的基础上，各国政府鼓励相关部门和企业设立专项资金对农民工职业教育培训工作予以支持。

（一）英国农民工职业教育培训资金的来源

英国的职业教育培训资金主要有两个来源①：一是政府通过教育拨款委员会对开展农民工职业教育培训的组织、机构和社会团体进行权威的评估，按照一定的条件和标准，从学校规模、教学质量、雇用单位认可度等角度进行考核并将考核结果予以量化，最终按照量化分数排序，以年度为单位，确定教育预算经费分配方法。二是政府通过向社会团体、企业、个人征收特别税，特别税专款专用，用于支持成人职业教育培训工作。

（二）美国农民工职业教育培训资金的来源

美国的职业教育培训资金来源渠道灵活多样，主要有四个来源：一是政府出资。美国农民工职业教育项目的经费大部分由政府支出，约83%的资金来自联邦政府和州政府的拨款，用于职业教育培训学校的基础设施建设、教师选聘、日常开支等费用支出。二是地方学区和县资助。约11%的资金来自学区和县的财政拨款，用于支持本地职业教育培训工作。三是来自企业和个人募集。约3%的资金来自企业和个人，企业和个人通过捐资、捐款等形式支持国家和地方教育事业。

① 赵卫.英国农村教育发展的历史经验［J］.外国教育研究，1987（3）：60－63.

四是社区募集。约3%的款项来自社区，通过社区的宗教活动、公益活动募集款项。①

（三）日本农民工职业教育培训资金的来源

日本的职业教育培训资金主要来源有两个：一是政府直接资助。政府通过财政拨款，对各类培训学校进行资金定额支持，用于工业化发展的需要，鼓励培训机构开展工业产业课程教育，对它们给予优先资金支持。二是长期低息贷款。政府对职业教育投入大量人力和物力，通过发放长期低息贷款的形式，鼓励职业教育培训学校建设工作。②

综上所述，从相关立法、培训内容、培训形式和资金来源等四个方面来看，英国、美国、日本三个国家农民工职业教育培训既体现共同性又各具特色③，如表4－2所示。

---

① 寿钰婷．美国人力发展培训计划及其对我国农民工教育培训的启示［J］．外国教育研究，2007（8）：76－80.

② 张季风．战后日本农村剩余劳动力转移及其特点［J］．日本学刊，2003（2）：78－93.

③ 贾建锋，闫佳祺，孙新波．发达国家城镇化进程中农民工职业教育培训对中国的经验借鉴与政策启示［J］．现代教育管理，2016（5）：27－33.

表4-2　英、美、日三国农民工培训具体方案比较

国家	相关立法	培训内容	培训形式	资金来源
英国	《技术教育法》《职业教育法》《农业培训局法》	农业知识培训生活技能培训	长期脱产培训短期半脱产培训	政府通过教育拨款委员会拨款向社会团体、企业、个人征收特别税
美国	《莫里尔法案》《史密斯-休斯法》《人力发展与培训法》《终身学习法》《美国2000年教育目标法》	基本技能类培训工作技能类培训计算机操作技能培训学习能力培训	半脱产培训不脱产培训	政府出资地方学区和县资助企业和个人募集社区募集
日本	《社会教育法》《青年振兴法》《职业训练法》《职业能力开发促进法》《职业能力开发促进法实施细则》	农业技术培训工业技术培训法律知识培训日常生活知识培训	长期脱产培训短期半脱产培训	政府直接资助长期低息贷款

第一，立法方面。英国、美国和日本在立法方面的相同点在于：三个国家均制定了一系列与农民工职业教育培训工作相关的法律，在法律层面保障了农民工享有参与职业教育培训的权利。区别在于：英国的立法演进过程实际上是一个思想解放、追求民主化道路的过程，教育培训成为全体英国人民的权利，农民工群体得到了重视，农民工接受职业教育培训呈现常态化趋势。美国的立法演进过程是一个培训理念转变过程，从注重阶段性培训到强调终身学习，培养终身学习的理念。与美国类似，日本的立法演进过程同样是一个从

阶段性培训过渡到终身学习的过程，只是日本更加强调政府的作用，且大力倡导多元化培训，把农民工接受职业教育培训作为振兴乡村经济的必由之路。

第二，培训内容与形式方面。相同点在于：三个国家培训内容均十分丰富，涵盖了技术知识和生活技能方方面面，形式不拘泥于全日制课堂教学，时间、地点灵活多样，呈现多元化特点。区别在于：英国不拘泥于某几种技能培训，而是因材施教，充分尊重农民工的选择，开设了近百种课程。美国课程数量不及英国品类繁多，但美国培训内容的设置具有层次更加清晰、结构更加合理的特点，涵盖了基础知识、高科技知识、计算机操作和学习能力这四个现代化人才必备的基本素质；同时，美国强调市场主导地位，市场规律是人们坚持的信条。日本则在培训中更加注重追求较高的"性价比"，因此政府主导的有计划、分层次、侧重性强的职业教育培训应运而生。

第三，资金来源方面。相同点在于：三个国家资金来源都广泛。区别在于：英国更强调资金拨款的制度化，设立专门机构进行资金发放审核，保障了资金发放的公平性；同时，征收特别税又具有强制性的特点。美国主要是以联邦政府、州政府和地方政府资金支持以及社会捐助为主，不以强制手段筹集经费，发挥社区的重要作用和公民的公益意识，形成全国联动的资金募集形式。日本的职业教育培训资金主要由政府提供，分为政府直接资助和长期低息贷款两种不同形式。

第三节　我国农民工职业教育
与培训的政策演进

　　农民工作为一个特定的群体，是我国经济社会发展到一定阶段的产物，并随着时代的发展而不断变化。因而，我国农民工职业教育与培训也是一项与时俱进、不断演进的时代工程。在农民工诞生之初，由于对其社会的功用和价值认识不到位，农民工的职业教育与培训往往被忽视。随着我国工业化和城镇化的深入推进，农民工逐渐成为产业工人的重要来源和城市建设的重要参与者，农民工的职业教育与培训也相应受到越来越多的关注和重视。为了提升农民工的素质和能力，以适应我国产业发展和城市建设的需要，加快推进农民工市民化，政府部门根据形势发展的需要，通过出台相关政策来支持和促进农民工职业教育与培训发展，助力其职业技能的提升和文明素质的优化。梳理历年来我国农民工职业教育与培训的相关政策文本，有助于我们更深入地理解农民工职业教育与培训政策的演进。从国家层面上颁布农民工职业教育与培训的政策文本，始于 2001 年，如表 4-3 所示。

表4-3　我国农民工职业教育与培训主要政策一览表

日期	政策文件
2001.05	《关于中等职业学校面向农村进城务工人员开展职业教育与培训的通知》
2003.09	《2003—2010年全国农民工培训规划》
2004.03	《农村劳动力转移培训计划》
2004.03	《关于组织实施农村劳动力转移培训阳光工程的通知》
2006.04	《关于实施农民工培训示范基地建设工程的通知》
2006.05	《关于印发农村劳动力技能就业计划的通知》
2007.03	《关于在贫困地区实施"雨露计划"的意见》 《贫困青壮年劳动力转移培训工作实施指导意见》
2008.11	《关于中等职业学校面向返乡农民工开展职业教育培训工作的紧急通知》
2009.02	《关于切实做好返乡农民工职业教育和培训等工作的通知》
2009.02	《关于做好当前经济形势下就业工作的通知》
2009.05	《关于进一步规范农村劳动者转移就业技能培训工作的通知》
2010.01	《关于进一步做好农民工培训工作的指导意见》
2010.10	《国务院关于加强职业培训促进就业的意见》
2014.03	《农民工职业技能提升计划——"春潮行动"实施方案》
2014.03	《国家新型城镇化规划(2014—2020年)》
2014.06	《现代职业教育体系建设规划(2014—2020年)》
2014.09	《关于进一步做好为农民工服务工作的意见》
2015.05	《关于进一步做好新形势下就业创业工作的意见》
2015.06	《关于支持农民工等人员返乡创业的意见》
2016.03	《农民工学历与能力提升行动计划——"求学圆梦行动"实施方案》
2016.12	《关于切实做好就业扶贫工作的指导意见》
2016.12	《教育脱贫攻坚"十三五"规划》
2017.01	《国家教育事业发展"十三五"规划》
2020.03	《关于应对新冠肺炎疫情影响强化稳就业举措的实施意见》
2020.07	《国务院办公厅关于支持多渠道灵活就业的意见》
2020.08	《关于做好当前农民工就业创业工作的意见》

分析以上政策文本，可以发现，我国农民工职业教育与培训政策的演进具有以下特点。①

一、政策萌芽期：地方政府的零散实践（20 世纪 90 年代）

20 世纪 80 年代末期，随着我国乡镇企业吸纳农村剩余劳动力的能力逐渐下降，大量农村剩余劳动力抱着"闯一闯"的心态不断流入城市，逐渐形成了具有中国特色的"民工潮"。②当时，我国尚处于从计划经济向社会主义市场经济过渡之初，政府认为，农村剩余劳动力流向广东等沿海发达地区的行为具有盲目性，被称为"盲流"，要求积极予以劝阻，并由公安部门牵头做好此类人员的管理工作。这些举措反映出当时政府在行动上采取限制农村人口流向城市的倾向，也说明当时政府对"民工潮"缺乏足够的思想准备和基本的决策思维。与此相应，整个 20 世纪 90 年代国家层面并未出台正式的农民工职业教育与培训的政策文件。

随着我国社会主义市场经济体制的逐步确立，人们对农村剩余劳动力向城市和发达地区转移这个客观事实逐渐转变态度，"农民工"这个称呼也开始得到社会认可并开始广泛使用。为了应对农民工大规模流动带来的挑战，部分地方政府开始重视对农民工的职业教育与培训。1994 年 11 月，江苏省在劳动厅下设农村劳动力就业领导小组办公室，要求苏

---

①　马金平，周丽，郭朝晖. 我国农民工职业教育与培训的政策演变［J］. 教育理论与实践，2019（27）：24 - 27.

②　国务院农民工办课题组. 中国农民工发展研究［M］. 北京：中国劳动社会保障出版社，2013：492.

北的劳动力输出地区利用技工学校、成人教育中心、农业职业中学做好输出前的培训工作以及苏南劳动力输入地区的基层政府和用人单位做好职业教育与文化、社区和融合教育。①有学者在 1996 年对武汉地区农民工培训的调查发现，当地主要是通过三个渠道对农民工展开培训：一是市劳动管理部门利用下属职业培训中心开展农民工培训；二是用工单位、单位管理部门、行业组织对农民工开展培训；三是个体户师傅带徒弟式的培训。②早期的地方政府农民工培训，从客观上看，有利于帮助农民工提升职业技能、促进其更好地就业和提高收入，不过当时政策的出发点主要是看重培训所发挥的"维稳"作用。

二、政策起步期：职业教育的传统思维（2001—2002 年）

进入 21 世纪，我国顺利加入 WTO，国家经济发展融入世界贸易圈，这给我国经济社会的发展按下了快捷键，经济的快速发展需要大量的具有一定素质的劳动力，因而农民工的职业教育与培训开始受到政府的关注与重视。不过，在 21 世纪初，职业教育与培训形式尽管有一定的灵活性，但还停留在"招生入学"的传统思维上。《关于中等职业学校面向农村进城务工人员开展职业教育与培训的通知》（2001）的一些规定有可取之处，如：取消入学年龄限制；允许学员分

① 江苏省农民工教育与管理课题组. 江苏省农民工教育管理的调查与思考 [J]. 唯实, 1999 (2)：45－49.
② 冯桂林，朱玲怡. 武汉市农民工就业培训的现状调查与分析 [J]. 湖北社会科学, 1996 (3)：42－43.

阶段完成学业；根据实际情况，在一年之内多次招生。这些规定更加灵活，在一定程度上考虑到农民工的实际情况，不过整体上招生门槛依然太高，且完成学业所需时间偏长，不利于激发农民工参与学习的积极性。此外，文件中并没有规定政府在培训经费上的相关要求，这意味着培训成本主要由学校和农民工分担，政府并没有负起应有的责任。

总之，在政策起步期，政府对农民工的职业教育与培训，传统思维还占据了主导，还缺乏针对农民工的实际需求和群体特点开展灵活多样的、行之有效的职业教育与培训，也暴露出在政策执行的可行性方面还缺乏足够的调查与思考。

三、政策繁荣期：财政补贴大行其道（2003—2007年）

2002年11月，党的十六大报告明确了农村剩余劳动力向非农产业和城镇转移是工业化和现代化的必然趋势，各级政府应该直面农民工的城镇就业和生活问题，应积极承担责任，努力破除各种体制和政策障碍，从宏观上引导农民工合理有序流动。之后，农民工职业教育与培训工作进入全面发力时期，相关政策文件频频出台。更明显的变化是，为了鼓励农民工积极参与职业教育与培训，各级政府纷纷设立了财政专项经费补贴。

2003年，农业部、劳动保障部等六大部门联合发布《2003—2010年全国农民工培训规划》（下文简称《培训规划》）。《培训规划》提出，到2010年末，基本实现对所有进城农民工的培训覆盖。此后，全国各级政府和部门开始全面实施大规模的农民工培训。在2004—2007年政府又连续出台与《培训规划》相配套的政策举措。其中，以"农村劳动力转移培训阳光工程"为重点。"阳光工程"涉及面广、可操作性好、规范性强，且具有普惠性，明确地规定了"培训补助经费由中央财政和地方财政共同负担，以地方财政为主"的原则。

这一时期，还出台了许多农民工职业教育与培训的政策，对全面推动农民工职业教育与培训工作发挥了重要作用。比较有代表性的政策和项目有：2004年教育部牵头实施的"农村劳动力转移培训计划"；2006年劳动和社会保障部联合国家开发银行实施的"农民工培训示范基地建设工程"；2006年劳动和社会保障部组织实施的"农村劳动力技能就业计划"；2007年国务院扶贫开发办在贫困地区大力推进的"雨露计划"。尽管这些政策都有各自的特点和侧重点，但难免在培训对象的覆盖范围和培训内容上出现交叉重叠，加上各级政府部门在宣传和组织上协调不足，导致农民工群体对五花八门的职业教育与培训政策产生困惑，也带来了重复培训的资源浪费。

四、政策过渡期：返乡教育应对金融危机（2008—2010年）

2008年的国际金融危机对我国经济产生了较大影响，特别是沿海地区劳动密集型以外贸出口为主的企业遭受重大打击，外贸订单急剧下降，农民工大量失业，大规模农民工返乡潮出现。为积极应对突如其来的农民工返乡潮，教育部在2008年11月发出紧急通知，要求中等职业学校积极开展面向返乡农民工的职业教育与培训。随着金融危机带来的负面经济影响持续扩大，教育部在 2009 年 2 月再次发文，要求切实做好返乡农民工的职业教育和培训工作，除了继续鼓励中等职业院校扩大招收返乡农民工外，还特别强调了"农村实用技术培训计划"，以提高农民工的就业能力。同时，为满足部分返乡农民工的创业需求，创业培训也成为当时培训政策的重点。需要特别指出的是，这一时期为应对农民工返乡潮而制定的返乡职业教育与培训政策，也为当前的乡村振兴战略打下了一定基础。

经过上一阶段粗放式的发展之后，农民工职业教育与培训针对性不强、质量和效率低下、财政补贴资金被侵占挪用等问题也逐渐暴露出来。因此，应对金融危机阶段出台的相关政策，对提高农民工职业教育与培训的针对性和质量、提高补贴资金使用效率制定了新的办法。例如，人力资源和社会保障部、财政部在《关于进一步规范农村劳动者转移就业技能培训工作的通知》中，对培训工作监督管理不到位、采取欺骗手段获取或挪用财政资金等问题做出了具体管理规定。此外，2010 年国务院办公厅发布的《关于进一步做好农民工培训工作的指导意见》，不但要求企业应积极承担起应有的培训责任，还开始努力推动职业学校、职业培训机构与企业联合搭建职业教育与培训体系。

五、政策转型期：推动农民工市民化（2013—2015 年）

党的十八届三中全会通过《中共中央关于全面深化改革若干重大问题的决定》，之后，农民工职业教育与培训政策的制定上升到结合经济新常态发展的高度，被纳入我国《现代职业教育体系建设规划（2014—2020 年）》，社区职业教育、学习型社会、终身学习平台等都成为农民工职业教育与培训的可能途径，农民工职业教育与培训不再作为一个单独的教育类别，而成为我国现代职业教育体系建设中的重要一环。可见，在这一阶段，政府部门对农民工职业教育与培训政策进行了转型升级，开始从建设现代职业教育体系的全局上考虑农民工职业教育与培训问题，并寄希望于通过职业教育体系的完善，将农民工的职业教育与培训工作常态化。

长期以来，农民工由于职业技能差、就业质量低，导致其所属社会阶层层次也较低，进而严重阻滞了其城市融入进程。① 为加速推动农民工市民化，人力资源和社会保障部开展了"农民工职业技能提升计划——'春潮行动'"，以确保"十三五"时期农村新产生的年轻劳动力能拥有足够的城市工作技能；国务院则发布了《关于进一步做好为农民工服务工作的意见》，从促进农民工市民化出发，希望通过技能培训让农民工可以在城镇体面生活，到 2020 年可以实现 1 亿人左右的农民工市民化。

六、政策创新期：求学圆梦、教育扶贫与促就业创业（2016 年至今）

2016 年教育部与中华全国总工会联合发起了"求学圆梦行动"，旨在让部分优秀农民工既提高工作能力，又获得学历文凭的提升。之后，《国家教育事业发展"十三五"规划》

---

① 高丽娟，胡斌武. 社会流动视阈下农民工职业技能培训策略 [J]. 教育理论与实践，2014（30）：20 – 22.

也明确指出，要为进城定居农民工提供学历和非学历继续教育。并且，教育部2018年和2019年工作要点都谈到了推进农民工"求学圆梦行动"深入实施。"求学圆梦行动"的资金投入要求各方分担，包括政府部门、工会组织、农民工就业单位以及农民工自身。"求学圆梦行动"有以下政策创新：一是要求地方工会加大投入力度；二是要求企业给予更多的支持；三是通过学历提升来吸引优秀农民工的参与。"求学圆梦行动"受到了企业和农民工的广泛关注，许多优秀的农民工也因为这项行动而改变了个人的职业发展轨迹，它已然成为农民工技能提升的一项品牌活动。①

　　教育扶贫是"十三五"时期农民工职业教育与培训的另一个挑战。实现扶贫政策从"输血式"向"造血式"转变，必须大力推动教育扶贫，《教育脱贫攻坚"十三五"规划》对教育扶贫的内容有着全面而清晰的表述，该政策明确规定对建档立卡贫困人口的高中阶段教育特别是中等职业教育，不但学费全免，甚至还有补助金。由于贫困农民的转移就业意愿较低，他们从心理上更难适应城市工作与生活；因此，教育扶贫的重点不在成年劳动力的转移就业培训方面，而是把重心放在加大贫困地区教育资源建设力度和提高贫困地区教育水平上。此外，新冠肺炎疫情的全球大暴发，也对农民工的就业产生了较大影响，中央适时出台相关文件，要求地方各级人民政府要高度重视农民工就业创业工作，积极开展以工代训、定向定岗培训、急需紧缺职业专项培训、职业转换培训和创业培训，将其作为稳就业和保居民就业的重点工

---

① 唐琪. 百万农民工学历技能双提升：教育部、全国总工会农民工"求学圆梦行动"综述［N］. 中国教育报，2018－11－21（1）.

作来抓。

第四节 返乡农民工就业创业培训存在的问题

一、返乡农民工思想观念仍较传统

经过 40 多年的改革开放，市场经济的基本规则在我国已基本确立，市场在人们的生活中发挥着重要作用，现代规则意识已逐渐深入人心，但与此相对的是，不少返乡农民工还不同程度上存在自给自足的小农意识，传统思想观念还根深蒂固，对市场经济条件下劳动者自主就业创业的劳动理念缺乏认识。有些返乡农民工仍然抱着小富即安的传统思想，缺乏积极、主动地融入社会主义市场经济就业创业大潮之中的勇气。有些返乡农民工心中没有就业创业的热情，冲破各种困难改变生存现状的动力也不足，这成为返乡农民工就业创业的主要障碍。因为缺乏强烈的动机，导致学习的参与意愿和参与度也不足，这严重地制约着返乡农民工职业能力的持续提升。田野调查显示，66.5% 的农民工自就业创业以来没有进行过任何进修或培训，许多就业创业者早年外出打工，文化水平较低，在打工过程中，从最基层的操作员工做起，基本上是懂技术，不懂管理。较低的知识水平和管理能力，严重制约着返乡农民工就业创业的发展与壮大。

二、返乡农民工就业创业遇到的适应性问题

从城乡二元对立角度来看，农民工外出打工时存在社会融入和社会适应的问题，返乡后也同样存在重新融入和适应乡村社会生活的问题。返乡是一种逆向流动，作为实践主体

的农民工在已经适应了打工生活，或者在某种程度上已经习得了一些现代性的生活方式与行为模式的基础上选择回乡就业创业，肯定会遇到各种各样的适应性障碍。

返乡农民工遇到的适应性障碍可以分为经济层面的适应性障碍、心理层面的适应性障碍和社会层面的适应性障碍。①从代际分化的角度来看，不同年龄段的返乡农民工返乡后的社会适应有不同的特点。从生活现状来看，永久性返乡者基本上不存在多大的适应性障碍。

（一）经济层面的适应

经济层面的适应可以简单地理解为农民工返乡后是否能够获得他们所认为的较为可观的经济收入，即他们返乡后的生计是否能够得到保障。这是在一定条件下个体发挥主观能动性的过程，受到收入机会和个人特征两重因素的影响。客观而言，当今的土地制度保障了返乡农民工温饱，而地方经济的发展也为返乡农民工就近务工经商提供了诸多机会。在经济平稳运行时期，因为乡村社会同时并存的"返乡流"和"外出流"，一定地域内的乡村社会所能够提供的收入机会和人口（劳动力）是动态均衡的。也就是说，返乡者凭借个人的能力尽量保持可观的收入，因为动态均衡的存在，返乡者在争取收入机会的过程中，如果因经营失败等原因，他们还可以外出务工，而只要返乡后能够通过多种经营获得较为稳定的可观收入，他们就不再外出务工。

那些已经不打算外出务工的永久性返乡农民工在返乡前

---

① 贺雪峰，袁松，宋丽娜，等．农民工返乡研究：以2008年金融危机对农民工返乡的影响为例［M］．济南：山东人民出版社，2010：115－142.

对返乡后的生计已经做了充分的准备。对那些返乡后期望创业的农民工来说，多年的务工经历不仅让他们开阔了眼界，也让他们具备了长期在农村生活不会有的社会经验和阅历，这些都是他们返乡后可以利用的人力资本。最为重要的是，经过长期打工，他们都积攒了一定的经济资本，他们是带着信心、资本和能力而返乡创业的。从这些返乡创业者的经营现状来讲，他们的经济收入还是较为可观的。这是因为，在返乡之前选择经营项目时，他们对当地的市场机会做了充分的考察，他们所经营的项目也符合当地居民的生活需求。因为农村的生活成本较低，无论是经营小商业、经营家庭农场兼打零工还是从事种养结合的农业，这些返乡者的净收入大多比打工收入高。

随着新的农业生产技术的推广和机械化农机具的广泛应用，农田劳作中的许多高强度劳动已经被新农技和机械代替，大部分农业生产已经告别了肩挑背扛的时代，农民很大程度上已经从繁重的体力劳动中解放出来。一种新的趋势是，在现代农业的推广过程中，年轻人因文化程度上的优势比老年人更适合从事农业生产。年轻人可以通过学习、实践掌握农业生产技能并且比自己的父辈更加符合现代农业对劳动者素质的要求，他们不愿意从事农业生产的主要原因是农业生产收益太低。希望通过培训，增加年轻人的文化资本，以此促使年轻人把文化资本转化为经济资本，是返乡农民工的重要诉求。

（二）心理适应和社会再融入

著名心理学家亚伯拉罕·马斯洛（Abraham Maslow）对人的基本心理需求进行了分类，从低层次到高层次依次为生理需求、安全需求、爱和归属的需求、自尊的需求、自我实现的需求。马斯洛的需求层次理论在当下依旧适用，但需要拓展和改进。生活不仅要满足我们自己的需求，真正幸福的人会积极地回馈社会。后来，马斯洛还增加了第六层需求——"自我超越"的需求，它是指对人类进步、利他和博爱的需求，以及与他人产生共情。这些需求希望人们看向外部世界，超越自身。

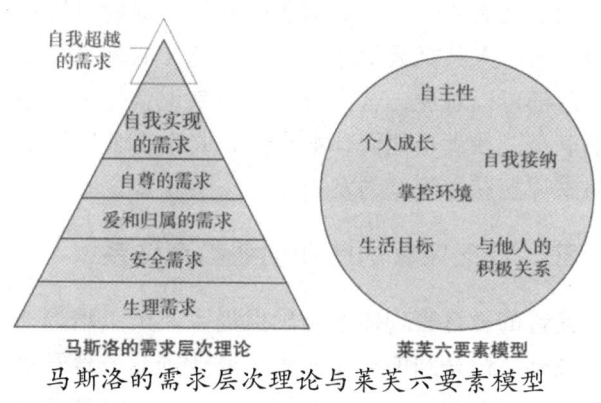

马斯洛的需求层次理论与莱芙六要素模型

　　在此我们不得不提到一个概念，即心理福祉。心理福祉意味着心理适应、感觉良好（与感觉不良相对），它是积极心理学的主要评估指标。在积极心理学家卡罗尔·莱芙（Carol Ryff）看来，想要真正地获得发展就需要在六个主要方面——自主性、个人成长、自我接纳、掌控环境、生活目标以及与他人的积极关系上表现良好，这六个方面共同建构和阐释了心理福祉。尽管这六点在马斯洛需求层次理论中分层呈现，但它们之间并没有层递之分。这些类型仍然基于传统心理学对情感和心理功能的关注，只有在关注心理福祉的基础上才能稳定地发展事业。如若不能，则会产生系列心理适应问题。

　　返乡农民工在返乡前后的生活发生着一定的变化，变化就必然会产生心理冲突和紧张。如果农民工返乡后的生活环境能够满足返乡者的心理和情感需求，使他们有较高的生活满意度，那么他们就能够在心理上适应返乡后的生活。据笔者调查得知，相较于在外的漂泊生活，农民工返乡后可能在一段时间内稍不适应，但整体而言，农民工返乡后的生活显然是较之前更能获得家庭情感的支撑。他们可以照顾孩子和父母，与家人共享天伦之乐，离乡背井的种种不安全因素在返乡后都可以避免，这本身对他们来说就是一种心理和精神上的满足。在满足他们基本心理需求的基础上进行就业创业，相对来说能获得较好的发展。

三、缺乏完善的就业创业教育体系

　　完善的教育管理体系是确保返乡农民工培训活动顺利开展的基础，但是当前返乡农民工就业创业教育管理工作依然存在较多问题。第一，就业创业缺乏统一完善的教育管理机制。当前，很多政府部门对于返乡农民工教育的部门分工并不明确。比如，人社部门通常整体负责农民工的教育培训工作，劳动就业服务中心也负责农民工的一部分就业创业教育工作，扶贫办也可以针对农民工开展教育培训。这样复杂的分工导致各部门职能交叉、权责不明，不仅容易造成教育资源浪费，而且影响就业创业教育效率。[①] 第二，就业创业教育服务工作不到位。现阶段，很多针对返乡农民工的培训教育都是一次性的，开展之前没有深入调查农民工的真实需求，

---

① 周倩，许传新. 农民工返乡创业与乡村振兴关系解析［J］. 中南林业科技大学学报（社会科学版），2018（6）：68–73.

开展以后也缺乏后续服务支持，导致教育效果不显著。第三，尚未建立一体化的教育培训机制。当前，很多针对农民工就业创业的教育都局限于培训过程，培训结束后，政府和培训机构就退出了，缺乏后续指导。这样，教育结果得不到有效的巩固提升，很容易导致培训成果付诸东流。

四、教育经费不足，缺乏有效管理

适应的经费是教育活动开展的物质基础。基于返乡农民工开展的就业创业教育同其他教育工作不同，其教育经费主要依靠财政补贴，因而在很多情况下很容易受到经费限制。具体有如下两方面：一方面，教育经费投入不足。伴随着乡村振兴的深入发展，国家开展大量倡导加强对返乡农民工的就业创业教育，以便为乡村振兴提供新鲜的"血液"①，政府也加大了针对返乡农民工就业创业教育的资金投入力度，但是地方政府的投入经费受制于当地经济发展水平和政府财政情况，很难实现足够供给。再加上负责返乡农民工就业创业教育的部门众多，将有限的经费划分至各个部门后进一步加剧了资金的紧张。另一方面，教育经费缺乏有效管理。虽然政府每年划拨一部分款项用于返乡农民工的就业创业教育，但是返乡农民工的教育经费是从农民工教育费用中拨出来的，并没有对具体数额进行详细规定，也没有明确的经费管理制度。因此，部分政府可能会因为财政紧张将原本应该用于返

---

① 汤文华．乡村振兴战略下农村创业人才培育困境及治理路径 [J]．中国成人教育，2020（18）：92－96.

乡农民工就业创业教育的经费挪作他用，导致经费利用率低。①

五、教育内容不合理，教育方式单一

对于返乡农民工来说，就业创业教育的最终目的在于应用，因此，就业创业教育内容必须立足于农民工就业创业的真实需求，但是现阶段的教育内容却出现了一些不合理之处。首先，教育内容雷同。返乡农民工接受就业创业教育的主要目的是获得就业创业知识和技能，但是以创业教育为例，当前针对返乡农民工创业培训的重点在于培养创业意识、策划创业计划书、融资、开拓市场等。这些教育内容既没有结合当地特色产业，又没有切中农民工的创业需求，导致教育内容缺乏吸引力。其次，培训内容不全面。当前，返乡农民工就业创业教育的教材多是借鉴国际劳动组织编写的教材修改而来的，导致教育内容不全面。缺乏对乡村振兴背景下政策法律、教育扶持等内容的传导。最后，培训内容较为单一，重理论轻实践。教师教学以课堂说教为主，缺乏模拟实战，但是返乡农民工多不擅长理论学习，导致其学习效率低下，难以达到预期的教育效果。②

返乡农民工兼具工人性和农民性两大特征，长期进城务工锻造了他们工人性这一特征，反而对于农业生产与经营的理论知识与实践技能掌握较少。为了更好地适应当前农村发

---

① 赵然，张彦. 乡村振兴战略下返乡农民工就业创业教育路径研究 [J]. 中国成人教育，2021（12）：77-80.

② 杨秀丽. 乡村振兴战略下返乡农民工创新创业生态系统构建 [J]. 经济体制改革，2019（4）：70-77.

展的新要求，返乡农民工急需以满足实际需求和解决问题为核心的农业生产与经营的实践性知识以及与就业创业等相关的实用知识，而目前的职业教育与培训对此点无疑有所忽略。有实证研究表明，目前针对返乡农民工的职业培训课程设置不甚合理且较为滞后，课程内容设计不完善，缺乏针对性、实用性以及关联性，且培训的深度和力度不足。① 一方面，围绕农产品生产安全、农产品营销、农产品品牌发展等课程内容的培训较为欠缺，尚未有效地引入现代农业产前、产后服务的关联性知识。另一方面，当下相关的职业院校和培训机构在专业课程设置方面还缺乏针对返乡农民工的需求作出及时调整和灵活应对，难以更好地契合返乡农民工的现实需要。也就是说，随着乡村振兴的深入实施和新农村建设的不断推进，职业培训的主要内容尚不能依据时代发展与实际情况及时更新，诸如生产的专业化、规范化、智能化以及新装备、新技术的应用等新技能都较为欠缺，这无疑成为阻碍返乡农民工持续健康发展的重要因素。②

六、师资水平不高，教育质量偏低

同一般的职业教育不同，就业创业教育教师不仅要具备丰富的理论知识，而且要具备过硬的实践技能或经验，同时还要具备先进的教育教学方法。因此，返乡农民工就业创业教育师资队伍除了要有具备深厚就业创业理论知识的专业教

---

① 王思思. 新生代农民工返乡创业问题研究 [D]. 江苏大学，2016.

② 王思瑶，马秀峰. 乡村振兴视野下返乡新生代农民工职业培训：价值、问题及路径 [J]. 职教通讯，2021（10）：92-99.

师以外，还要吸纳部分具有丰富就业创业经验的兼职教师。据当前对大部分接受就业创业教育的返乡农民工调查来看，大部分返乡农民工对教师的教育质量并不满意。受培训对象、目标以及内容的影响，就业创业教师多以兼职教师为主，没有或者只有少量专职教师，教师的来源也相对单一，主要是政府部门或高校，几乎没有聘请企业管理者或者创业成功者。这样就导致这些教师多缺乏企业管理、经济管理方面的知识或经验，再加上他们对返乡农民工了解得相对较少，很容易出现纸上谈兵、教育流于形式的问题。这也导致不少返乡农民工接受就业创业教育后所学知识用处不大，缺乏实用性和针对性。

七、返乡农民工参训率低，学习态度不端正

返乡农民工见识过城市日新月异的变化，更能够接受先进的知识和技术，但是他们自身依然存在一定的局限性。一方面，他们很少会主动参与就业创业教育培训，虽然他们也意识到参加教育培训能够获得一定的帮助，但是依然不愿意主动参与学习，他们认为培训教育是针对高学历人才的，并不适合他们；另一方面，他们的学习态度不端正，经常出现缺课情况，有些农民工即便到了课堂上也不认真学习，玩手机、聊天，不仅自己不好好学习，还影响其他人的学习积极性。① 有些返乡农民工接受就业创业教育培训，是为了获得优惠扶持政策，并非真正想要提升自我。

---

① 梁栋，吴存玉．乡村振兴与青年农民返乡创业的现实基础、内在逻辑及其省思［J］．现代经济探讨，2019（5）：125－132.

第五节 返乡农民工就业创业培训的优化策略

当前，地方政府应在服务新时代乡村新发展的理念下，积极开展返乡农民工就业创业培训，大力提升其基础文化素质和专业技能水平，有力促进返乡农民工向新型农民转变。

一、健全一体化教育体系，建立专业教育机构

一是健全返乡农民工就业创业一体化教育体系。过去，针对返乡农民工就业创业教育培训多局限于培训过程；建立一体化教育体系，可以将项目开发、推介、指导、培训、融资等诸多环节联合起来，实现一体化教育。首先，政府和教育培训机构可以针对返乡农民工就业创业特点，结合当地特色产业和优势产业，深入挖掘一些市场前景好、适合返乡农民工创业发展的项目；其次，政府要组织建立一批专业化专家咨询团队，咨询内容涵盖税务、法律、企业、金融等，专门帮助农民工解决就业和创业中遇到的难题，为其免费提供咨询服务；再次，针对有创业想法的返乡农民工，政府要为其创业孵化提供准备，积极建立创业孵化园，为他们免费或者低价提供经营场所，降低他们的创业成本投入；最后，针对返乡农民工提供就业、创业扶持政策，特别是针对创业的返乡农民工可以为其提供专项金融和税收扶持政策，为其提供低息或者免息贷款，缩短贷款申请时间、简化申请流程等，为其提供资金支持。①

———————————

① 李彦娅，谢庆华. 农民工返乡创业的动力机制研究：基于三次返乡创业高潮的调查 [J]. 重庆社会科学，2019（7）：99－110.

二是成立返乡农民工就业创业的专业教育机构。返乡农民工就业创业教育一直存在多部门参与、权责不明、管理混乱的问题。要解决这些问题，必须成立一个专门针对返乡农民工进行就业创业教育的机构，全权负责返乡农民工的就业创业教育工作，管理协调其他部门相关工作。该机构一方面整合其他部门的相关教育资源，集中管理分类；另一方面承担返乡农民工就业创业教育相关工作，比如发布信息、招募教师、资金划拨等，并根据返乡农民工每年实际教育情况对教育工作进行规划总结。

二、加大资金投入力度，建立多元化的经费投入机制

各级地方财政应将农民工问题纳入常住地公共预算，逐步加大对农民工公共预算的存量和增量投入力度。一是建立农民工服务和管理工作的经费保障机制。把农民工的就业创业技能培训、社会保障、子女教育、计划生育、权益维护、治安管理和信息体系建设等有关经费纳入地方财政预算，并逐年有所增长。二是建立劳务补偿机制。建议中央和劳动力输入大省，特别是农民工比较集中的东部沿海经济发达地区，每年应给予农村劳动力输出大省一定的资金支持，用于劳动力输出地农民工问题的各种补偿，包括农民工职业技能培训、社会保障、农村"空巢老人""留守儿童"的救助，以及农村劳务服务机构的经费补贴等。三是建立返乡农民工事业发展基金。资金来源可采取国家拿一点、地方出一点、用工单位筹一点的筹集办法。基金主要用于返乡农民工的各项经费补贴，以及农村因大量劳动力外出务工而造成的一些社会救助问题。基金由各级地方财政管理和监督使用。

应建立多元化的经费投入机制。一方面，政府部门要持续增加针对返乡农民工就业创业的教育经费投入，将返乡农民工就业创业教育经费纳入财政预算，并根据教育培训计划逐年增加资金投入。同时，将返乡农民工就业创业教育经费单独列出来，设立专项经费，确保专款专用。另一方面，要积极引导其他社会组织进驻返乡农民工就业创业教育培训市场，以赞助、捐赠等形式支撑返乡农民工就业创业发展，并给予相关参与单位税收、财政方面的优惠政策。同时鼓励投资基金进入返乡农民工就业创业教育领域，为教育单位提供资金支持。

此外，还要制定严格的教育经费管理制度，确保经费的有效利用。第一，要设立严格的教育经费管理制度，成立管理委员会，由管理委员会定期审计和不定期核查教育经费的使用情况，确保经费有效利用；第二，设立返乡农民工就业创业教育专项补助经费和后续扶持专项经费，专项补助经费用于支付教师薪酬、教育基地建设、日常管理等，确保每个环节都有稳定的教育经费，后续扶持专项经费用于后期的追踪指导，巩固提升返乡农民工就业创业教育成效，实现教育经费投入效益最大化。①

三、开展各类培训，提高综合就业创业能力

各级政府要认真贯彻落实国家有关政策，结合各地实际，推进返乡农民工就业创业培训工作。

一是积极开展返乡农民工就业创业的初级技能培训。对

---

① 赵然，张彦. 乡村振兴战略下返乡农民工就业创业教育路径研究［J］. 中国成人教育，2021（12）：77 – 80.

于在岗的返乡农民工就业创业要开展岗位技能提升培训，不断提高其技能水平和实际操作能力。积极开展 SYB 培训，并根据当地实际开展针对性的创业知识培训及必要知识补充，如考虑将创业优惠政策、劳动合同法、金融知识等纳入课程体系。大力组织开展创业培训和创业实训，进一步增强参训人员的创业意识，提升其创业能力。

二是加强职业技能考核和职业技能鉴定工作。按照统一要求，建立健全技能人才培养评价标准，充分发挥职业技能鉴定在职业培训中的引导作用，不断提高职业技能培训质量。

三是提高综合培训服务能力。依托现有创业培训机构开展创业培训和定向、订单、品牌培训，并提供项目信息、开业指导、创业贷款、政策咨询等服务。初步形成"创业培训、创业项目库、专家咨询服务、申贷绿色通道、后续跟踪服务"五位一体的全程创业服务模式。

四、优化教育内容和方式，增强教育针对性和实用性

一是科学设计教育内容。针对返乡农民工就业创业的教育尤其强调实用性，因此政府及培训机构必须结合返乡农民工真实需求，科学设计就业创业教育内容。第一，要坚持教育内容的科学化和系统化。返乡农民工就业创业教育内容涵盖就业创业意识、就业创业技能、相关政策法规等众多方面，各方面内容相互促进、相互影响，共同构成了一个系统、全面的就业创业教育内容体系。第二，要强化教育内容的针对性和合理性。返乡农民工的教育培训不能"一刀切"，要因人而异、因地制宜。既要考虑到返乡农民工的文化水平和真

实需求，又要结合当地的环境和人文等多重因素。因此，在教育活动开始之前，政府部门需提前做好调研分析，及时了解当地返乡农民工的需求和特色及优势产业，确保教育内容的合理性和针对性。第三，要注重教育内容的实践性。返乡农民工就业创业需要各种综合实践能力，因此，教育内容不仅要包含理论知识，也离不开实践技能培养。

二是采取多样化教育方式。学以致用是返乡农民工就业创业教育的根本目的，因此，针对返乡农民工的教育要综合采取多种教育方式，灵活运用线上教学、课堂教学和实践教学等。线上教学教师可以借助发达的互联网科技进行远程教学，在线同学生沟通交流学习经验。在线教学可以突破时空限制，针对不同的教学对象和教学阶段进行个性化教学，为学员提供差异化教育服务，增强教育的针对性。课堂教学中，教师要善于讲解就业创业理论知识，进行真实案例分析，帮助学生深化理解和记忆。实践教学则是教师借助实训基地进行就业创业见习或者实习，比如对于想做"农家乐"的学员，安排他们去酒店实习；对于想进行果树种植的学员，安排他们到果木种植企业学习；等等。只有灵活运用多种教育教学方式，才能有效提升学员的就业创业能力，达到良好的教育效果。

三是提供适配性课程。返乡农民工对自身的实际需求有着明确的认知，为其提供针对性强的特色培训课程，以精准满足其创业需求，是职业培训的重要目标。首先，要提供创业引导服务课程，畅通信息咨询通道。在国家优惠政策的大力支持下，返乡农民工具有投入创业的满腔热情。然而，他们了解市场信息的渠道不畅通，难以把握最新的市场变化。为此，职业院校或培训机构应当设立专门的部门为其提供创业指导服务。其次，要创设以行动为导向的课程模式。基于情景学习、活动学习以及"抛锚式"教学等理论架构起来的，强调以能力为本位，注重理论知识和实践能力的协同发展，从而将实践性与过程性融入课程之中。在专业课程设置上，应围绕乡村产业及特色经济需要开设专业，对接农村经济发展所需要的人才，继而服务农村产业和特色经济的持续壮大。① 最后，根据库伯的经验学习理论（经验学习圈）可知，成人具有丰富的生活经验，他们的学习过程就是一个不断地解决经验冲突以适应外界变化的过程。为此，应当依据返乡农民工已有的经验设置相关特色培训课程，并在后续的过程中不断检测、评价和改善，为其返乡发展提供最优化的课程体系支持。②

五、强化师资队伍建设，提升培训质量

一是拓展教师招募渠道。师资队伍是教育成功的关键。因此，为了提高返乡农民工就业创业教育成效，要积极拓宽教师招募渠道，推动实现师资多元化建设，扩大师资规模。鉴于此，一方面要加强同高校合作，从高校引入优秀教师，为专业的师资力量提供稳定的来源；另一方面还可以借助高校这个平台，结识更多优秀的企业家和行业专家，聘请这些领域的成功人士或者投资者到培训机构担任兼职教师，定期或者不定期地开展专题讲座。同时还可以邀请一些企业家开

① 瞿连贵，李耀莲．职业教育如何促进社会流动：机理、向度、限度及其进路［J］．职教通讯，2021（1）：16-25.
② 王思瑶，马秀峰．乡村振兴视野下返乡新生代农民工职业培训：价值、问题及路径［J］．职教通讯，2021（10）：92-99.

设实践课程，分享他们的就业创业经历，丰富学员的实践经验。如此，逐步形成一支专兼结合、注重实践的高水平师资队伍。

二是加强教师交流合作。第一，借助校企合作平台，为教师提供更多深入企业实践学习的机会，要求教师必须在固定时间内到企业一线挂职学习，增强教师同企业员工的交流沟通，了解企业的真实运营情况，积累一线工作经验，进而在教学过程中有效输出。第二，充分利用各类资源，组织各类就业创业研讨交流会，鼓励教师积极参与各种学习班、交流会、竞赛活动等，在加强教师之间互动沟通的同时也可以实现优质资源共享，不断更新自身的知识，提升自身专业素质。

三是促进专兼教师的交流合作。这样，专职教师可以从兼职教师那里学习一些一线就业创业实践知识，让教学更贴近实际需求；兼职教师可以从专职教师那里学习一些先进的教学理论和方法，让教学更加专业。

第五章　乡村振兴视域下农村妇女职业发展与培训

中国共产党成立以来，就一直重视妇女的权益和教育。妇女作为"半边天"，对于人类社会的发展和进步具有不可替代的作用。然而，在历史的长河中，她们在经济、政治和社会中的作用却长期处于依从的弱势地位。

按照阶层划分，农村女性被认为处在中国社会阶层的较底端。当代中国社会分层与社会流动权威的研究《当代中国社会阶层研究报告》认为，当代中国社会可分为十大阶层，由于十大阶层在劳动分工、权威等级、生产关系和制度分割中处于不同位置，它们拥有不同的组织资源、经济资源和文化资源。按照陆学艺的社会分层观点，当代中国社会阶层由高到低可分为十个层次：（1）国家与社会管理者阶层；（2）经理人员阶层；（3）私营企业主阶层；（4）专业技术人员阶层（教师、律师、会计、医生、护士等）；（5）办事人员阶层；（6）个体户工商户阶层；（7）商业服务业员工阶层；（8）产业工人阶层；（9）农业劳动者阶层；（10）城乡无业失业半失业者阶层。[①]　其中排在第9位的是农业劳动者阶层

---

① 陆学艺．当代中国社会阶层研究报告［M］．北京：社会科学文献出版社，2002：8．

（拥有很少量的三种资源）①，而农村女性则更是"弱势中的弱势"。

两性平等是联合国《变革我们的世界：2030 年可持续发展议程》的重要内容和目标，妇女教育是消除贫困和改善发展中国家经济增长最有效的方法之一。因此，为妇女提供教育机会既是妇女成功发展的先决条件，也是社会进步的重要推动因素。因之，在乡村振兴的背景下，需要积极关注农村妇女的职业发展，通过对其进行必要和有效的职业培训，帮助她们提高就业技能，引导其树立正确的择业观、就业观，助力其实现自我发展。

第一节　农村妇女职业发展的相关理论

一、马克思主义妇女观

马克思主义妇女观是根据历史唯物主义和辩证唯物主义的基本原理发展和创立的，是关于妇女的社会权利、社会地位和妇女解放的伟大的思想理论体系，是农村妇女职业能力提升的重要指导思想之一。马克思主义妇女观的核心主题是妇女解放，马克思曾精辟地指出："每个了解一点历史的人也都知道，没有妇女的酵素就不可能有伟大的社会变革。社会的进步可以用女性的社会地位来精确地衡量。"② 解放妇女

---

① 陆学艺. 当代中国社会阶层研究报告 [M]. 北京：社会科学文献出版社，2002：9.

② 中华人民共和国全国妇女联合会. 马克思恩格斯列宁斯大林论妇女 [M]. 北京：人民出版社，1978：59.

就要让妇女有平等的权利参与一切历史活动，其中最重要的就是从狭隘的家务劳动中解放出来，参与社会化的生产劳动。"只要妇女仍然被排除于社会的生产劳动之外，而只限于从事家庭的私人劳动，那么妇女的解放，妇女同男子的平等，现在和将来，都是不可能的。妇女的解放，只有在妇女可以大量地、社会规模地参加生产，而家务劳动只占她们极少的工夫的时候，才有可能。"① 在乡村振兴视域下对农村妇女实施职业教育与培训，显然需要运用马克思主义妇女观的基本原理，同时结合习近平新时代"三农"思想重要论述，赋予它鲜明的时代特征。

二、女性、贫困与再生产

1978 年，美国学者戴安娜·皮尔斯（Diana Mary Pearce）首次提出"贫困女性化"的概念，此后，女性与贫困问题的关联研究成为劳动经济学、家庭社会学、人类学、发展研究以及女性主义研究的重要领域。"贫困女性化"（feminization of poverty）和"女性贫困化"（impoverishment of women）是两个经常混合使用的概念，泛指女性与男性经济状况的差异。事实上，尽管二者都是特指女性的经济状况，但二者的含义稍有差异。前者主要隐含了女性贫困化的过程，后者则主要指女性在某一个时间点的贫困状态。② 自由主义女性主义理论认为女性的从属地位来源于性别政治社会权利

---

① 中华人民共和国全国妇女联合会. 马克思恩格斯列宁斯大林论妇女［M］. 北京：人民出版社，1978：140.

② 李小云，张瑶. 贫困女性化与女性贫困化：实证基础与理论悖论［J］. 妇女研究论丛，2020（1）：5－16.

的不平等，尤其是教育和就业等权利的不平等。①

不可否认，性别的差异是一个广泛存在的社会文化和历史现象。这一差异首先表现在生物学方面，并同时延伸到社会文化以及政治经济领域。然而，性别差异并不必然导致不平等，将性别的差异从定性到定量的角度进行结构化的确定是特定条件下的政治经济的构建。② 实际上，互为结构的男女两性之间在情感、生育、性以及财产占有、资源分配和收入贡献与支出方面往往存在差异，甚至严重地不平等，这是消除男女不平等的正当性理论基础。但仍无法否认的是，两性的结构关系又是一个相互依存的社会关系，且这一社会关系的生产与再生产是维系总体社会关系和社会秩序的基本要素。

马克思在《德意志意识形态》中探讨了人类历史活动的两种生产。然而，长久以来，主流经济学关于"生产"的讨论仅包含市场交换过程中物质资料的生产，因此女性主义学者将第二种生产（劳动力的生产）称为"再生产"，在传统社会中，生产与再生产复合体以家族（domus）为单位。现代工业社会的劳动安排使得"生产和再生产"成为既相互分离又相互依赖的矛盾体，其面临的主要矛盾和问题就是如何在国家、市场、家庭、性别之间进行"生产—再生产"的安置。

---

① 李银河．女性主义［M］．上海：上海文化出版社，2018：70.

② 李小云，张瑶．贫困女性化与女性贫困化：实证基础与理论悖论［J］．妇女研究论丛，2020（1）：5–16.

三、妇女发展理论

（一）性别人力资本理论

经济学家舒尔茨 1960 年在题为《论人力资本投资》的演讲中，首次阐述人力资本（Human Capital）是凝结劳动者自身技能、知识和劳动能力的表现。加里·贝克尔是舒尔茨之后另一位在该领域有突出贡献的经济学家，他强调了教育对人力资本有着重要的推动作用，并系统解释了人力资本投资与人力资本两者的问题。为人力资本的投资行为和人力资本的特质提供了重要的有一定意义的理论基础，同时也为现代人力资本理论的研究提供了坚实的理论基础。[①]

有研究者在人力资本理论基础上提出了性别人力资本理论，该理论认为，女性人力资本在以手工劳动工具为主时实现值较低；在以机械化劳动工具为主时实现值较高。[②] 随着农业现代化进程的不断推进，现代农业生产对劳动者的体力要求逐渐降低而对机械化操作水平要求提高，这为农村妇女从事农业生产劳动奠定了基础。但是，就目前而言，我国农村妇女普遍缺乏现代农业生产的技术技能，难以与现代农业发展的要求对接。因此，要加强对农村妇女的农业职业技能培训，提高她们的人力资本，这不仅是农业现代化的需求，也是农村妇女职业发展的需要。

---

① 王佳灵. 乡村振兴背景下农村妇女职业化影响因素及需求分析 [D]. 天津大学，2018.

② 潘锦棠. 性别人力资本理论 [J]. 中国人民大学学报，2003（3）：94 - 104.

（二）舒尔茨关于女性教育投资的观点

在对女性的教育投资这一问题上，舒尔茨曾表达了这样的观点：和男青年相比，女青年在受教育水平上更有优势，她们将更不乐意待在农场；女性受教育程度与经济增长和生活富裕呈正相关；妇女受教育越多，她们的有酬劳动时间越多，家务劳动时间越少，她们的时间价值就越高。[1] 由于受教育文化水平和劳动技能的限制，进城务工的农村妇女只能从事时间长、工资低、环境差的工作，因而部分农村妇女不得不选择留守在农村。现实生活使她们意识到获得一技之长对于参与市场竞争的重要意义，如果有机会她们大都愿意参与职业教育与培训，有调查显示，70%的农村留守妇女希望参加培训[2]，尤其是农村新生代留守妇女，她们希望获取稳定就业和体面劳动，实现自己的职业理想。

（三）许烺光的人类集团理论

人类集团理论首见于许烺光所著的《宗族·种姓·俱乐部》一书。人类集团包括人类的初级集团以及二次人类集团，其中人类的初级集团范畴包括家庭、家户等，二次人类集团范畴包括农村基本治理单元等。总体环境（由自然、技术和社会因素组成，这些因素又受文化的界定和制约）、个人需求和个人在总体环境中实现需求的集团构成了人类集团理论的三个主要变量。可以说，人类集团理论的相关分析始于个人需求，继而明晰个人需求与集团的关系，最后落实在

① 舒尔茨. 论人力资本投资 [M]. 吴珠华，等，译. 北京：北京经济学院出版社，1990：153 - 154.
② 邹开亮，侯特. 农村留守妇女教育与培训问题初探 [J]. 南昌师范学院学报（社科版），2014（5）：143 - 146.

文化（即环境）对个人的社会性需求和人类集团实现个人需求的作用或影响上。[①] 从某种程度上说，这一理论为揭示农村妇女发展提供了一个视角。

该理论主要观点有三部分。第一部分主张每个人都至少拥有两种类型的需求，即生物性需求和社会性需求。对于前者，尽管人们必须关注生物性需求，其他需求都是建立在生物性需求的基础之上的，但无疑，人的活动指向主要是满足社会性需求。社会性需求赋予人生活意义和精神价值，使人脱离低俗趣味，有了精神跃升的可能。某种意义而言，社会性需求正是人之为人的重要依据。许烺光的人类集团理论认为，"与人共处、与他人结合、在一些人或所有人面前占据举足轻重的地位"是人的社会性需求的主要内容，也可将之简化为社交、安全和地位。如果按照重要性对三者进行排序，则得到"地位、安全和社交"的答案。

第二部分，主要论述了人的社会需求和集团的关系。第一层面，人的生存单位是集团，人的社会需求必须在集团中得到满足。第二层面，个人加入集团或退出集团与其需求的满足相关。当自己所在的集团不能满足其社会性需求时，个人就有可能选择进入能满足其需求的新集团。因此个人与集团的关系是处于流动中的，个人对集团的满足感处于时刻变动、持续不断的过程。第三层面，人类集团有内、外部两个系统，且其内部系统的连带不是固定不变的实体，一般而言，内部系统的离心力远比向心力大。

------

① 刘筱红. 农村基本治理单元中的妇女参与：基于人类集团理论的分析 [J]. 华中师范大学学报（人文社会科学版），2020（1）：1－10.

第三部分，论述了对环境起着规定性作用的文化。个体受到诸种外界环境的影响，而其中影响最大的当数文化。文化规定着个人的环境，并对个人的社会性产生重要影响。在个人追求自身社会性需求满足的过程中，个体会受到文化中的诸种思想的影响和制约。

农村妇女首先作为一个自然人，具有基本的生理需求，其次作为一个社会人，也具有其相应的社会需求。随着时代的发展，妇女的地位相应地获得了提高，她们也渴望寻求与同伴的接触、融入集团关系，加入符合社会要求的活动。她们的社会需求在集团中获得满足，并受到社会、文化的制约，在此过程中完成自己的社交需求。而职业发展是农村妇女体现自身地位和社会参与的重要途径，在农村女性参与社会生活中发挥着重要作用。

四、现代社会性别理论

社会性别理论起源于西方，它是女性主义理论的延续和发展，比女性主义的视野和范畴都更加广阔，其产生的基本缘由在于研究者发现对女性的深入研究在很大程度上依赖于对男性的深入研究。仅从女性出发谈女性主义具有很大的局限性，所以社会性别理论在本质上是一种相关和差异理论。现代社会性别理论超越了传统的生理性别理论。社会性别理论认为，两性的特征以及行为差异更多不是先天造成的，而是后天在社会文化以及社会制度的建构下形成的。研究男女差别在于推进二者的性别平等，"社会性别理论强调要实现真正的性别平等"。[1]

---

[1] 程艳敏. 妇女社会工作概论［M］. 哈尔滨：黑龙江人民出版社，2016：41.

可以说，社会性别理论为改变人类社会男女的不平等，为妇女的解放提供了理论武器，它通过把社会性别视角和分析方法理论化，为人类学研究提供了新视角和新途径。社会性别理论为农村妇女的职业发展，尤其是通过职业变化而引起社会阶层的变化提供了重要的分析视角。

第二节　农村妇女职业发展的现状与问题

一、农村妇女职业发展现状

根据 2020 年第七次全国人口普查统计数据，全国人口为 141178 万人，女性人口为 68844 万人，城镇人口占比 63.89%，农村人口占比 36.11%，按比例测算，农村女性人口（包含乡村、镇）约为 2.49 亿人，根据 2020 年 15—59 岁年龄段占人口比重的 63.35% 测算，拥有劳动能力 15—59 岁的农村女性人口约 1.58 亿人。①

近些年来，尤其是党的十八大以来，在以习近平同志为核心的党中央坚强领导下，我国促进男女平等与妇女全面发展的社会环境进一步优化，中国妇女社会地位发生了显著变化，与此相应，农村妇女的发展也获得了较大的提升：受教育状况持续改善、广泛参与经济社会发展、就业领域进一步拓展。第四期中国妇女社会地位调查显示，教育的地区差距缩小，西部农村女性平均受教育年限为 7.44 年，比 2010 年增长 2.04 年，与东部农村女性平均受教育年限的差距由

---

① 国务院第七次全国人口普查领导小组办公室.2020 年第七次全国人口普查主要数据［M］.北京：中国统计出版社，2021：3－9.

2010 年的 0.9 年缩短为 0.61 年。[①]

从经济生活状况来看,在国家扶贫政策和低保政策的帮扶下,农村贫困妇女人数大幅度减少,贫困程度不断降低,农村女性的贫困状况总体得到显著改善。数据显示,2018年,农村贫困发生率为 1.7%,比 2010 年降低 15.5 个百分点,全国农村贫困人口为 1660 万人,比 2010 年减少近 1.5亿人,其中约一半为女性;全国城乡享受低保和得到救助的农村特困人员共 4981.1 万人,其中女性 1985.1 万人,占比近 40%。截至 2020 年底,农村贫困妇女脱贫攻坚取得全面胜利,"两不愁三保障"问题全面解决。不过,总体来看,农村女性收入与农村男性、城市女性相比还存在明显差异。根据 2017 年中国综合社会调查(CGSS)的数据测算,按照户籍,农村女性(农业户口)的收入约为 16419 元/年,农村男性(农业户口)的收入约为 33080 元/年,城市女性(非农户口)约 46806 元/年,农村女性收入明显低于农村男性和城市女性,仅为农村男性收入的约 1/2,城市女性收入的约 1/3。

从农村农业生产来看,农村女性已成为重要劳动力。20世纪 80 年代以来,农村劳动力开始大规模地向城市流动,但迁移具有较大的性别差异,2000—2010 近十年的数据显示,中国农村女性外出务工人数只有男性外出务工人数的 50% 左右,农村劳动力流动的性别差异使得农村出现了女性接替男性进入农业生产的现象,而男性进入非农领域实现更高经济价值导致家庭性别分工更为加剧。虽然近年的研究数据显示,

---

① 第四期中国妇女社会地位调查主要数据情况 [N]. 中国妇女报,2021 - 12 - 27 (4).

2010 年后农村女性进入城市打工的比例上升，农业女性化趋势有所缓解，但对于仍在乡村、镇生活的女性而言，她们仍然是农业生产的主要劳动力。

世界来看，农村女性非农就业率及劳动收入均低于男性。全球有 42% 的劳动适龄女性因为要承担照料工作而无法就业，而同样情况的男性所占比例只有 6%，这一重担往往迫使她们减少有偿工作的时间，甚至因此被排斥在劳动力市场之外。我国的数据显示，从 1989 年到 2015 年，女性的非农就业率在所有年份都低于男性。2011 年，全国妇联和国家统计局公布的第三期中国妇女社会地位调查数据显示，农村女性劳动力主要从事非农劳动比例达 24.9%，有外出务工经历的返乡女性从事非农劳动的比例为 37.8%，农村在业女性的年均劳动收入为男性的 56%。家庭照料是农村女性不能参与非农就业的最重要原因，中国传统的性别角色观念会显著降低农村已婚女性参与非农就业的可能性，进而减少她们的劳动时间和劳动收入。①

二、农村妇女职业发展存在的问题

随着经济和社会的发展，妇女社会地位获得显著提高，其获得感、幸福感、安全感显著增强。但需要注意的是，妇女发展的不平衡不充分问题仍较突出，相关领域妇女权益保

---

① 明德公益研究中心．农村女性经济赋能扫描研究报告［EB/OL］．［2021 - 03］．http：//www.199it.com/archives/1364466.html. 2021.3.

障工作仍需进一步加强①，尤其对农村妇女来说，其职业发展之路还存在诸多困难和挑战。

（一）农村妇女的文化素质较低

在农村，女性文化素质普遍低于男性，尤其是偏远贫困地区更甚。全国妇联和国家统计局实施的第三期中国妇女社会地位课题调查数据显示，截至 2010 年 12 月 1 日，在 18—64 岁年龄段，女性的平均受教育年限为 8.8 年，男性为 9.2年；农村高中及以上文化程度的女性占 18.2%，城镇则为54.2%；中西部农村地区女性接受高中及以上文化程度的比例为 10.0%，男性则为 14.6%；农村接受大专及以上教育的女性仅占 5.7%。② 到了 2020 年，虽然农村女性受教育年限增长，西部农村女性平均受教育年限为 7.44 年，比 2010 年增加 2.04 年，与东部农村女性平均受教育年限的差距由2010 年的 0.9 年缩短为 0.61 年。但其与我国 18—64 岁女性平均受教育年限的 9.41 年，18—24 岁女性的平均受教育年限的 12.81 年相比还是相差较多，教育的地区差距仍旧显著。③

男女平等是我国的一项基本国策，但现实来看，农村妇女在城乡劳动力市场乃至家庭生活中仍然处于弱势地位。随着"科教兴农"战略的实施，我国农业正由"资源依存型"

① 国家统计局.《中国妇女发展纲要（2011—2020 年）》终期统计监测报告［EB/OL］.（2021 - 12 - 21）. http：//www. stats. gov. cn/tjsj/zxfb/202112/t20211221_ 1825520. html.

② 第三期中国妇女社会地位调查课题组. 第三期中国妇女社会地位调查主要数据报告［J］. 妇女研究论丛，2011（6）：5 - 15.

③ 第四期中国妇女社会地位调查主要数据情况［N］. 中国妇女报，2021 - 12 - 27（4）.

向"科技依存型"转变，农业生产结构、消费结构和经营结构正在发生改变，这对农村妇女的科技素质提出了更高的要求。但毋庸讳言，农村妇女的素质尚难适应新时代对其提出的新要求。尽管政府也出台了各项提升农村妇女职业技能的政策，但由于从政策制定、规划安排、实施培训、效果监督等方面农村妇女几乎没有发言权，致使相关培训还没有起到真正的作用。具体而言，培训内容方面，并没有改变男女的传统劳动分工，对农村妇女的培训仍停留在烹饪、化妆等领域，甚至加重了男女分工的不平等。① 培训方式方面，讲授法仍多于实操法的应用，农村妇女离真正掌握该项技能的路仍旧较远。

（二）农村男女不平等的观念根深蒂固

在广大的农村，男女不平等的观念还是根深蒂固的。一是女性和男性获得的资源不一样，如男性拥有智能设备数的比例远多于女性，农村妇女主要还是通过传统口耳相授等渠道获取农产品供需信息及法规信息，受制于智能技术设备的可及性，互联网资源等尚未得到普遍应用。二是女性接受的受教育机会远远小于男性，这就导致了男性占有更多的文化资本，在一些专业性协会里很难寻觅到妇女的身影，文化资本较低使得农村留守妇女在农业生产中不能及时准确地把握农产品的市场信息。三是农村女性话语权较弱，在经济、教育等多种因素的共同作用下，农村妇女的素质也相对男性而言较低，女性经营管理素质也相对匮乏。农村致富女能人、新型职业女农民、创业女农民等人才严重短缺。在缺资金、

---

① 裴翠英. 新农村背景下的农村妇女职业教育发展研究 [D]. 河北师范大学，2008.

缺技术、缺项目"三缺"情况下，农村妇女职业发展面临着更加棘手的困难。

（三）农村妇女参与培训和学习的动力不足

笔者在安徽省阜阳市颍州区京九办事处下辖农村走访过程中发现，农村妇女参与职业技能培训与学习的动力不足。

一是不关注农村妇女职业发展的相关政策。99.5%的农村妇女的政策及法制意识都较为淡薄，对于一些和她们专业技能相关的政策文件都知之甚少。其对"新农村建设""新型职业农民培育""农业现代化发展"等相关政策都较为陌生，另有0.5%的农村妇女对这些政策文件表示"也只是听说过而已"，若论及明晰这些政策的具体内容和具体要求、自身如何参与、如何保障自身合法权益等方面仍然一无所知。农村妇女对"中央一号文件"和国家农业政策的了解也不深，其关注点更多在于粮食补贴等与自身经济利益相关方面的信息，而对在农业中如何增收、如何提高农业综合生产能力的方法、措施、政策等则全然不知。

二是对参加培训学习的观念较为落后。传统道德观念和乡风民俗对农村妇女的言行举止、思想观念、价值观形塑等影响颇深，她们已处于"不自知"的状态之中。整体而言，农村妇女的因循守旧观念较深，主动改变意愿较低。这突出地表现在以下方面：行事、做事皆以"乡规民约"为准则，不知政策、不懂政策、不用政策，认为政策是"高高在上"的，培训"与自己没有太大关系"；大多数农村妇女缺乏主动学习、主动提升的愿望。虽然随着网络的普及，个人学习的渠道和机会都大大增加了，但家庭关系、美妆博士、追剧、各类看点、游戏等却是农村妇女在手机上热衷于追逐的信息资源，对于各种政策、法律法规等持"不感冒"的态度。

三是参与职业教育培训意愿不足。认为自己"较忙"，需务农、赡养老人、照顾孩子、做家务，无闲暇时间参与职业教育培训。或持"无助"论，认为"自己也就这样了，不折腾了""我没有那个本事，也就这样吧"等，自我效能感较低。

第三节　农村妇女职业发展的影响因素

一、个体素质层面

人力资本的实质就是凝结在个人身上的素质。农村妇女的素质是为其带来工作机会和提高个人收入的潜在资本，对农村妇女提升个人素质的投资可以提升农村妇女的人力资本水平。农村妇女的年龄、文化程度、婚姻状况和个人收入是影响农村妇女职业化意愿的重要因素。另外，很多内在的主观因素诸如价值观念、思想层次也在一定程度上影响了其职业化意愿，但是主观因素常常捉摸不定，也容易随着时间的推移而变化，所以不在本研究的重点中，本文将着重关注农村妇女个人素质中的客观因素——年龄、文化程度、婚姻状况和个人收入。

年龄影响农村妇女对职业的认知。"80后""90后""00后"的新生代农村妇女向往城市的生活，更注重自身生活的改善和理想的实现，她们也能很快融入城市，其在城市扎根，实现职业转型的愿望强烈。而"70后"及年龄更大的农村妇女倾向于在城市赚钱后回农村生活，对家乡更为依恋，职业化的冲动和愿望较之新生代农村妇女要弱得多。

不同的文化程度也会影响农村妇女的职业化意愿。文化的作用是扩大视野，认知世界，提高个人接受新事物的意识和能力，对世界知道得越多，就越能自主判断和选择。文化的习得依靠教育和培训，一般而言，受教育水平越低的农村妇女，越难以实现职业转换，也越难以获得可观的收入，在更大的市场竞争面前显得措手不及，其职业化意愿也就越低。反之，就越容易接受新的挑战，进入新的劳动力体系，职业化意愿也会增强。

婚姻状况和个人收入对农村妇女职业化意愿也有重大影响。对于已婚妇女而言，她们需要更多的时间投入到家庭经营中，比如照顾家人的生活起居等。而从事这些事情必然会占据其提升职业能力的时间，分散她们的精力。相比较而言，未婚的妇女可能会更愿意通过参与职业教育培训促进职业化发展。

个人收入的多少直接决定了妇女有多少金钱可投资于自己的再学习。对于个人收入较高的妇女而言，她们有更多的可支配收入去学习再职业化需要的技能，上一些补习班或者培训班，进而提升自己的专业能力，为自己的再职业化提供技能基础。[1]

二、家庭情况层面

家庭是每一个人赖以生存的社会最小单元，同样也是农村妇女在思考职业化的过程中的重要影响因素，有时候甚至是关键影响因素。作为家庭生命周期理论的代表人物，希尔曾经从家庭成员的生理、心理和社会需求等角度指出家庭的

---

① 王佳灵. 乡村振兴背景下农村妇女职业化影响因素及需求分析 [D]. 天津大学，2018.

重要性，并进一步提出了家庭发展的思想，这种家庭发展的思想同样会作用于农村妇女的职业化。目前，我国农村妇女主要是以家庭为中心的角色始终没有变，她们大多没有固定的时间，很多时候，农村妇女往往会选择照顾家庭或者不得不让位于丈夫的事业而转型为全职家庭妇女，影响其职业化程度。妇女生育孩子的数量决定了她有多少的剩余时间投入到自身职业发展的培训中。如果妇女的孩子数量较多，则意味着她需要分散较多的时间照顾、教育孩子，精力也不得不有所分散。反之，如果妇女的孩子数量较少，则意味着她有较多的时间和精力投入到自己的再职业化培训中。

家庭收入的多少在一定程度上决定了家庭对妇女职业发展的支持。如上所述，个人收入较多的妇女意味着有较多的可支配收入去提高自己的技能水平，这对有较高家庭收入的妇女而言也是一样的，她们往往有更强的职业化意愿。此外，长辈是否帮忙照料小孩也是一个影响因素，如果长辈愿意为农村妇女分担照顾孩子的责任，则意味着农村妇女能够有更多的时间和精力投入到自己职业发展的准备中。

三、制度环境层面

制度环境是"一种社会活动的规范体系，它的形成具有一定的历史性，也有现实条件的约束，本质上它的出现是为了满足人类的社会需要。制度环境既包括正式的法律法规、政策规范，也包括非正式的习俗、习惯和法则等"。① 在农村妇女职业发展问题上，妇女权益保护制度、医疗保险制度、

---

① 成振珂，闫岑. 社会学十二讲［M］. 北京：新世界出版社，2017：173.

社会保险制度和养老保险制度都是制度环境的重要组成部分，同时农村妇女对这些保险的参与情况，也会在一定程度上影响农村妇女的职业化意愿。①

首先，社保参与情况对农村妇女职业化意愿的影响同样较大。参与了社保的妇女能在一定程度上缓解家庭支出的负担，在节流方面减少了家庭收入的支出，意味着用于农村妇女在职业化培训的收入将会增加。这也意味着农村妇女将有更好的经济水平支持其提升技能水平。

其次，医保的参与情况也是重要影响因素。参与了医保的农村妇女能够减少家庭收入在医疗上的支出，能够减轻家庭经济的压力，从而能够剩余出更多的金钱来用于再职业化的培训。

最后，养老保险参与情况同样重要。参与了养老保险的农村妇女能有效缓解其家庭收入的支出，意味着将会有更多的金钱用于培养其再职业化的技术，也意味着农村妇女职业发展的概率将会更高。

综上所述，在对农村妇女职业发展的影响因素进行细致的理论分析后，可以将影响农村妇女职业发展的因素归纳如下：个人素质层面主要考虑农村妇女的年龄、文化程度、婚姻状况、个人收入；家庭情况层面主要考虑农村妇女的小孩数目、家庭收入、长辈是否帮忙照料小孩；制度环境层面主要考虑社保参与、医保参与和养老保险参与等情况。②

---

① 蒋勋．我国建筑业劳务职业化影响因素及路径分析［D］．南京工业大学，2016．

② 王佳灵．乡村振兴背景下农村妇女职业化影响因素及需求分析［D］．天津大学，2018．

第四节　促进农村妇女职业发展的培训策略

"不让任何人掉队"，这是联合国《变革我们的世界：2030 年可持续发展议程》确立的 17 项可持续发展目标发出的响亮信息。它要求成员国通过可持续发展目标之一的"确保包容和公平的优质教育，为所有人提供终身学习机会"，并强调了这些目标的相互关联性质。换句话说，如果可持续发展目标要发挥其潜力，改变地球上最脆弱和最被排斥的人的生活，就必须以一种敏感而全面的方式处理这些目标。成人学习和教育（Adult Learning and Education，ALE）在这方面可以发挥关键作用，不仅支持实现可持续发展目标 4，还支持一系列其他目标，包括气候变化、贫困、健康和福祉、性别平等、体面工作和经济增长以及可持续城市和社区的目标。这份报告的信息是，尽管这种潜力得到广泛承认，但 ALE 在大多数会员国的议程上仍处于较低的位置——参与程度参差不齐，进展不足，投资不足。除非我们改变方向，否则我们将无法实现这个可持续发展目标。如果我们不能实现教育方面的目标，其他可持续发展目标将面临危险。而要实现可持续发展目标，就需要以 ALE 为核心的更加一体化和全面的教育方式。

从我国的实际看，只有遵循全面发展、平等发展、协调发展和妇女参与等原则，多措并举进一步提升我国农村妇女职业能力，才能更有效地促成全面乡村振兴的实现。

一、加大政策倾斜力度，积极帮扶农村妇女职业发展

第一，完善相关的法律法规，保障农村妇女权益。农村妇女在法律知识上明显欠缺，在工作参与、日常生活等方面更容易受到伤害。因此，政府机构应完善相应法律法规，加强监督与管制，并提高农村妇女的法律意识。在农村妇女进行职业教育培训的过程中，开设法律相关课程，加强农村妇女对法律法规相关知识的学习，加强农村妇女的自我保护意识。同时，劳动保障部门以及教育部门，在鼓励与支持培训机构的同时，要加强对职业培训机构的管理，避免出现低效率、乱收费、骗补贴等现象。

第二，加大政策支持力度，帮助农村妇女解决缺资金、缺技术、缺项目等问题，强化职业教育与培训，加大"扶志""扶智"力度。大力扶持生态农业、农家乐旅游、手工艺品加工、制作等符合妇女特点、投资少、增收快、就地转（移）、能增收的项目，使国家惠农支农金融政策惠及农村妇女，尽力满足农村妇女就业创业和发展生产的需求。积极促进农村妇女向技术含量高的就业领域和岗位流动，多渠道扶持农村妇女富余劳动力"离土不离乡"，有序转移就业。

第三，完善就业技能培训体系，促进农村妇女充分就业。就业是民生之本，应不断扩大农村妇女就业门路，提高农村妇女文化科学知识、技能水平和就业能力，把实用培训与职业教育相结合，因地制宜开展就业技能培训，真正做到"不离乡土"就能达到增收致富。在开展职业技能培训时要完善体系，力求满足农村妇女的提升学历、掌握技能、获得育儿

知识等多样化需求。这就要求各类职业教育培训学校要针对农村妇女这个特殊群体的多样化需求，完善职业教育培训体系。一是构建以县级职教中心为主，乡镇成人学校、社区学校、村办学点为辅的职业教育培训体系。既有短期的实用技术培训，又有中长期的职业资格教育、学历提升、家庭教育知识培训等，对于不同的培训又可分为初、中、高三个等级。二是建立科技服务网络体系。选取农业种植成功案例，将其项目推广到相近产业及周边地区，形成辐射效应，建立集生产示范、项目推广、科技培训和信息传播为一体的科技服务网络体系，使科学技术能迅速传播到千家万户。建立以指导生产、经营管理、开辟销售渠道、提供销售信息等集"产前、产中、产后"为一体的综合服务体系，引导农村妇女积极参加职业教育培训，解除她们的后顾之忧。[1]

二、促进意识觉醒，提升农村妇女自身的价值感

马斯洛把人的认知分为存在认知和非存在认知两类，自我意识的觉醒相当于其所说的存在认知，即指通过沉思得到的清晰的认知。农村妇女因长时间处于文化不自觉的地位，因此对其所处的境遇很难开展自觉性的思考，对自身处境经常处于"不自知"的状态之中。在开展妇女工作时，可以通过阅读、小组讨论、经验分享以及观看影片等方式促使农村妇女观察和了解妇女的社会地位，为她们的进一步改变建立思想基础。在小组工作中和服务对象一起讨论活动内容的制定、进程、评估等各个环节，提升其决策参与的意识，并通

① 吕莉敏. 人力资本视角下农村留守妇女职业教育培训研究 [J]. 职教通讯，2017（4）：36－39.

过鼓励、肯定等激励方式逐渐增进农村妇女的自信心，不仅让妇女学到知识，更提升其自身的价值感。

要不断加大宣传力度，增强培训意识。妇女对农村职业培训的态度直接影响着其参加农村相关职业培训的成效。建立完善的信息传播机制。从目前情况来看，一方面农村妇女参与农村职业培训的需求十分强烈，另一方面农村职业培训信息"到户到人"的"最后一公里"传播途径相对单一，一定程度上阻碍了农村妇女接收职业培训信息。在现有的传播培训信息的基础上，要着重加强网络、手机、广播、电视等多媒体在农村培训中的传播作用，提高农村培训信息的公开性，加大培训信息传播力度及覆盖面。营造教育学习氛围。各级党委、政府要高度加强和重视农村妇女培训工作，通过广播、交流会、技能比拼等方式调动农村妇女积极性，使农村妇女看到培训的切实效益，用典型示范提升农村妇女对职业培训的认可程度以及支持力度。

三、不断整合资源，挖掘农村妇女自身潜能

要促进农村妇女的职业发展，激发其内生动力是根本，使"要我发展"变为"我要发展"。激发农村妇女的内生动力，需要充分发掘她们的自身潜能。这就要求通过职业教育与培训为农村妇女赋能，不能仅仅以外在的职业技能的提升、就业创业能力的改善为出发点——当然这个也是必要的，更为关键的是要善于有针对性地去提升农村妇女的自我发展意识，让她们能清晰地理解自我赋能的重要性以及在乡村振兴中的不可替代的作用。1976 年，美国学者巴巴拉·所罗门（Barbara Solomon）首次提出增强权能的概念，之后，这一概念以及与此相应的增能策略迅速被社会工作者接受，并几乎

成为社会工作者在社会层面开展专业服务的代名词。① 增强权能理论基本观点是，无力感是由环境的压迫而产生，强调增强弱势群体如农村妇女的权利和能力，使得她们在面对外在环境和优势群体时能减低自身的无力感，并能充分调动和利用自身的优势和资源，逐步摆脱压迫感，提升内生发展的动力。

增强权能理论能给予农村妇女职业教育与培训组织者以重要启示，就是要重视服务对象的自身发展能力，要善于帮助她们从内心真正建立起自我认同感和能力感，相信通过自我的努力能打破环境的壁垒和障碍，获取职业的发展和成功。也就是说，在开展培训服务的过程中，老师首先要协助农村妇女认清自己的特长和优势，确立属于自己的生活目标和职业追求，提升自我效能感、获得自信和能力。同时，地方政府、社会组织、农村社区和培训机构也应多方协同，帮扶农村妇女积极链接各种内外部资源，助力她们积极主动地投身于乡村振兴的各项事业，为新时代乡村的新发展贡献智慧和力量，切实发挥"半边天"的作用。

四、精心设计内容，对农村妇女实施分层分类培训

通过对农村妇女的科技知识培训，提高她们的就业创业能力，在农村妇女身上增加人力资本，是加快实现农村妇女素质提升、早日实现农业现代化和提高农村妇女幸福指数的

---

① ADAMS R. Social Work and Empowerment [M]. London：Macmillan，1996：3.

重要途径。现如今农村地区的女性可分为两大类：一类在生活中失去了自我价值感，与这个社会脱轨；另一类却始终保持自我的提升，努力跟上时代的节奏。但显然，后者群体数较少。部分农村妇女虽有独立的意识，但由于文化水平整体偏低、技能不足等原因，其感到心有余而力不足。可根据农民的需求，结合政府部门搭建妇女支持系统，有效链接辖区资源组织文化知识学习小组、专业技能培训小组等，增加知识、提升技能，鼓励农村妇女保持自我的提升，跟上时代的节奏。因此需要设计内容，对妇女实行分层分类培训。

农村妇女对职业教育培训内容有多方面需求，包括外出谋生技能、农业生产技能、创业能力、教育子女的能力等，因此，职业教育培训机构要根据农村留守妇女的自身条件和不同需求，制定不同类型、不同层次的培训规划和培训内容。可根据区域特色农业和女性特点，针对文化程度较高、有发展潜力、能够在农村发挥示范带头作用的农村新生代妇女，加强农业政策法规、农业生产新知识和新技术、创业能力、家庭教育能力等方面的培训，使她们成为现代农业发展的骨干和家庭致富的领头人；针对渴望城市生活的农村留守妇女，主要围绕谋生技能对其进行培训，也可为城镇企业定向培训，为城市化建设输送人才的同时也为农村实行规模种植创造条件；对于年龄偏大，而且文化基础较差的农村留守妇女，可以重点开展母婴护理及手工制作为主的实用技能培训。

五、创新教育教学方法，提高农村妇女培训效果

目前，对农村留守妇女的培训主要还是以教师面对面讲授理论知识为主，这种单一的培训方式已不太受欢迎。因此，要提高培训的实效性，各培训机构就要根据农村留守妇女在年

龄、文化程度上的个体差异性，革新培训方式，提供多样化的培训方式，做到"因人施教"。调查表明，农村留守妇女喜欢的培训方式是现场学习。因此，各类培训机构要根据培训对象和培训内容的特点选择恰当的培训方法。一方面，可以利用互联网对农村留守妇女进行国家"三农"政策解读、家庭教育方法、道德素养提升等方面的理论培训，让她们可以根据自己的需求，在任何时候、任何地点进行自主学习；另一方面，对于实践技能的培训，各培训机构要多组织现场观摩、现场学习，专业教师送教下乡，到田间地头教学，让她们多看、多做，在"做中学""学中做"，切实增强培训效果。

第五节　农村妇女职业发展的培训案例

一、案例一：四川省茂县提升农村妇女就业能力的案例①

茂县，别名羌城，位于四川省西北部，是羌族主要聚居地。羌族的民族民俗文化历史悠久，源远流长，从建筑到服饰，从宗教到歌舞都有原生态远古印迹。茂县人民政府立足地域的特色和优势，采取了以下措施大力促进农村妇女职业能力提升。

一是着力解决农村妇女就业问题。积极开展羌绣、乡村旅游技能培训，按照"分村组集中教学、一对一上门指导"

---

① 茂县人民政府信息公开工作办公室．关于提升农村妇女就业能力的建议［EB/OL］．（2018-12-25）．http://www.maoxian.gov.cn/mxrmzf/c100122/201812/81b907a67c054caab4589b7d5b8ff17c.shtml.

的培训原则，实现"量体裁衣"式开展培训，积极鼓励动员农村妇女，尤其是建档立卡贫困妇女参加培训。2017年，参加免费培训农村妇女316人。2018年，参加免费培训农村妇女265人。积极动员和指导企业，分4个片区在7个乡镇建立"羌绣加工生产就业扶贫基地"，以"统一发放底稿、学员接收订单、各自家中作业、老师定期指导"为模式，进一步拓展深化"公司 加工基地 农户"的经营模式，实行订单回收，人均每月增收1000元。同时，针对农村妇女的文化、年龄与特长，提供经过精心审核、筛选的岗位供农村妇女选择。

二是积极开展创业工作。进一步支持和鼓励本县广大农村妇女自主创业。2017年，共举办3期SIYB创业培训，共有46名女性参加培训。2018年，举办1期SIYB创业培训，共有12名女性参训。2017年，为符合要求的7名女性大学生创业者发放了7万元的创业补贴，为2名女性返乡创业人员拨付10万元贷款。2018年，共有4名女性大学生创业者申请创业补贴，7名女性返乡创业人员申请创业贷款。着力加快茂县青年（大学生）创新创业孵化基地项目二期建设，择优让妇女创业群体入驻园区，并给予政策扶持，为她们的创业提供平台。

二、案例二：河南"巧媳妇"工程结硕果 百万农村妇女家门口就业①

河南"巧媳妇"工程是通过引导女能人创业办项目、各

---

① 河南"巧媳妇"工程结硕果 百万农村妇女家门口就业 [N]. 中国新闻网，2019 - 3 - 7.

类巾帼示范基地、专业合作社等为平台，帮助农村贫困妇女、留守妇女，掌握一技之长，实现在家门口就业脱贫。具体操作是：把工厂开在村子里，把机器搬进农户家里，让农村妇女在家门口就业。通过帮助"巧媳妇"找企业、帮助企业找"巧媳妇"，如今，河南省已促建"巧媳妇"基地和项目点3.6万多个，涵盖了服装服饰、手工制品、特色种养殖、乡村旅游、电商等众多领域，帮助100余万农村妇女实现了居家灵活就业，其中建档立卡贫困妇女12万余人。

河南省固始县郭陆滩镇樟柏岭街道的和莉是"巧媳妇"工程的直接受益者。2016年，在固始县城一家针织厂工作的和莉，因为要照顾生病的公婆，不得不放弃工作回家。恰逢"巧媳妇"工程在固始县落地，作为厂里稀缺的熟练女工，工厂老板建议和莉把机器带回村子里，在照料好家庭后继续工作。和莉非常珍惜来之不易的工作，一边照顾好公婆的生活，一边勤奋努力工作，如今，以和莉的名字命名的针织厂已经吸纳了周边30多名农村妇女来工厂做工，还有20多名妇女把机器带回家，在家里做活。

"巧媳妇"工程在河南省由妇联倡导到形成工作机制，由集中在贫困乡村向广阔农村区域发展，由帮助妇女就业向促进农村产业兴旺延伸。河南省妇联表示，到2021年，河南全省每年还将组织动员10万名农村妇女参加"巧媳妇"就业创业技能培训，培育发展"巧媳妇"工程示范基地1000个（省级100个），宣传、树立"乡村振兴巾帼行动综合示范村"100个（省级50个），"乡村出彩巧媳妇"1万名（省级100名），并给予相关基地、乡村资金支持。

第六章 乡村振兴视域下农村
老年教育发展

　　第七次全国人口普查数据显示①，截至 2020 年，我国 60
岁及以上人口的比重达到 18. 70%，其中 65 岁及以上人口比
重达到 13. 50%，人口老龄化程度进一步加深。人口老龄化
的主要特点有以下几个方面：第一，老年人口规模庞大。我
国 60 岁及以上人口有 2. 6 亿人，其中，65 岁及以上人口 1. 9
亿人。全国 31 个省份中，有 16 个省份的 65 岁及以上人口超
过了 500 万人，其中有 6 个省份的老年人口超过了 1000 万
人。第二，老龄化进程明显加快。2010—2020 年，60 岁及以
上人口比重上升了 5. 44 个百分点，65 岁及以上人口上升了
4. 63 个百分点。与上个 10 年相比，上升幅度分别提高了
2. 51 个和 2. 72 个百分点。第三，老龄化水平城乡差异明显。
从全国看，乡村 60 岁、65 岁及以上老人的比重分别为
23. 81% 、17. 72%，比城镇分别高出 7. 99 个、6. 61 个百分
点。由此可见，老龄化已成为我国当前及今后较长时期的一
个基本国情，且老龄化进程明显加快并呈现明显的城乡差异，
乡村老龄化现象更为严峻。从我国的现实和未来发展来说，

---

　　① 国家统计局. 第七次全国人口普查主要数据结果新闻发布会
答记者问［EB/OL］. （2021 – 05 – 11）. http：//www. stats. gov. cn/
tjsj/zxfb/202105/t20210511_ 1817274. html.

老年人的福祉已然成为国家和社会和谐安定的基石，关涉社会的可持续发展和"发展为了人民"的整体公平和正义。

老有所养，老有所乐，老有所学，老有所为。为了更好地应对老龄化问题，世界卫生组织（WHO）于20世纪90年代后期提出了"积极老龄化"（active age）概念。随后，积极老龄化在2002年联合国第二次老龄问题世界大会上被写入《政治宣言》，成为世界各国政府规划和处理老年问题的重要理念依据。积极老龄化认为老年人并不是社会的"包袱"而是全社会、全人类的宝贵财富，提倡老年人以积极的心态参与社会发展。而教育是帮助老年人有意义地参与社会和提升生活质量的有效且必要的途径，终身学习对成功老龄化具有必要性。① 从老年人个体来讲，许多人都有学习的需求和兴趣，盼望通过学习提升自己的素质、发展自己的能力、满足自己的爱好。有研究表明，参与教育活动的老年人具有较高的主观幸福感②，老年教育能使老年人增长知识、陶冶情操、拓展能力，有助于其积极老龄化的实现③。可以说，作为终身教育重要组成部分的老年教育，是一种整体提升老年人生命质量和生命价值的实践活动；因此，在乡村振兴视域下，加强农村老年教育已经成为我国社会教育的重要课题和农村

① Mestheneos E, Withnall A. Ageing, learning and health: making connections [J]. International Journal of Lifelong Education, 2016 (35): 522 – 536.

② 孙立新，刘兰兰. 教育会影响老年人主观幸福感吗?: 基于教育回报率的实证研究 [J]. 开放教育研究，2020 (5): 111 – 120.

③ 黄慧，欧阳忠明. 积极老龄化真的发生了?: 基于3所老年大学学习效果的探索性研究 [J]. 中国职业技术教育，2020 (18): 78 – 85.

现代化的必然选择。

第一节　我国农村老年教育研究概述

一、研究的主要内容

近年来，老年教育已经成为我国成人学习与教育的一个研究热点，相关研究成果颇丰且增长较快，但相比较而言，对农村老年教育的研究略显不足，这既有社会经济文化发展的原因，也有认识和观念上的因素。截至 2021 年 12 月 31 日，在中国知网以"农村老年教育"为主题词，搜索到文献 374 条，其中中文文献为 223 条，发文年度趋势如图 6-1 所示。

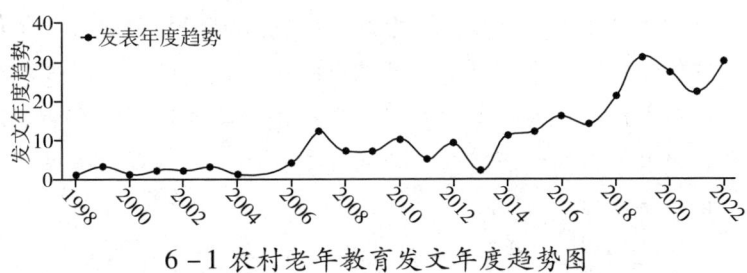

6-1 农村老年教育发文年度趋势图

从发表年度趋势看，2018 年、2019 年，关于农村老年教育的研究有个快速的攀升，这与 2017 年党的十九大提出乡村振兴战略后，乡村各项社会事业受到理论界极大关注相一致。之后发文又回到正常的趋势，不过就总体发文趋势而言，是一个逐渐向上发展的杰势。这表明，进入 21 世纪以来，中国老龄化问题已经越来越引起研究者的关注。具体来看，我国农村老年教育研究主要围绕以下内容展开。①

（一）农村老年教育的内涵

农村老年教育有广义和狭义之分。广义的农村老年教育指能够增进农村老年人知识、技能、身心健康、思想意识等的各种活动；狭义的农村老年教育指行政部门、教育机构、社会组织等开展的以农村地区老年人为对象，有组织、有目的、有计划的各项教育活动。

（二）农村老年教育的价值

在新时代，推进农村老年教育的发展有重要的价值意蕴，从宏观层面，农村老年教育对社会发展具有积极重要的意义和作用，是建设学习型社会的需要，是构建和谐社会的必然要求，是保障农村老年人的学习权和受教育权、维护社会公平正义的重要路径。因此，有学者认为，农村老年教育对促进农村老年人和社会协调发展、推动乡村振兴和实现中华民族伟大复兴的中国梦意义重大。② 从微观层面，农村老年教育对农村老年人的个体发展具有积极影响作用，能有效提高农村老年人的生活质量，帮助其正确认识及顺利接受老化的角色转换。③

（三）农村老年教育的政策剖析

对宏观政策的解读。有学者分析了《老年教育发展规划

---

① 胡畔，姜磊磊. 国内农村老年教育研究综述 [J]. 安徽广播电视大学学报，2020（2）：23 – 28.

② 董勇. 乡村振兴战略下的农村老年教育发展动因及趋势 [J]. 中国成人教育，2018（11）：152 – 154.

③ 宋瑛璐. 老年社会化背景下农村老年教育发展研究 [J]. 成人教育，2016（4）：15 – 19.

（2016—2020 年)》，发现当时老年教育发展的基本原则是
"将老年教育的增量重点放在基层和农村"，具体任务是"发
展农村社区老年教育"，重点推进计划是"建设一批在本区
域发挥示范作用的乡镇（街道）社区老年人学习场所，建设
好村（居委会）老年社区学习点"。① 对地方性政策法规的
解读。有学者分析了《福建省终身教育促进条例》《福建省
国民经济和社会发展第十二个五年规划纲要》《福建省中长
期教育改革和发展规划纲要 （2010—2020 年)》等文件，它
们都将建立农村老年学校或大学分校，全面建立省、市、县、
乡、村五级老年学校列为发展福建农村老年教育的重点。②

（四）农村老年教育的课程建构与教学设计

课程是育人的载体和中介，课程的质量直接关涉农村老
年教育的质量。有学者通过对农村老年群体身体状况、家庭
状况和农业生产经营状况等的分析，提出要在深入挖掘农村
老年人学习需求的基础上，探索建立包括健康教育、农作物
种植技术教育、农产品经营销售技能教育、新生儿抚养和产
妇照料教育、城市生活适应教育以及文娱教育在内的农村老
年课程内容体系。③ 此外，在增加教育有效供给的同时，研
究好教学设计，是提高农村老年教育的针对性、有效性的重

---

① 张晓报，王怡然.＂乡村振兴战略＂背景下老年教育走进农村
的必要、可能与路径 ［J］. 成人教育，2019 (5)：49－54.

② 许丽英，宋倩，高焱. 福建省农村老年教育的现状、问题与对
策研究 ［J］. 福建农林大学学报（哲学社会科学版)，2013 (4)：9－
12.

③ 闫盼. 基于老年人学习需求的农村老年课程内容审思 ［J］.
河北大学成人教育学院学报，2021 (3)：24－28.

要举措。① 目前对农村老年教育的教学内容和教学形式的研究成果较为丰富，认为传统文化、时代精神、医疗卫生、健康保健、实用技能、家庭生活、法律普及、情趣培育等内容符合农村老年人的需求；而对于教学形式，大部分学者认为应当网络化、远程化，但也有少数学者认为网络化在实践中存在困难，提倡以面授为主。

（五）农村老年教育存在的问题

一是对发展农村老年教育的重要性认识不足，认为农村老年人应该在家"颐养天年"。有学者在苏北农村调查发现，农村家庭对老年人参加培训的支持率仅为5.2%。② 此外，许多农村老年人自身也对老年教育的认识存在误区，学习的意愿较低。

二是农村老年教育质量相对低下。教学形式落后，以单一的面授为主，缺乏线下与线上共融；教学内容简单，以休闲娱乐为主，未能与老年人的能力拓展、心理诉求、个人发展、公共生活、社区治理、社区发展接轨；师资素质不高，当前农村老年教育师资构成复杂、文化素养不高、组织管理松散。

三是农村老年教育经费投入不足。目前农村老年教育经费主要来源于政府统筹、社会支援、自筹经费三种渠道。在政府统筹上，大多数镇、村财政拨款不固定，甚至有些地方政府尚未将老年教育纳入经费预算。从社会支援看，由于人

---

① 吴进．农村老年教育教学设计的构想［J］．成人教育，2018（11）：54－59.

② 易东生，王建梅．农村老年教育途径新探：以苏北农村为例［J］．人民论坛，2014（32）：147－148.

们普遍不看好农村老年教育的发展前景，社会投资积极性不高。① 从自筹经费讲，老年教育机构资金不足，学员学费通常是免收或象征性收取，不具备承担机构运营的能力，而靠志愿者或热心人士的赞助，也存在不持续、不稳定的情况。②

四是农村老年教育相关法律法规不够健全。我国在终身教育领域一直没有出台一部全国性的《终身教育法》，导致老年教育工作长期缺乏明确有力的法律保障。从地方上看，大部分地区尚未出台相关法规条例，在已出台的政策法规中，也缺乏对老年教育的发展目标、运行机制、保障举措、考核评价等方面的明确规定；从农村社区来看，尚有许多情况还上升不到法律层面，需要规章、公约、准则、守则等乡规民约，而这项工作也才刚刚起步。

（六）农村老年教育的推进路径

一是提高全社会对农村老年教育必要性和重要性的认识。通过积极宣传，让社会各界看到农村老年教育的各种益处和成果，意识到农村老年人接受再教育的必要性和重要性。同时，要增强农村老年人的教育自主性，提高教育的参与率，把学习内化为自觉行为。二是要积极拓展农村老年教育的筹资渠道。首先，政府要发挥主体作用，把农村老年教育经费纳入地方财政预算，并加强对经费的监督和管理；其次，应充分调动社会各界力量，多路径筹集老年教育经费；最后，可以考虑老年人适当分担部分办学经费，通过合理收取学费，

---

① 宋瑛璐．老年社会化背景下农村老年教育发展研究［J］．成人教育，2016（4）：15－19.

② 徐建荣．农村老年教育保障机制的探索与实践［J］．宁波广播电视大学学报，2018（1）：44－47.

保障经费来源的持续性和稳定性。三是完善农村老年教育相关政策法规，对农村老年教育办学经费、管理体制机制、准入机制等作出相应规定，对各参与主体的权利与义务作出明确规定。四是提高农村老年教育教学质量。培养适合农村老年教育发展规律的教师；完善农村老年教育文化知识、实用技能及闲暇教育三大知识体系，充分利用互联网技术，实现教学方法多样化。五是通过对现有农村老年教育机构进行规范和引导、整合农村其他教育机构和社会资源支持老年教育发展、开展城市老年教育的对口帮扶、整合城市其他教育资源为农村老年教育提供服务。①

（七）农村老年教育的国际经验借鉴

有学者总结了丹麦发展农村老年教育基本做法：健全法规，出台《丹麦农村教育法》及老年关怀政策等；完善相关农村老年教育机构；教育内容丰富，形式多元，开展小组学习和分享学习。② 有学者总结了联合国教科文组织"农村社区学习中心"农村老年教育项目组的经验：出台了《通过老年教育提升老年生存能力的指南》；在资源整合、品牌开发、队伍建设、管理体制等方面积极创新；定期组织各项目点负责人考察学习；鼓励相近地区项目点结成联盟；各级政府高度重视；引导项目点与社区教育利益攸关方的合作，拓宽资

① 张红兵，孟祥彬.乡村振兴战略下农村老年教育发展路径探析［J］.河北广播电视大学学报，2020（3）：54－60.
② 刘洪林.丹麦农村老年教育的成功经验及启示［J］.成人教育，2015（11）：92－93.

金渠道；加强国际交流与合作，学习国外的新理念、新经验。①

二、研究中尚存在的问题

（一）教学设计研究不够深入

首先，教学设计要求对学员的学习需求进行分析，现有的研究虽然注意到了应该关注农村老年人的"需求"，但是对"需求"的种类及如何实现"需求"研究不足。其次，教学设计要明确教学策略，而目前的大部分研究更倾向于对教学形式和内容的研究，对教学策略的研究较少。最后，教学设计要求对教学效果进行评价，而鲜有学者涉足这个领域。

（二）政策研究、经验研究略显不足

现有的政策研究针对老年教育的居多，专门针对农村老年教育的政策分析研究略显不足。同时在研究方法选择上，存在过于单一等问题。现有研究更多采用文献分析法，即对政策进行梳理、总结，而通过数理统计等经验实证的研究方法应用较少。由于农村老年教育研究在国内才刚刚起步，大多数地区还在探索阶段，因此，学者们对农村老年教育的经验研究略显不足，对各地经验做法缺乏归纳总结。

（三）农村老年教育"互联网＋"研究不足

虽然多数学者认识到农村老年教育应当远程化、网络化，但是对如何实现农村老年教育"互联网＋"的技术赋能研究明显不足，尤其是各地广播电视大学、开放大学作为开展远程教育的主要机构，在农村老年教育方面的作用还没有完全

---

① 孙桂英，蓝建．积极应对老龄化，实现农村老年人的价值与权益［J］．中国成人教育，2019（6）：94－96.

发挥出来。无论是教学实践方面，还是教学研究、科学研究方面，各地广播电视大学、开放大学在农村老年教育领域成果相对较少。

（四）对农村老年教育"公民性"的研究缺乏

随着时代的发展进步，乡村振兴战略的大力推进，农村的现代化离不开农村老年人从村民向公民身份的转变，应该具有国家公民意识，成为承担公民的广泛权利和义务的主体。当前最需要的是结合各地的实际和农村老年人自身的特点，把社会主义核心价值观融入教育教学过程，提升老年人的国家公民的素养，积极融入国家现代化的进程。

第二节　我国老年教育政策法规的演进

农村老年教育是老年教育在农村场域中的实现，梳理我国老年教育政策法规的演进，有利于从政策层面了解我国老年教育的发展与演进，明晰老年教育发展历程与国家经济社会发展的共振性和适应性，从而更有利于理解乡村振兴背景下农村老年教育发展的价值意义和未来路向。老年教育政策法规是有关老年教育的政策和法规的总称。它包括了政党和国家为了实现老年教育的目标、任务而制定的行为准则和有关老年教育方面的法律、条例、规章等规范性文件，是现代国家实施老年教育管理的基础和基本依据。新中国成立后至20世纪70年代末，我国还没有真正意义上的老年教育，当时存在的主要是离退休干部的教育活动，由各级老干部局承担管理并开展相关活动。我国老年教育政策法规及实践的探索起步于20世纪80年代初，四十年来，政府以不同效力的文本形式出台了与老年教育相关的法规和政策，使每个老年人都能享有公民应享有的基本权利和社会福利，满足老年人多样化的学习需求，提高老年人的精神文化层次和生活品质，促进其人格健康和谐，情感积极，达到自由全面发展。纵观四十年来我国老年教育政策法规的演进，可以分为以下几个阶段。①②

一、孕育萌芽期（1982—1993 年）：老年教育管理机构建立

1982 年 2 月，中共中央颁布《关于建立老干部退休制度的决定》，在高度评价老干部对中国革命、建设、改革做出的贡献后，全面实行按年龄强制退休制度，这一政策标志着废除了实际存在着的领导干部职务终身制。为了丰富离退休老干部的生活并尽可能地发挥他们的潜能服务社会，山东省于 1983 年 9 月 17 日率先成立了全国第一所老年大学，这标志着改革开放后老年教育的正式发端。此后，上海、武汉等地纷纷效仿，直至 2005 年西藏老年大学建立，标志着我国在全国范围内都建立了老年大学。在此期间，1982 年 10 月，为适应国际老龄事业发展，老龄工作管理机构"中国老龄问题全国委员会"成立。1984 年，我国老年教育协会成立。1988 年，第一个民间性老年教育组织"全国老年大学协会"成立。自此，国家级的老年教育主要的管理机构、协会组织和业务部门全部成立，负责开展老年教育工作。

---

① 吴思孝. 我国老年教育的历史追溯与未来展望：基于政策发展视角 [J]. 成人教育，2019（6）：42 - 48.

② 李洁. 我国老年教育政策法规：回顾、反思与建议 [J]. 终身教育研究，2019（4）：51 - 60.

在老年教育起步的同时，国家将老年人权益用根本法正式确立下来，1982 年的《中华人民共和国宪法》第 45 条第 1、3 款规定"中华人民共和国公民在年老、疾病或者丧失劳动能力的情况下，有从国家和社会获得物质帮助的权利。国家发展为公民享受这些权利所需要的社会保险、社会救济和医疗卫生事业"，正式确立老年人权益保障制度。

1989 年 11 月，联合国教科文组织在武汉召开"老年教育国际研讨会"，会议通过了以"确保老年人受教育"为主题的《武汉宣言》，强调"老年人是知识、技能、经验和智慧的宝库"，提倡要充分认识老年人的价值。1993 年 2 月，国务院印发《中国教育改革和发展纲要》，指出"成人教育是传统学校教育向终身教育发展的一种新型教育制度，对不断提高全民族素质、促进经济和社会发展具有重要作用"。这是我国第一次在重要教育文件中写入"终身教育"一词，表明终身教育理念开始在政府层面得到重视并逐渐转变为管理政策。

二、初步创立期（1994—2001）：将老年教育纳入老龄工作计划

1994 年，由国家计委、民政部等十部门联合制定并出台的《中国老龄工作七年发展纲要（1994—2000 年》中提道："实现老有所学，保障老年人受教育的权利，不断提高老年人的素质；要因地制宜，多渠道、多层次、多形式地开展颐养康乐和进取有为相结合的老年教育。"该文件具体而全面地阐述了国家对老年教育的地位和作用的认识，提出老年教育的组织形式、发展途径、教育内容及具体要求。1995 年

《中华人民共和国教育法》第 9 条第 1 款规定："中华人民共和国公民有受教育的权利和义务。"第 19 条第 1、3 款规定："国家实行职业教育制度和成人教育制度；国家鼓励发展多种形式的成人教育，使公民接受适当形式的政治、经济、文化、科学、技术、业务教育和终身教育。"

1996 年 8 月《中华人民共和国老年人权益保障法》通过，在该法中确立了老年人继续受教育权及老年教育相关制度。该法第 31 条规定"老年人有继续受教育的权利"，并确立了国家鼓励社会办好老年学校、各级人民政府负责管理的教育制度。后经 2009 年、2012 年、2015 年、2018 年四次修订，该法现行版扩大了老年教育的内涵，包括：（1）确立了全民老龄化教育制度，如第 8 条规定"国家进行人口老龄化国情教育……全社会应当广泛开展敬老、养老、助老宣传教育活动……青少年组织、学校和幼儿园应当对青少年和儿童进行敬老、养老、助老的道德教育和维护老年人合法权益的法制教育；广播、电影、电视、报刊、网络等应当反映老年人的生活，开展维护老年人合法权益的宣传"等。（2）确立了老年服务人才培养的老年学教育制度，如第 47 条规定"国家建立健全养老服务人才培养、使用、评价和激励制度……国家鼓励高等学校、中等职业学校和职业培训机构设置相关专业或者培训项目，培养养老服务专业人才"。（3）明确了老年人就业及参与社会活动的制度，如第 69 条规定"国家为老年人参与社会发展创造条件"，鼓励老年人在自愿和量力的情况下，从事多种活动。此外，第 71 条除确立了老年人的继续受教育权，国家鼓励社会办好各类老年学校及各级人民政府加强领导、加大投入之外，还明确了老年教育是终身教育体系一部分的法律地位。

1999 年 10 月，文化部出台《关于加强老年文化工作的意见》，对以老年大学为主的老年教育办学主体的定位、资源整合、课程设置等方面做了较为全面的阐述。2001 年 11 月，文化部在杭州召开了首次全国老年教育工作座谈会。1999 年 10 月，党中央、国务院决定成立全国老龄工作委员会，2000 年 8 月，中共中央、国务院《关于加强老龄工作的决定》要求"各地要重视发展老年教育事业"。并从 2001 年起，国务院开始陆续颁布"十五""十一五""十二五""十三五"《中国老龄事业计划纲要》，将老年教育、老年人力资源开发等纳入老年精神文化生活和社会参与保障的内容中。2001 年 6 月，中组部、文化部、教育部、民政部、全国老龄委五部委联合下发了《关于做好老年教育工作的通知》，从认识与意义、规划与目标、形式与内容等方面进一步指导和规范老年教育的发展，并提出"在 21 世纪前十年建立健全具有中国特色的老年教育事业体系"。

三、稳步发展期（2002—2015 年）：将老年教育纳入终身教育的政策发展中

进入 21 世纪，终身教育、学习型社会等概念频频出现在党的历届代表大会会议报告及一系列决策文件中，彰显了党和政府在我国构建全民终身教育体系和开展学习型社会建设的坚定立场。2002 年，党的十六大提出要"加强职业教育和培训，发展继续教育，构建终身教育体系"，要努力"形成全民学习、终身学习的学习型社会，促进人的全面发展"。在党中央、国务院构建终身教育体系思想的指引下，我国地方开始出台老年教育条例，形成了各具地方特色的老年教育

制度和政策，主要体现为两种形式：直接针对老年教育；在终身教育促进条例中体现。

其一，2002 年《天津市老年人教育条例》，该条例是我国第一部老年教育特别法规，颁布目的是"适应老龄化社会的发展要求，保障老年人继续受教育的权利，促进老年人教育事业的发展，完善终身教育体系"，并规定了老年教育的概念、性质、管理、经费、形式、学费、机构、监督、奖励等内容；2007 年《徐州市老年教育条例》，颁布目的是"保障老年人受教育的权利，建立和完善终身教育体系，促进老年教育事业的发展"，并规定了老年教育的概念、性质、管理、设施、经费、机构、评估、奖励等内容；2010 年《湖南省老年教育工作暂行规定》，确定了老年教育的概念、性质、管理、设施、机构、经费、优惠、监督及奖励等内容。

其二，2005 年《福建省终身教育促进条例》，这也是我国第一部终身教育特别法规，其第 16 条规定了县级以上人民政府及有关部门发展老年教育的职责及老年教育优惠政策等；2011 年《上海市终身教育促进条例》，其第 16 条规定了教育、民政部门负责老年教育的管理体制和老年教育课程设置要求，第 18 条规定了教育、人力资源和社会保障、农业、人口和计划生育等行政部门以及工会、共产主义青年团、妇女联合会、残疾人联合会等社会团体发展社区老年教育的制度；2012 年《太原市终身教育促进条例》，第 11 条规定政府、街道办事处、社区居民委员会发展社区老年教育的制度；2014 年《河北省终身教育促进条例》，第 13 条规定县级以上人民政府及老龄工作的机构负责老年教育的管理体制以及老年教育的课程设置要求、优惠政策、社会办学等制度；2014 年《宁波市终身教育促进条例》，第 14 条规定确立了政府规划与支持、教育部门和民政部门负责老年教育的管理体制以及老年教育课程设置和投资主体多元化等制度。

从国家层面来看，2010 年《国家中长期教育改革和发展规划纲要（2010—2020 年）》明确指出，国家要重视老年教育，老年教育的发展是我国在 2020 年底"基本实现教育现代化，基本形成学习型社会，进入人力资源强国行列"的重要一环。这是我国老年教育第一次被写入国家教育改革和发展的规划纲要，对推动老年教育发展具有重要意义。

四、政策完善期（2016 年至今）：老年教育独立政策文件的出台

2016 年 10 月，国务院办公厅发布《老年教育发展规划（2016—2020 年）》，从国家人口、社会和经济发展客观现实出发，全面阐述了老年教育的规划背景、总体要求、主要任务、重要计划和保障措施，并确定了"将老年教育的增量重点放在基层和农村"的基本原则，以进一步解决资源供给不足，城乡、区域间发展不平衡的问题。该文件是国家教育行政部门牵头起草的第一份全国性老年教育专项规划。同年，教育部等九部门联合发布的《关于进一步推进社区教育发展的意见》中指出，社区教育的重点服务对象是老年人、学前儿童、青少年、在职人员、农民等群体。明确要把老年教育作为社区教育的重点，建设一批乡镇（街道）老年人学习场所和老年大学。2019 年，国务院办公厅印发《国务院办公厅关于推进养老服务发展的意见》，中共中央、国务院印发《国家积极应对人口老龄化中长期规划》，前者要求"建立健全'县（市、区）—乡镇（街道）—村（居委会）'三级社

区老年教育办学网络"，走进普通老年人；后者则提出要建立面向全体国民的"老有所学的终身学习体系"，构建学习型社会。

2021年11月，中共中央、国务院《关于加强新时代老龄工作的意见》（以下简称《意见》）发布，《意见》在第十条指出要"扩大老年教育资源供给"，将老年教育纳入终身教育体系，教育部门牵头研究制定老年教育发展政策举措，采取促进有条件的学校开展老年教育、支持社会力量举办老年大学（学校）等办法，推动扩大老年教育资源供给；依托国家开放大学筹建国家老年大学，搭建全国老年教育资源共享和公共服务平台。创新机制，推动部门、行业企业、高校举办的老年大学面向社会开放办学。《意见》在第十一条，进一步强调"县（市、区、旗）应整合现有资源，设置适宜老年人的教育、文化、健身、交流场所"。

通过以上有关我国老年教育政策、法规的梳理，可以清晰地明白，随着我国人口老龄化程度的进一步加深，为有效应对我国人口老龄化，增进亿万老年人的福祉和社会的可持续发展，国家越来越重视老年教育，把老年教育视为保障老年人的基本权益、促进老年人积极老龄化的重要事业。也因此，国家已将老年教育政策融入国家整体治理体系之中，这无疑对我国老年教育的发展产生重要而深远的影响，同时也为乡村振兴战略和乡村老年教育耦合发展指明了方向。

第三节 农村老年教育的现实困境与发展路向

当前，农村人口中60岁以上的老年人日渐增多，农村老龄化程度不断加深。2021年5月，国家统计局公布了第七次全国人口普查数据，截至 2020 年，大陆地区 60 岁以上人口达到 2.64 亿人，占总人口的 18.7%，而乡村 60 岁以上人口占比达到 23.81%，比城镇高 7.99 个百分点，65 岁及以上老人达到 17.72%，比城镇高 6.61 个百分点。① 由此可见，乡村振兴的实现离不开农村老年教育，应充分发挥老年人的重要作用，将人口压力转化为人力资源优势。同时，农村老年教育能助力农村老年人幸福的晚年生活，对乡村和谐社会构建将起到重要的作用。不过，与近年来全国老年教育受到不断重视、整体上获得较大发展相比，农村老年教育的发展还存在不少问题，亟须抓住乡村振兴的机遇，与乡村振兴同频共振。换言之，农村老年教育应在乡村振兴中积极突破发展困境，提升办学水平和办学质量，这不仅有利于提高农村老年人的生活福祉，也有利于推动乡村的全面振兴和乡村的和谐发展。

一、乡村振兴视域下农村老年教育发展的现实困境

（一）地方政府不够重视，乡镇基层难以有效开展农村老年教育

我国虽然提倡终身教育，但是在教育体系中还是以义务教育及高等教育为主，对老年教育尤其是农村老年教育重视程度不够。相较于发展农村老年教育，经济发展才是地方政府的重点方向，而保障农村老年教育的相关法律法规较少，农村老年教育的管理体制极不成型，任务不够明确，缺乏规

---

① 国家统计局. 第七次全国人口普查主要数据结果新闻发布会答记者问［EB/OL］.（2021 – 05 – 11）. http：//www. stats. gov. cn/tjsj/zxfb/202105/t20210511_ 1817274. html.

范化，乡镇基层的相关管理部门本身就对老年教育的具体政策了解程度低，认识不透彻，落实到实际行动时自然也就毫无头绪。目前，农村老年教育的具体实施依然停留在满足老年人生活保障和物质需求方面，即使举办相应的老年活动也是形式单一或照本宣科，并不能真正适用于农村老年人，不能帮助其更好地发展个人能力和提升生命质量。

（二）人口结构失衡导致农村老年人受教育权受到影响和制约

《中华人民共和国老年人权益保障法》（2018）规定："老年人有继续受教育的权利。国家发展老年教育，把老年教育纳入终身教育体系，鼓励社会办好各类老年学校。各级人民政府对老年教育应当加强领导，统一规划，加大投入。"① 但是，随着城镇化的深入推进，农村大量的青壮年劳动力纷纷涌入城市谋求发展，留在农村更多的是老年人和儿童，致使农村出现了"空心化"与凋敝的景象，农村人口结构严重失衡。大量农村青壮年劳动力的流失导致在地的老年人不仅很难安享晚年幸福生活，在承受日常田间劳作的基础上还要承担孙辈的抚养，身心承受着巨大压力，大量的"空巢"老人、贫困老人和失能老人限制了农村社会与经济的发展，也严重影响和制约了农村老年教育的发展。因为，失衡的人口结构使老年人在经济生活中无法得到保障，同时也很难抽出时间参与到老年教育中来，加上农村物质基础较为薄弱、相关保障措施不完善，老年人的受教育权尚难得到有效实现。

---

① 中华人民共和国老年人权益保障法［EB/OL］．（2019－01－07）．http：//www.npc.gov.cn/npc/c30834/201901/47231a5b9cf94527a4a995bd5ae827f0.shtml.

（三）农村老年教育投入短缺，发展不均衡，地区差异较大

中国特色社会主义进入新时代，我国社会主要矛盾发生了变化。具体到农村老年教育，即农村老年学习者日益增长的老年教育需求与农村老年教育发展的不平衡不充分之间的矛盾。我国农村老年教育存在着较为严重的供需矛盾问题，其资源与规模远不能满足广大老年群体的学习需求，除学校教育之外其他形式的老年教育少之又少。这与传统的教育观念有关，这种观念认为只有学校教育才属于老年教育的范畴，而其他形式的休闲活动则与之不相符。此外，由于地区经济发展差异，导致老年教育资源分配不均衡，城市老年教育资源远比农村老年教育资源更多、更丰富。此外，东中西部区域之间、发达地区与欠发达地区之间在农村老年教育的办学条件、办学资源、师资水平、办学理念等方面存在较大差异，不均衡现象突出。

（四）农村老年教育课程体系不完整，内容单一，无法满足多样化的需求

农村老年人的学习内容需要是多方面的，涵盖休闲娱乐、健康养老、职业技能等方面。国外老年教育的教学内容相对比较综合而全面，包含了退休前准备、退休后教育以及生命教育等内容①，涵盖了老年人生活的各个方面。相较而言，现阶段我国农村老年教育的课程活动内容大致分为两类：一类是文娱性质的教育活动内容，例如歌唱比赛、广场舞、书法教学、下棋等。在农村老年教育中占较大比重，目的更多是让农村老年人娱乐消遣，形式较为单一，很长时间内不会

---

① 王梦云，翟洁. 英、法、美老年教育模式比较研究 ［J］. 中国成人教育，2017（7）：114－117.

有新的变化，无法紧跟时代潮流，使得老年教育活动中心彻底沦为老年人打发时间的聚集地。另一类是实用性质的教育活动内容，例如保健知识宣讲、安全意识普及、生活小常识教学等，通常较为专业，尽管是农村老年人必学的生活常识，但是受到文化水平和理解能力的限制，这类知识往往晦涩难懂，最终并不能真正达到预期效果。质言之，农村老年教育课程设置缺乏系统的规划设计，没有形成有机的内容体系，离满足农村老年人多样化学习需要还有较大距离。

（五）农村老年教育教学形式不能满足实际需要

技术的迭代升级促使各类教育不断变革，也给农村老年教育带来更多选择和发展机遇。农村老年学习者对学习形式的需求是多种多样的，所以农村老年教育的教学组织形式也应该是多样化的。现实地看，在当前的农村老年教育中，传统的课堂讲授、讲座等方式依然占据主流，新媒体技术、网络技术在教学中的运用还比较少，部分农村老年人习惯采用的电视、广播等学习手段也没有在农村老年教育中充分发挥应有的作用。因此，应该及时把握时代技术发展的脉搏，积极让各种信息技术与农村老年教育深度融合，拓展并衍生多种老年教育教学形式，最大限度地满足农村老年人"处处能学、时时可学"的多样化需求。

（六）农村老年人缺乏学习的自主意识，忽视自身精神需求

封闭的生活环境、保守的思想观念以及农村老年人接受的教育有限，导致他们极易产生"老则无用"的消极思想，既不能拥有主动接受教育学习的主观意识，又不正视自身的精神需求，忽略了自身精神面貌的重要性和积极性。他们普遍认为教育、学习是年青一代人的事情，观念陈旧，思想封

闭，不愿意、不敢、不会接受新鲜事物，没有认识到老年教育对自身、家庭、社会的重大意义。实际上农村老年人不仅可以有所为，更可以大有作为，毕生的生活阅历和劳作经验是一笔宝贵的财富。如果能在晚年通过参与老年教育的方式进行学习交流，系统化、完整化地将个人经验传授给下一代，也是自我价值的一种实现方式。

二、新时期农村老年教育发展现实困境的原因分析

新时期我国农村老年教育面临的基本问题是多重因素共同作用的结果，既有农村老年教育自身发展的主观原因，又有我国社会发展的客观因素。

（一）主观原因

（1）农村老年教育起步晚。在我国的国民教育体系中，老年教育受到的重视相对较低。随着国际老年教育的实践发展和理论研究的推动，我国社会的老龄化问题以及老年教育问题逐渐引起人们的重视。因此，相对而言，老年教育在我国的发展历史比较短，基本上是 20 世纪 80 年代才起步。并且，在发展的过程中，不平衡、不充分的问题也比较明显，发达地区、大城市、经济文化基础较好的地区发展的较好，如上海、宁波、福建，呈现出严重的地区和城乡差异。换言之，农村老年教育发展起步晚、底子薄、关注度不足，以至于《老年教育发展规划（2016—2020 年）》确定"将老年教育的增量重点放在基层和农村"的基本原则。此外，由于关注度不够，对农村老年教育的相关研究也比较少，导致对农村老年教育的问题缺乏系统性的分析与研究，对农村老年教育特殊性的认识也不到位。承担农村老年教育的机构与组织没有明确的促进农村老年教育发展的理念，缺乏有力的担当，

导致农村老年教育长期以来处于一盘散沙的状态。

（2）农村老年教育体系建设滞后。如前所述，农村老年人参加老年教育学习活动，存在多方面的学习需要，我们将其概括为三种主要类型，即休闲交往、兴趣爱好、提升圆梦。不同类型的学习需求，要用不同的教学内容和教学组织形式去满足。这就要求农村老年教育必须形成体系化的教学内容框架，同时形成相对完善的教学组织形式。但是，长期以来，我国农村成人教育体系化建设工作严重滞后，导致农村老年教育体系建设工作远远落后于农村老年学习者的现实需要，这加重了我国农村老年教育面临的问题与矛盾。

（3）对国际老年教育经验吸收与借鉴不够。国际上，许多国家由于较早进入老龄化社会，比较重视老年教育工作，在推动老年教育发展方面开展了许多富有成效的实践，通过构建多元化的老年教育办学主体结构，将老年教育纳入社会公益事业范畴加以保障，多途径为老年教育提供经费支持，并通过立法为老年教育提供必要的法律保障。[①] 这些实践既推动了当地老年教育的发展，又为老年教育提供了有益的经验，值得我们借鉴。但是我国老年教育对国际老年教育的成功经验吸收与借鉴很不够，在将国际老年教育成功经验运用于我国农村老年教育工作方面所做的努力则更少。

（二）客观因素

（1）社会发展策略的影响。在新中国成立以后我国的社会发展整体策略中，先城市后农村、农村支持城市是一个基本取向。同时，城市的工业、商业条件相对较好，造成社会

---

① 叶忠海. 国际老年教育发展的特点、模式和未来取向［J］. 当代继续教育，2017（5）：45–49.

发展资源都向城市集中。在这样的策略取向引导下，城市的发展获得了大量的资源；而农村地区获得的发展与建设资源就相对不足，远远无法与城市相比。老年教育的发展也同样如此。在有限的老年教育资源中，大部分集中在城市，许多老年教育政策也是从城市开始执行，城市的老年教育队伍也远远优于农村地区。所以，我国农村地区老年教育的发展相对滞后，与我国社会发展的整体策略是密切相关的。

（2）对农村老年教育的法律保障缺乏。缺乏必要的法律保障，是我国农村老年教育基本问题形成的重要原因。我国在基础教育领域有《幼儿园管理条例》《义务教育法》，在高等教育领域有《高等教育法》，在职业教育领域有《职业教育法》，然而，直至目前，在成人教育领域、终身教育领域一直没有出台一部全国层面的专门法律法规来引领和规范全国成人教育、终身教育的发展。此外，也缺乏专门针对农村老年教育发展的相关法律法规，由于缺乏专门的法律法规予以支持，农村老年教育的发展受到严重掣肘。

（3）没有形成多主体共同参与农村老年教育的有效机制。长期以来，我国的农村老年教育主要是由政府的力量在推动，各种社会机构和社会力量对农村老年教育的参与比较有限。比如，对于农村老年教育发展至关重要的经费，投入渠道比较单一，主要是由国家和各级相关职能部门在主导，经费主要来自财政部门的教育经费，使得农村老年教育所需经费长期处于捉襟见肘的状态。① 由于政府部门之外的社会组织与民间力量在农村老年教育中的参与度有限，目前我国

---

① 侯志春. 我国老年教育的多元化发展途径探析［J］. 成人教育，2016（11）：67－70.

农村老年教育还没有形成多主体共同参与的良好局面。

三、乡村振兴视域下农村老年教育发展的逻辑

（一）农村老年教育发展的政策逻辑

全面乡村振兴的基础和根本是乡村人的振兴，要实现乡村人与乡村社会的可持续发展，健康和福祉无疑是其价值根基，这为乡村老年教育的发展提供了最为根本的政策基础和发展保障。从乡村老年人来说，《中华人民共和国老年人权益保障法》（1996）第一次以"法"的形式提出了要保障老年人的合法权益。并且历经四次修订（2009 年、2012 年、2015 年、2018 年）后，最新文本第七十一条中明确指出"老年人有继续受教育的权利"。从农村老年教育来说，在《国家中长期教育改革和发展规划纲要（2010—2020 年）》第八章继续教育第二十三条中，强调"重视老年教育"。①《中国老年教育发展规划纲要（2016—2020 年）》着重提出，要将老年教育的增量重点放在基层和农村，要以基层需求为导向。《"十三五"国家老龄事业发展和养老体系建设规划》也强调，要创新老年教育发展机制，促进老年教育可持续发展，要优先发展城乡社区老年教育。2022 年 2 月，国务院印发《"十四五"国家老龄事业发展和养老服务体系规划》，要求"加快发展城乡社区老年教育，支持各类有条件的学校举办老年大学（学校）、参与老年教育"。此外，各地在全面乡村振兴和党的十九届四中全会"构建服务全民终身学习的教

---

① 国家中长期教育改革和发展规划纲要（2010—2020 年）［EB/OL］.（2010－07－29）. http：//www. moe. gov. cn/srcsite/A01/s7048/201007/t20100729＿171904. html.

育体系"思想指引下，对农村老年教育的发展也会日益重视。

综上所述，随着全面乡村振兴的推进以及国家积极应对我国老龄化社会的发展，不论是在中央还是地方，农村老年教育作为乡村社会事业的一部分，都是提升乡村老年人福祉和乡村现代化发展的必然要求。也因此，各级党政部门会更为重视农村老年教育基础设施的建设、农村老年人的教育权益保障、农村老年教育的资源供给和均衡发展等各方面问题，这将为农村老年教育的发展打下良好的政策基础。

（二）农村老年教育发展的理论逻辑

乡风文明既是乡村振兴的重要内容，也是乡村振兴的重要推动力量和软实力。在乡村，大量中青年进城务工，剩下的主要是以老年人和留守儿童为主的群体。因而，无论是从提升老年人照料、教育孙辈的能力还是从提高老年人自身生活品质抑或从开发老年人的人力资源服务乡村振兴来说，大力发展农村老年教育都显得意义重大。

（1）农民是农村老年教育的出发点与归宿。正如乡村教育家梁漱溟认为"乡村问题的解决，一定要靠乡村里的人；如果乡村里的人自己不动，等待人家来替他解决问题，是没这回事情的"。① 为此，要充分发挥农民的力量，调动他们的积极性，形成老年教育的内推力量。同时，农村老年教育的方向与定位上也应以老年人的基本学习与发展需求为本，以促进农村老年人有所学、有所为和有所乐为归宿。

（2）充分发挥老年教育在农村社会发展中的重要作用。

---

① 李卓，郭占锋. 梁漱溟乡村建设理论及其启示［J］. 新西部（下旬刊），2015（7）：2-4.

梁漱溟曾提到农村的发展不能仅仅依靠普通教育，还需要社会教育（成人教育）来补救。① 老年教育作为农村成人教育的重要组成部分，在农村社会发展中发挥着日益重要的作用。积极老龄化理论认为，老年人不是社会的负担，而是社会的财富，他们仍然可以通过积极地参与社会而达成为社会作贡献的目的。综上所述，为了提高老年人自身的晚年生活品质、提升照料教育孙辈的能力以及满足乡村振兴对人力资源的需求，国家应大力发展农村老年教育。

四、乡村振兴视域下农村老年教育发展的原则

有学者指出，发展农村老年教育，需要建立在对农村老年群体必要而充分的了解基础上，有针对性地采取措施与开展行动，才能有的放矢，从容运筹。② 乡村的全面振兴，离不开老年人的参与和老年人的福祉，从某种意义上说，农村老年人的福祉是观察乡村健康可持续发展的一个重要的变量，是乡村和谐社会建设的必然关切。因此，发展好农村老年教育也应该成为乡村全面振兴的重要关切。发展农村老年教育要站在助力积极老龄化的视域下，遵循"以人为本，需求导向；以农为本，乡土导向；以特为本，品牌导向"等原则展开。③

---

① 朱义禄.梁漱溟乡村建设思潮述评 [J].史林，1997（4）：47－54.

② 代小芳.基于主体特性的我国乡村老年教育审思 [J].成人教育，2018（1）：31－34.

③ 国卉男，游赛红.乡村振兴背景下农村老年教育的困境与突破 [J].职教论坛，2019（12）：91－98.

（一）以人为本，需求导向

乡村振兴视域下，农村老年教育应遵循"以人为本"的基本原则，强调以关注老年人的生活质量为核心，善于尊重、关怀和鼓励老年人，激发老年人的潜能，调动老年人的学习与生活的积极性，提升老年人参与乡村治理的能力，积极发挥老年人在乡村振兴中的作用。人的行为是由需求引发的，有了需求才会有动机，进而产生行为。所以，开展农村老年教育应着重考虑以下几点。

首先，应立足农村老年人的特点和需求。其一，应立足于农村老年人的文化程度、乡土经验和习性特点，做到"以人为本"，充分考虑其接受能力与学习力。其二，从人力资源角度而言，要充分考虑农村老年人的主体意志。事实上，农村老年人很少有"退休"的概念，他们大都是忙忙碌碌过完一生，只不过是遵循"日出而作、日落而息"的传统劳作方式，如果结合乡村振兴的现代理念，积极开发农村老年人的人力资源，这对乡村振兴来说是一笔巨大的隐形人口红利。其三，要积极关注农村老年人的健康和福祉，通过农村老年教育使农村老年人达到人文与生态共生。

其次，要突破传统学习方式，以提升农民自我能力为发展宗旨，构建需求导向型课程形式。目前，我国农村老年教育课程主要以班级授课为主，采用类似于传统的教师台上讲授，学生台下聆听的课程形式。就实际而言，这种形式不太适合农村老年人，因为农村老年人的一生可能大都是从事体力劳动为主，干了一辈子的农活，要安安静静的像个学生一样在教室里听课、学习可能比较困难。因此，在授课形式上，农村老年教育应从农村老年人的实际需求与学习特点出发，进一步结合农村的乡土资源特点，走出传统形式，回归田野。

（二）以农为本，乡土导向

文化是教育的灵魂，乡土文化是农村老年教育的核心所在。2015 年 1 月，习近平总书记在云南考察时强调，新农村建设一定要走符合农村实际的路子，遵循乡村自身发展规律，充分体现农村特点，注重乡土味道，保留乡村风貌。为此，当前推进乡村振兴战略，要重视保留乡村文明，重视保护和传承乡村文化传统，吸收乡村一些独特、有效的治理秩序，把乡村文化的魅力融入乡村振兴。开展农村老年教育，也要遵循这一思路，注重"以农为本，乡土导向"。但长期以来，中国农村老年教育与城市老年教育在实践中并没有多大区别，农村老年教育往往奉行"拿来主义"，直接采用城市老年教育的做法，并没有体现农村自身的文化价值，甚至农村老年教育与农村本土文化严重脱节。无疑，农村老年教育应承担更多的文化传承功能，在乡村振兴的契机下，应紧紧围绕"三农"（农村、农业、农民）问题的解决，即农村文化的传承、农业的转型和新农民的培养，以尊重和创新本土文化为导向，培育多样文化类型。

（三）以特为本，品牌导向

毫无疑问，每个乡村都有其独特之处、美好之处。因此，基于区域本土化与差异性特点，农村老年教育的发展不仅要观照普遍性问题，更应兼顾农村特色化之处。区域特色化教育资源所蕴含的地缘特性、文化特征与文化符号，无疑是发展特色农村老年教育的生命所在。农村老年教育发展应立足于区域间不平衡的现状和学习者的现实需求，结合当地历史、人文、自然等资源，有特色有差异地开展。为此，如何打造与挖掘区域特色品牌项目成为农村老年教育发展的共性与亟须解决的问题。特别是在农村，特色品牌文化一旦形成就非常容易在群体中传播，产生连锁效应。在农村老年教育开展中，要通过开发地域文化资源学习品牌项目，吸引老年人参与其中，提升农村老年教育文化品位，使农村老年人群在地域文化的熏陶中，增强地域文化认同感和精神归属感，形成积极向上、文明健康的精神风貌，以促进文明乡村的建设。

五、乡村振兴视域下农村老年教育发展的路径思考

乡村振兴不仅要实现农民富裕，更要提升乡村治理水平与提高乡村文明程度。为了突破乡村老年教育现阶段的困境，增强乡村老年教育服务乡村振兴的能力，实现乡村老年教育参与率提高、品牌创建和均衡发展，需要在顶层设计、教育资源供给以及人群普惠等方面着力发展。

（一）做好顶层设计，明确发展定位

对农村老年教育发展一方面要做好顶层设计，健全机制、完善措施、增强保障。另一方面要立足区域特点，努力促进创新发展和制度创建，迅速打开农村老年教育新局面，助力我国乡村振兴战略的推进。

第一，以改变人口结构为契机，保障农村老年人的继续受教育权利。吸引中青年骨干回流，为参与老年教育提供保障。为了保障农村老年人参与继续教育具备充足的时间与精力，更为了改变农村发展现状，调整农村人口结构，促进乡村振兴，应积极鼓励年轻人回乡，吸引年轻骨干回流反哺农村。一是充分挖掘本土人才，正确引导现有农村青年参加农业专业化教育，培养农业技能，防治人员流失；二是建立人才回流激励机制，形成以政府为主导、社会组织、企业及个人多元化激励机制，在政策、经费、教育等各方面为返乡青年提供支持；三是提升乡民的继续教育观，鼓励老年人参与

老年教育。通过走访宣传和学习体验让百姓感知感受老年教育，认识到老年教育对于家庭和谐和农村发展的重要性，鼓励他们从家庭中"解放"出来，在教育中展现自我价值和体味晚年生活的美好。

第二，以乡规民约为突破口，健全农村老年教育法律法规。《中共中央关于全面推进依法治国若干重大问题的决定》要求发挥市民公约、乡规民约、行业规章、团体章程等社会规范在社会治理中的积极作用。① 健全农村老年教育法律法规，要充分发挥乡村退休教师、老党员、退休干部的作用，制订涵盖社会公共道德、村风民俗、精神文明建设、学习型家庭等内容的村规民约，将新时代核心价值观、新农村乡风民俗纳入其中，并经村民代表大会通过后实施，使之成为农村居民自我管理、自我教育、自我约束的行为规范。同时，地方层面，逐步完善老年教育地方性法律法规建设，全国范围加快终身学习促进法等相关法案的立法进程，从而形成多层次架构的老年教育法律法规体系，为新时代农村老年教育发展提供法律保障。

第三，以乡风文明为核心，明晰农村老年教育功能。关于老年教育的功能并没有统一的论述与规定，也反映了我国对老年教育的定位尚未明确，而这归根结底是对老年教育可持续发展缺乏深入的认识。无疑，农村老年教育同样面临界定不明确，定位不清晰等问题。乡风文明对于农村而言，不仅能够浸润人心、引人向善、规范举止、凝聚人心，是乡村

---

① 中共中央关于全面推进依法治国若干重大问题的决定［EB/OL］.（2014－10－29）. http：//cpc. people. com. cn/n/2014/1029/c64387－25927606. html.

振兴的灵魂所在和农村文化的内涵，更为农村产业发展、生态建设、乡村治理提供精神动力和智力支持，在乡村振兴建设中具有重要作用。而文明的乡风形成归根结底是文明的乡土文化的传承与守正。为此，农村老年教育就要结合当地历史、人文资源和民俗民风等特点明确定位，在传承文化基因、保留优秀文化形态、珍惜文化资源、守正文化根脉上发挥积极作用；要努力培育文化传承人，使其成为带动乡村振兴的新力量。简言之，农村老年教育在服务社会和传承文化等方面与乡村振兴战略相契合，是乡村振兴战略的重要一环。①

（二）充分依托农村现有教育条件，保障农村老年教育资源供给

1. 提升农村老年教育的基础性供给

农村老年教育基础性供给包括硬件设施、经费投入和师资队伍建设等方面：（1）硬件设施建设。为了保障农村老年人学习在时间与空间上无忧，政府应根据当地经济文化水平制定区域性老年教育基础设施建设标准，将农村老年学习场所（学校、学习点）及老年教育文化场地纳入社会公共设施规划，将老年学习场所办到家门口，完善老年教育4.0网络建设。（2）增加经费投入。虽然足够的投入只能为完成满意的项目提供可能性，并不能确保该项目一定能够获得成功，但是投入不足将必然导致教育项目质量低下。② 相对于其他类型教育，政府对老年教育的投入稍显不足，尤其是在农村

---

① 董勇. 乡村振兴战略下的农村老年教育发展动因及趋势 ［J］. 中国成人教育，2018（11）：152－154.

② 联合国教科文组织终身学习研究所. 成人学习和教育全球报告 ［M］. 中国成人教育协会，译. 北京：教育科学出版社，2012：83.

地区，而这也就限制了农村老年教育办学规模的扩大与办学条件的改善，间接导致农村老年教育吸引不了老人，留不住老人等问题。各级政府应保障老年教育经费列入本级政府预算，并每年呈增长的趋势，规范专项经费使用。（3）加强师资队伍建设。多渠道打造稳定的农村老年教育师资队伍，就是在提高农村老年教育专职队伍的管理水平与教学能力的同时，更要积极吸纳农村中愿意从事老年教育的志愿者，充分挖掘乡村民间能人，形成农村老年教育骨干队伍。同时，还需要积极联动社会力量。就目前而言，农村老年教育的团队力量和教育资源还是相对比较薄弱，而这就需要其他企事业单位、各部门、中小学等联合联动，整合与优化农村老年教育资源。

2. 完善农村老年教育内容有效供给

（1）课程内容注重分层与科学性。马斯洛需求层次理论将人的需求按照从低到高的顺序依次分为生理需求、安全需求、归属与爱的需求、尊重需求、自我实现需求五个层次。在乡村振兴背景下，农村老年教育课程开发中应对老年教育内容进行分层与科学性分析。例如，基于生理需求，提供生活照料或精神慰藉的内容，排除寂寞的晚年生活；基于安全需求，提供防诈骗、健康养生、保健医学等内容；基于归属与爱的需要，提供家庭和谐、乡土知识、社会交往方面的课程内容；基于尊重需求与自我实现需求，提供老年人再就业甚至创业课程指导等内容。当前，农村老年教育的内容可以重点围绕以下方面展开：新型职业农民相关知识，新农技课程等促进传统农民转型；移动终端技术学习破解农村老年人数字鸿沟；新时代乡村振兴知识，让他们充分感受到主人翁地位；等等。简而言之，农村老年教育在课程开发中要关注科学与人文并重，通俗与专业并重，素养提升与技能提高并重，知识获得与文化传承并重。

（2）学习方式注重多元多样。一是创建多元的学习场所。充分发挥老年学校、三类学习点的功能。在老年人的家门口，为老年人提供看得见、摸得着、感知得到、信得过的乡村老年教育服务，进一步发挥老年教育的沟通互动，朋辈交流，集体重构等优势作用，引导更多的老年人走出家门，参与社会活动，重新融入社会，达到"以学习场所凝聚老年人，以学习互动发展老年人，以情感联系支持老年人"的效果。二是渗透多元的学习元素。充分利用老年协会、志愿服务者、文娱体育爱好者等资源，广泛开展精品文艺、剧团、民间戏曲活动，通过方言、生动的情景与画面，让农村老年人在教育的浸润中感受新时代的美好、新农村的变化，在学习中获得欢乐，在欢乐中提升素养。三是开展可持续性游学活动。农村地区往往有着丰富的区域性资源，要赋予这些资源以教育意义，达到育人的目的，也就是组织者在组织学习中根据时代精神，要将"景点"转换为"学点"，更多更深地挖掘资源的教育内涵，融入学习元素并以农村老年群体所喜闻乐见的形式呈现。

（3）关注农村"三失"老人教育支持服务，扩大老年教育人群的普惠性与多样性。农村"三失"老人指的是失智、失能、失依的农村老年人，具体包括农村里高、中、低残障和心理需要帮扶的老人、家庭困难需要就业的老人和农村养老院里的老人。解决"三失"老人的教育关怀问题，实现老年教育实实在在的托底作用，中国的乡村发展才是和谐的、可持续的、美好的。一是提供便捷的教育服务平台是重中之重，线下送教到家、送教到院，保证足不出户就能获得教育；

线上建设学习圈，提供移动终端学习资源，真正做到便捷服务。二是在健康中国战略下开展范围广泛、中西结合和兼具身心的健康教育，打造"健康农村"的教育品牌，增强农村老年人自我保健与自我心理调节意识。三是构建"三免"的老年教育服务，通过农村各部门的联动实现为家庭困难但有继续教育需求的老人提供免教育培训费、免学习材料费、免受教育来回路途费等服务。四是构建可持续化医养教结合服务体系，打通医疗、教育和养老之间的障碍，坚持健康养老与快乐学习，改变农村"三失"老人"吃了早饭等午饭，吃了午饭等晚饭，吃了晚饭等睡觉"孤独乏味的生活。根本而言，普惠性的老年教育要关注的不仅仅是大众老年教育，更需要关心与关怀少部分的老年人的教育权益与教育福利。

乡村振兴为农村老年教育的发展提供了新的思路与新的机遇，同时也为农村老年教育赋予了新的内涵和新的使命。未来，大力发展农村老年教育事业应成为农村养老服务体系中重要的一环，也应成为应对我国乡村人口老龄化的重要举措。认清农村老年教育所面临的困境，明确农村老年教育发展定位，只有找准农村老年教育发展的方向，才能真正实现农村老年教育高质量、高水平地发展。

第四节　跨越数字鸿沟：智能时代农村老年教育的价值向度

近年来，我国老年人的"数字鸿沟"问题日益凸显，尤其是在新冠肺炎疫情的背景下，购物难、支付难、出行难、看病难等，引起社会广泛关注；而农村老年人作为智能技术应用的弱势群体，其在智能时代的数字化生存困境尤其需要引起我们的关注和重视。信息科技的快速发展、互联网的普及以及大数据的广泛应用，使得人类社会步入了一直梦想的人工智能时代。人工智能时代，人类的生产和生活方式必将被重新定义和理解，数字化生存成为一个主要特征，人类的情感、行为、思考及表达都将被全面数字化。这无疑给人类当下境遇和未来命运带来严重挑战。面对挑战，必须适时作出"改变"或"转变"，否则将不可避免地"失去那个他生活于其中，并对其进行思考的世界"。① 农村老年人由于经济水平、受教育程度和自然老化带来的心理与认知改变等原因，往往很难适时地做出数字化生存的应对与改变，导致成为"信息贫困"的主要群体，产生了严重的"数字鸿沟"问题，这必将给农村老年人的幸福晚年生活带来重要影响，也会给国家和社会的可持续发展带来严重挑战，也不利于全面乡村振兴的实现。从我国的现实和未来发展来说，老年人的福祉已然成为国家和社会和谐安定的基石，关涉社会的可持续发展和"发展为了人民"的整体公平和正义。因此，面对愈演愈烈的农村老年人"数字鸿沟"问题，全社会应积极行动起来，采取各种措施，努力破解其数字化生存困境及发展难题，使农村老年人也能充分享受智能时代的技术红利，这无疑对正处于老龄化社会且老龄化进程明显加快的中国来说具有重要的时代意义和社会价值，体现了立足于人本视角对农村老年群体的生命关怀和价值重塑。农村老年教育作为终身教育的重要组成部分，是一种整体提升农村老年人生命质量和生

---

① 亚历山大·柯瓦雷. 从封闭世界到无限宇宙 [M]. 北京：北京大学出版社，2008：2.

命价值的实践活动；应积极回应时代的技术变革和老年人的现实生活"痛点"，引领农村老年人提升智能素养、弥合"数字鸿沟"，使农村老年人能够主动地拥抱数字化的生命样态，这无疑成为智能时代农村老年教育的价值向度。

一、数字化生存：智能时代人的基本存在样态

"数字化生存"（Being Digital）概念最早是由尼葛洛庞帝（Nicholas Negroponte）提出来的，源于他的《数字化生存》一书。在书中，他深刻而具有远见地指出，"计算不再只和计算机有关，它决定我们的生存"①。数字化生存是基于 0 – 1 数字系统建构出来的，是通过局域网站以互联的形式链接起来使分散在不同地域的人们形成既独立又串联、既接收又传输信息的网络化生存方式。② 这是人类在数字空间应用数字技术，以解决工作、生活和学习的全新生活场景，它是一种基于信息技术和互联网的"人—机—人"的生存模式，与传统的"人—人"生活场景和交互模式大相径庭，它打破了传统的时空观念，使人类活动超越物理时空局限，拓展出"实体＋虚拟"全新的实践场景，体现了线上线下融合、实体与虚拟同构的特点。随着人类进入 21 世纪，信息科学进一步大发展，第四次科技革命浪潮翻涌，大数据、人工智能、区块链等技术深度渗透到人们日常生活中的各种场景和各个层面，数字化生存俨然成为这个时代人类的一种基本生存样

---

①　尼葛洛庞帝. 数字化生存 [M]. 胡泳，等，译. 海南：海南出版社，1997：15.

②　宋海龙. 关于虚拟世界的哲学思考 [J]. 河南工程学院学报（社会科学版），2009（4）：65 – 67.

态。毋庸置疑，数字化的生存模式广泛而深刻地改变了人类的学习方式、工作方式、娱乐方式和交往模式，"人—机"深度融合已然发生，人类从来没有如此依赖机器，机器也从来没有这样像人。凡此境况，必然要求深处 21 世纪的我们，时刻反思自身的存在，并重新确立人与世界、人与环境、人与技术的关系。

文化人类学家卡西尔（Cassirer，E.）曾指出，每隔一段时间就会出现"人类自我认识的危机"①，背后其实是对人生存的焦虑，这种焦虑导源于"人的自我价值"的改变。卡西尔进一步追问："哪些备受珍视的自我价值决定了我们与其他生命形态和机器是截然不同的？在我们身上，哪些备受珍视的价值让我们获得了工作机会？"他相信，"无论我们作何回答，这些答案一定会随着技术的进步而逐渐发生改变"②。人工智能的突飞猛进也让物理学家泰格马克（Tegmark，M.）重新思索生命的未来，并对生命进行了重新定义。他把生命看作能够自我复制的一种信息处理系统，物理结构是其硬件，行为和"算法"是其软件，并且根据复杂程度，把生命的发展分成三个阶段③：一是生命 1.0 的生物阶段，这一阶段靠进化获得硬件和软件，是一个自然的生命演进过程；二是生命 2.0 的文化阶段，这一阶段除了靠进化获得硬件外，大部

---

① 恩斯特·卡西尔.人论［M］.上海：上海译文出版社，1985：3.

② 恩斯特·卡西尔.人论［M］.上海：上海译文出版社，1985：30.

③ 迈克斯·泰格马克.生命 3.0：人工智能时代人类的进化与重生［M］.杭州：浙江教育出版社，2018：37.

分软件是由自己设计的，表现为人的文化构造与人的进化交织互动的过程；三是生命3.0的科技阶段，这一阶段硬件和软件皆由人类自己设计，人类得以把控自我的命运。生命3.0阶段正是人工智能所引发的正在发生的事实。质言之，数字生命不可避免地成为智能时代的基本生命形态。"人—机"深度融合，导致人类与机器的界限和边界越来越模糊，人性也因此需要被重新理解和定义，而数字化生存能力毫无辩驳地成为智能时代的一种关键能力。数字化生存能力是以智能素养为媒介的人与自然、社会的相互作用能力，包括适应自然和改造自然的能力。① 它是应对智能时代高速信息化、数字化发展的一种核心素养，本质上是融智能化、数字化、高速化、便捷化、信息化于一体的智能模式。

二、"数字鸿沟"：农村老年人数字化生存的现实困境

有研究指出，数字化生存时代，边缘化和处境不利的人群更有可能被排除在智能时代敞开的大门之外，产生一种新的"数字鸿沟"。② 当前，我国农村老年群体就面临这样一种风险，第47次《中国互联网络发展状况统计报告》显示③，尽管近几年我国老年群体使用互联网的比例不断攀升，但截至2020年12月，60岁及以上老年群体仍是非网民的主要群

---

① 张立新，林文婷. 数字化生存能力概览：信息技术课程目标的提升 [J]. 现代教育技术，2012（2）：33 – 35.

② Hilbert, M. Big Data for Development：AReview of Promises and Challenges [J]. Development PolicyReview, 2016（1）：135 – 174.

③ 中国互联网络信息中心. CNNIC发布第47次《中国互联网络发展状况统计报告》[EB/OL].（2021 – 02 – 03）. http：//cnnic. cn/gywm/xwzx/rdxw/20172017_ 7084/202102/t20210203_ 71364. htm.

体，占非网民总体规模 4.16 亿的 46.0%，较全国同年龄段人口比例高出 27.9 个百分点。农村老年人由于互联网使用技术差、文化程度低和设备不足等原因，在非网民群体中占据更大比例。是否"触网"仅仅是第一道"数字鸿沟"，随着技术的发展深入渗透到生产、生活的各领域、各层级，将拓展到因信息技术使用和技能差异导致的第二道"数字鸿沟"，即从"物"的差异到"人"的差异。①

（一）"三沟"障碍并立：智能时代农村老年人面临的技术藩篱

智能时代最突出的特点是人机合一、数字化生存。农村老年人由于生理、心理、文化特征及社会经济等因素的共同作用，如视听觉等身体机能的衰退、文化心态上的保守和经验主义，这些都会直接影响其对现代科技的接纳与使用，再加上学习和记忆的困难也常常让老年人产生无力感和心理抗拒，致使对新技术、新事物、新应用、新变化不是很敏感，缺乏参与的兴趣，多方面因素共同作用使身处智能时代的农村老年人存在严重的被技术疏离的风险。如果放任这种状况发展，农村老年人可能会成为智能时代数字化生活的"弃儿"；具体而言，会面临数字化接入沟、使用沟和知识沟三大问题。接入沟指的是在电脑和网络的可及性及性能上表现出来的差距，主要由信息基础设施（电脑、手机、网络等）状况、经济实力和政府决策等决定；使用沟是指利用互联网络能力的差距，主要取决于技术界面的友好性和使用者的数

---

① 朱莎，杨浩，冯琳.国际"数字鸿沟"研究的现状、热点及前沿分析：兼论对教育信息化及教育均衡发展的启示 [J].远程教育杂志，2017（1）：82－93.

字技能；知识沟即指对数字信息的认知、加工和使用的水平差距，体现为运用数字技术的效率以及借此改变工作和生活的能力。"三沟"问题深刻地阐明了在数字化时代即便接触到相同的信息，也会由于经济、文化和技术上的不同致使用户获得知识的效率、数量和层级存在较大差异，从而最终导致获取的知识总量和知识效用也相去甚远。这三层数字鸿沟相互联系且层层递进，其中接入沟是基础，使用沟是过程，知识沟是结果。①

（二）数字资本不足：数字化生存背景下农村老年人的弱势处境

数字化时代，微信支付、支付宝日渐成为日常生活的最基本支付模式，淘宝、京东、拼多多等网上购物成为最主要的购物体验，短视频、网络影视、在线教学等成为娱乐与学习的重要形式。毫不夸张地说，一个全场景的数字化生存时代将一切的人和物都囊括其中，所有的对象都必须经过数字的中介、在数字化空间或者经由数字化呈现。经过数字化再造和演化后，生活的实体、实在被虚拟化、虚体化。质言之，数字时代塑造出人与人、人与物的虚体交往关系。布迪厄曾从场域理论出发，揭示了资本和习惯的深层关系，他认为惯习是在场域内由经济资本、文化资本、社会资本影响和不断互动转换而形成的较为稳定的动力倾向系统。按照其观点，场域内个体拥有的各种资本影响和塑造着惯习，而惯习一旦形成并趋于稳定后又制约着个体对各种资本的追求和主张，

---

① 黄晨熹. 老年数字鸿沟的现状、挑战及对策 [J]. 人民论坛，2020（29）：126–128.

最终形成位置间客观关系的一个网络或一个构型。① 应该说，布迪厄的场域理论对人的社会行为、社会表现及交往互动模式的深层构造和内在动力极富解释力。不过，随着技术的变革推动时代的快速蜕变致使生活虚拟化、网络化，布迪厄的场域理论需要补充和加入新的时代元素——经由数字化的网络虚拟场域——即虚体和虚拟场域。在数字化的虚体中，知识资本、文化资本和社会资本已然延展、幻化为数字资本，一般数据成为最主要的资本形式。② 于个体而言，智能时代拥有数字资本的多寡就决定着个体的生命和存在质量。正是在此背景下，数字资本成为农村老年人是否能融入数字化社会的关键因素，给农村老年人带来一种可能的全面生存困境。首先，农村老年人使用电脑、互联网、智能手机的意愿、程度和能力与年轻人相比存在显著的差异性，数字资本存在劣势；其次，农村老年人心理趋于保守，对新事物、新技术相对不是很敏感，习惯依靠老经验处理问题，这导致新技术知识更新较慢、数字资本拓展遇阻；最后，对于农村老年人而言，数字技术如果不参与到个体的社会实践中，就无法促进农村老年人的社会实践与数字资本提升的良性转换。整体来看，在数字化生存背景下，农村老年群体处于明显的弱势处境。

（三）智能技术教育缺位：农村老年人数字化生存能力发展迟滞

毫无疑问，智能技术教育是弥合农村老年人"数字鸿

---

① 皮埃尔·布迪厄，华康德. 实践与反思：反思社会学导引[M]. 北京：中央编译出版社，1998：397.

② 蓝江. 一般数据、虚体、数字资本：数字资本主义的三重逻辑[J]. 哲学研究，2018（3）：26-33.

沟"的有效途径，农村老年人可以通过学习了解当代信息技术发展的主要趋势、融入生活场景的主要特征及生产生活运用的主要路径，以便能及时跟上时代发展的步伐。美国作为老龄化先发国家，且信息化技术高度发达，近年来通过立法、政策引导和大力加强老年人的智能技术教育使老年人成为增长最快的互联网用户群体之一，信息技术能力逐年上升（Pew Research Center，2019）。新加坡通过推行"技能未来"（Skills Future）新计划解决老年人在智能时代被排斥的问题，取得了很好的效果。但相较而言，我国对农村老年人的智能技术教育是普遍缺位的。笔者调查发现，尽管部分社区农村老年教育机构开设电脑、网络和智能手机使用等方面的课程，但覆盖面很小，参与的农村老年人不多，且表现出严重的区域差异。CNNIC 每年发布的互联网研究报告也显示，我国互联网用户中，老年群体拥有智能设备的比例较中青年较少，且受教育程度较高的老年群体拥有智能设备的比例明显高于受教育程度较低的老年群体。多项研究表明，大部分农村老年人和受教育程度较低的群体对计算机和高科技产品有本能的畏惧和焦虑感，他们对使用计算机及其他高科技产品所带来的好处也充满怀疑和担心。此外，在智能技术运用方面，由于家庭互助和社会支持的缺失，农村老年人往往在融入智慧社会中困难重重。为致力于解决老年人的"数字鸿沟"问题，2020 年 11 月，国务院要求各地根据实际情况积极开展老年智能技术教育，并将加强老年人运用智能技术能力列为老年教育的重点内容。① 基于农村老年人的数字化生存困境的现状，农村老年教育要积极加强农村老年人的智能技术教育。

三、智能素养：农村老年教育的价值观照

何为智能素养？以往的研究，对智能素养的理解和定义差异较大，差异首先根源于对"智能"的理解是基于能力的角度还是技术的视角。从能力的角度，智能指人类智能，是人类智力和能力的总称；② 从技术的视角，智能多指人工智能（Artificial Intelligence，AI）。本研究对智能的理解采用一种融合的观点，并不专指人工智能，是指在人机协同背景下融合了人工智能的一种人类智能结构。从这一意义上说，智能素养是集智能知识、智能能力、智能思维、智能应用、智能情意与智能伦理为一体的多维复合结构体，是智能时代的一种关键能力和基本素质。③④ 具体到老年群体，指老年人适应数字化生存的一种核心素养和关键能力，是智能时代促进其"健康、参与、保障"积极老龄化的基本素质。

由于我国人口众多、幅员辽阔、地域多样的特点，我国

---

① 国务院办公厅．关于切实解决老年人运用智能技术困难实施方案的通知［EB/OL］．（2020 – 11 – 24）．http：//www. gov. cn/zhengce/content/2020 – 11/24/content_ 5563804. htm.

② 林崇德，杨治良，黄希庭．心理学大辞典［M］．上海：上海教育出版社，2003：1704.

③ 汪明．基于核心素养的学生智能素养构建及其培育［J］．当代教育科学，2018（2）：83 – 85.

④ 郑勤华，覃梦媛，李爽．人机协同时代智能素养的理论模型研究［J］．复旦教育论坛，2021（1）：52 – 59.

农村老年群体也呈现多层次、多样化和复杂性的特点，这就要求农村老年教育在观照和拓展农村老年人智能素养的时候要更有针对性和适切性，这样才能达到更好的教育效果。为了更深入地分析农村老年人智能素养培育问题，根据影响农村老年群体学习的两个关键要素"教育—经济"状况，笔者制作了一个分析象限，如图6-1所示。

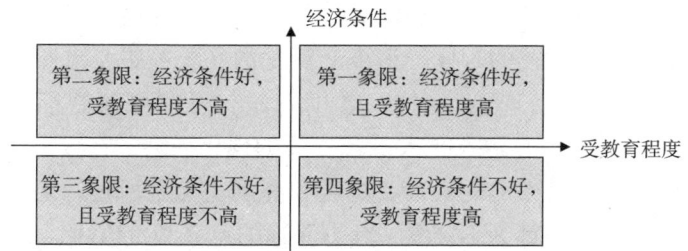

6-1 农村老年群体受教育程度—经济状况分布象限图

（一）四类农村老年群体智能素养培育的特点分析

无论对于老年人个体还是国家和社会的发展来说，积极老龄化都是处理老年问题的目标追求和价值主张。积极老龄化把老龄化过程视为积极的、振奋人心的生命自然延续的过程，倡导老年人以积极的心态健康生活、圆满自我、贡献社会。世界卫生组织（WHO）尤为强调，健康除了指身体机能良好，更关注人的心理、社会功能的完好状况。在此意义上，积极老龄化概念是一个多元化的指向，尤其指向老年人能持续参与社会、经济、精神和文化活动。"积极老龄化"观念的提出，最终目的是使老年人能有同样的机会来发展其独立的潜能，维持身心健康，持续参与社会，达到老有所为、老有所乐、老有所养的目的。而其中，"增加老年人独立自主，且高质量生活的可能性"作为实现老有所为、健康快乐的四大目标之一，凸显了积极老龄化以对老年人的尊重为出发点的理念。

人是时代的人，在时代中生存和发展，时代对人的限定、塑造、改变和影响无法规避；同时，人——不管是老人还是小孩——只有顺应时代的需要，在时代的发展中汲取营养才能更好地生存和发展。正是从这种意义上说，智能时代老年人的独立和高质量生活的可能性离不开信息技术素养和数字化生存能力的提升。智能时代是一个数字化生存的时代，是一个技术赋能的时代，积极老龄化的必要前提是老年人智能素养的提升。只有这样，老年人才有可能跨越智能时代的"数字鸿沟"，融入"人机合一"的现代社会，在数字化生存中拓展自己生命的长度、宽度和高度。综上所述，老年人智能素养的培育刻不容缓，具有深远的意义和价值。

我国农村老年群体的复杂性决定需要根据其多样性的特点来进行有针对性的智能素养培育。根据农村老年群体"教育—经济"状况分布象限图，可以分析不同农村老年群体对智能技术教育的需求。处于第一象限的农村老年群体拥有的经济条件和受教育程度都是最好的，其在数字信息接入、使用和知识理解上都不存在障碍，通过有目的的学习，智能技术运用能达到很好的水平，我们将其称为"优势型"智能素养农村老年群体；处于第二象限的农村老年群体拥有的经济条件较好，但是受教育程度不高，这类农村老年群体不存在接入沟的问题，但因其受教育水平较低，会有数字信息使用沟和知识沟的壁垒。因此，需要在农村老年教育中开发简单易理解的智能技术课程，且教学方式方法要深入浅出。这部分农村老年群体智能素养水平可能较"优势型"农村老年群体稍低，但有较大的提升空间，我们将其称为"潜在型"智能素养农村老年群体；处于第三象限的农村老年群体拥有的经济条件和受教育程度都较为低下，是接入沟、使用沟和知识沟"三沟"障碍的典型群体，经济、技术的藩篱把他们隔离于数字社会之外，其智能素养水平相对于其他象限的农村老年群体来说也可能是最低的，我们将其称为"劣势型"智能素养农村老年群体，需要政策和教育双向重点观照；处于第四象限的农村老年群体拥有的经济条件不好，但是其受教育程度较高，因此只要解决好接入沟问题，其在数字技能的使用和知识理解上的水平都能在针对性的学习后大幅提升。这部分农村老年群体的智能素养水平可能与"优势型"农村老年群体出入不大，需要通过政府政策或者农村老年教育等途径有针对性地帮助其将自身的文化资本转化为经济资本，通过技术赋能以使其能更好地在数字化时代生活，我们将其称为"赋能型"智能素养农村老年群体。需要明确的是，以上只是根据"教育—经济"状况对农村老年群体做一个类型化的分析，现实情况远比这个要复杂得多，应根据农村老年群体多样化的教育需求状况进行更有针对性的智能素养培育。

（二）农村老年教育助推农村老年人智能素养提升的逻辑

教育是人的一项基本权利，也是人能够获得发展的一个基础性条件。① 教育缺位无疑会严重影响老年人的生活质量和社会参与，从而既不利于农村老年人积极老龄化，也不利于国家和社会的可持续发展。当今智能时代，农村老年教育助推农村老年人智能素养提升具有理论、历史和时代三重逻辑属性。

---

① 郭中华. 质量提升视域下全球成人学习和教育的变革与发展 [J]. 中国职业技术教育，2021（9）：18－24.

从理论逻辑来说，农村老年教育作为农村老年智能素养提升的积极策略，能优化农村老年人的知识结构、提升其人力资本和社会的参与性，是智能时代提升农村老年人数字化生存能力、促进积极老龄化并提高生命质量的基源性问题。越来越多的研究显示，信息技术影响着老年人在教育、健康和其他社会服务上的获取便捷度和舒适度，对促进其高质量的老龄化有着积极作用。①

从历史逻辑来讲，我国人口多、底子薄，新中国成立后经济社会的发展一波三折，表现为在探索中曲折上升；党的十一届三中全会后，我国的国策从以阶级斗争为纲转移到以经济建设为中心的道路上来，经济才迎来持续稳定快速的发展阶段。我国教育的发展与国家经济社会发展总体上保持一致。正是由于我国经济社会发展的这种特殊历史性导致当前我国的老年人口受教育程度普遍较低，且呈现明显的区域、性别、城乡的结构性差异。此外，由于资源的限制和观念的影响，长期以来老年群体在教育中处于弱势边缘地位，人们将教育资源更多地投放到了"祖国的花朵""冉冉升起的太阳""未来之星"儿童身上，而把老年人比作"夕阳"，这必然导致老年教育相对而言处在不受社会重视的"隐蔽的角落"，农村老年教育更是如此。随着综合国力的提升以及时代的发展，加上我国已经步入老龄化社会且老龄化进程不断加快，随着乡村振兴战略的深入推进，近年来农村老年教育愈来愈受到党和政府的重视。

从时代逻辑来看，当前我国正在全面推进数字中国建设

---

① 高茜，许玲."互联网＋"时代美国老年教育服务供给模式探析［J］.中国职业技术教育，2020（33）：34－40.

和发展，不断完备信息基础设施，持续提升互联网普及率。也就是说，信息化和智能化将日益渗透到生产、生活和消费的各个领域、各种层面和各类场景，为人们提供更高效、更便捷、更丰富的信息和服务。但由于农村老年人的智能素养欠缺，他们不仅很难享受到技术发展的红利和网络化的便捷，反而出现"支付难、出行难、就医难、消费难、办事难"等生活困境。应对农村老年人的"数字鸿沟"问题，一方面，社会应对农村老年人更友好，政府、企事业单位在智能化的公共服务和产品投放上应更具人性化、体现包容性；另一方面，要积极通过教育来提升农村老年人的智能素养。

四、农村老年教育促进农村老年人智能素养提升的实践路径

（一）关键统筹：政府发展具有社会包容性的老年智能素养教育

政府应该发挥主导作用，发展具有社会包容性的老年智能素养教育，这种社会包容性不仅指技术上的包容性更需要社会心理上的包容性。[1] 国家和地方政府应做好顶层设计，第一，推进互联网应用适老化改造，同时积极引导市场生产物美价廉、适老化的智能终端产品，为农村老年人提供更优质的智能设备的可获得服务，弥合"接入沟"；第二，要加大对农村老年群体智能技术培训的政策扶持力度，促进农村老年群体智能技术"软知识"水平的提升；第三，要根据不

---

① 卜卫，任娟. 超越"数字鸿沟"：发展具有社会包容性的智能素养教育 [J]. 新闻与写作，2020（10）：30－38.

同农村老年群体的经济和受教育状况，制定更具个性化的支持政策和解决方案，"为老人折枝，是不为也，非不能也"；第四，鼓励社会组织和民间机构积极参与农村老年人的智能素养培育服务，坚持传统服务方式与网络化服务方式融合发展；第五，要聚焦农村老年人日常生活中高频事项和基础需求，有针对性地做细做好各项专题数字技能培训。另外，基于"全纳教育"思想和公平和谐理念，政府在统筹规划老年智能素养教育时，尤其要关注和保障弱势农村老年群体的学习权，不至于因为地域、性别、年龄、语言、疾病、残疾、职业等不利因素而影响或丧失基本的学习权。

（二）协同效应：多部门多途径促进农村老年教育资源共建共享

智能时代，人性和技术性已然深度融合。① 近年来，联合国一直大力倡导老年人要接触、参与和适应技术变革。但不可否认，与年轻人比，老年人在适应技术、组织和文化变革时面临更大的困难和"鸿沟"。因此，各类农村老年教育机构，包括老年大学、社区老年教育机构、老年远程教育机构等，应同心协力，针对农村老年人的学习特点、知识基础和个性需求，研发多样化、适切性的智能技术教育课程，切实、有效地帮助农村老年人提高运用智能技术的能力和水平。在教育方式上，可以采取线上线下融合的方式展开。当前，重点是在做好线下教学的同时要更积极拓展线上农村老年教育，发挥网络空间的作用，基于共同兴趣、爱好和愿景建立农村老年网络学习共同体，通过沟通、合作和对话获得不一

---

① 李政涛，罗艺. 智能时代的生命进化及其教育［J］. 教育研究，2019（11）：39–58.

样的生命体验，延展别样的情感共鸣。考虑到农村老年人大都居住在农村社区，需要大力构建农村社区网络化农村老年教育服务，可以根据本社区农村老年人群结构特点，开展在线教育服务，满足多样化的农村老年教育需求。不同社区之间可以形成社区群，彼此间实现资源共建共享，一方面促进农村老年人的知识进行多触角、多渠道延伸，另一方面可加强农村老年人彼此间的交流和沟通。

（三）后喻文化：家庭成员和青年学生助力老年代际学习

老年代际学习是终身学习的重要途径，也是国际老年教育的研究热点，它"旨在将人们聚焦在有意义、互惠互利的学习活动中，促进世代间的理解和尊重，并有助于建立更有凝聚力的社区"①。老年代际学习使老年人以求学者的身份自发、主动地向年青一代学习新事物、新观念、新技术、新思想和新方法，通过年青一代"反哺"老年人，从而达到老年人在知识、技术和观念上及时更新的效用，同时也能实现改进代际之间的包容、理解和尊重的目的。老年代际学习是一种典型的后喻文化，即由年青一代将知识文化传递给他们生活在世的前辈的过程。② 随着时代的发展，知识技术更新迭代的时间越来越短，社会处于剧烈的变动和发展之中，长辈向晚辈学习也愈将成为一种常态，尤其在当今数字化生存的

---

① Fisher T. Intergenerational Learning in Europe——Policies, Programmes, Practical Guidanc [R]. University of Erlangen – Nuremberg: Institute for Innovation in Learing, 2008: 5.

② 玛格丽特·米德. 文化与承诺 [M]. 周晓红，周怡，译. 石家庄：河北人民出版社，1987: 9.

智能时代，后喻文化的特征更为明显。而以家庭为单位的社会组织系统在推动家庭智能化的道路上无疑占据着重要优势。因此，应充分发挥家庭成员的作用，积极培育农村老年人的智能素养。家人的无私关爱与充分支持是农村老年人突破技术学习困难心理障碍并向信息化、数字化迈进的重要动力，家人最了解老年人的多向度的信息需求，是引导、帮助老年人了解、熟悉和学会智能设备操作的主体。此外，也要善于发挥农村老年人身边青年学生的作用，通过课外实践、社区服务和志愿者行动等方式，参与到协助身边农村老年人消除"数字鸿沟"、提升智能运用技术的实践中来，实现代际间的接续互动，有效地促进老年代际学习。

（四）技术赋能：拓展 ICT 在农村老年教育中的应用

信息和通信技术（Information and Communication Technology，ICT）的快速发展，使得整个社会逐渐被抛入数字世界并被其重塑。[①] 联合国教科文组织指出，"ICT 在获取各种学习机会、促进公平和包容方面蕴藏着巨大的潜力，为成人实现终身学习、减少对传统正规教育结构的依赖以及实现个性化学习提供了多种创新的可能性"[②]。ICT 在老年教育中的运用和深入发展，使得老年移动学习、在线学习、碎片化学习成为可能，通过移动设备、互联网络、社交媒体和在线课程，老年学习者可以获得在任何时间、任何地点接入学习的机会，

---

① Pena – López, I. Measuring digital development for policy – making：Models, stages, characteristics and causes ［D］. PHD Thesis：Universitat Oberta de Catalunya.

② 联合国教科文组织. 关于成人学习与教育的建议书 ［R］. 职业技术教育，2016（15）：77 – 78.

可以大范围地拓展老年学习的覆盖面，让老年学习者能及时获得所需要的学习资源，解决老年学习者因行动不便、居住区域偏远或者因照顾家庭等带来的人际隔离与疏远的问题。正如联合国 2002 年《马德里老龄问题国际行动计划》所强调，"技术可以用于建立人们之间的密切联系，从而帮助减轻边缘化、孤独感和不同年龄层之间的隔阂"①，而"人人可及"则是 ICT 在老年教育中运用的核心追求，它能最大限度地在信息实践中确立人的主体地位，不断挖掘和发挥人的生命潜能和创造精神，还给成人身体解放和精神自由。

（五）具身转向：身体实践促发农村老年人智能素养提升

从具身认知视角看，身体是智能素养实践的主体，"感知—行动"循环动态机制给予农村老年人建立技术、信息、环境与自我感知的关联，继而促成智能素养的养成。从根本上说，有效提升智能素养，关键在于农村老人本人的认知、自觉及主动。在生理上，老化是一个不可逆的身体机能——包括感知、记忆、思维、体力和精力等——不断退化的自然现象；但从心理上看，老化进程也是一个老年人自我主动选择的过程，衰老不是世界末日，仍然可以发光散热，积极老龄化需要农村老年人彰显主体价值，通过在自适应学习环境中的主动探索和交互实践来形成自己的学习方案，并且就此进行有效的学习，而不是主要通过外界强压或者逼迫来被动

---

① 董香君. 国际老年教育：演进逻辑、演进特征与价值向度：基于联合国老年教育文本的审视 [J]. 现代远距离教育，2020（1）：3 -10.

进行学习。① 农村老年群体在自主学习中，不仅要学习知识，还需要掌握学习方法，加强元认知技能的训练，具备使用知识并将其转化为技能的能力，使所学服务于自己更完满的生活，在重新认识自我中感受生命的活力。此外，农村老年人自身要有不惧困难的心态，敢于应对智能时代面临的各种问题，以实际行动弥合"数字鸿沟"。可采用结合生活情境进行网购、App 中生活服务功能应用、社交软件应用等多途径提升数字化生存能力。同时，农村老年人要敢于和善于向晚辈学习，以更开放的良好心态，积极向年青一代学习。

第五节　农村老年教育发展的个案研究

因地制宜，弘扬"越剧文化"，助推农村老年教育发展②
　　浙江省嵊州市甘霖镇是省级小城市培育试点镇和省级越剧小镇，素有"万年文化小黄山、千年古镇两头门、百年越剧诞生地"之美誉。悠久深厚、意蕴丰富的越剧文化，既是历史赋予甘霖的宝贵财富，也是甘霖开展农村老年教育的丰富资源。甘霖镇在发展农村老年教育的实践中，积极围绕"越剧文化"做好顶层设计，构造特色发展，推进地域文化与农村老年教育互动发展，实现了文化育人与乡村振兴文化建设的双重价值功能，为新时代农村老年教育的发展树立了典型。

---

　　① 李韧.自适应学习：人工智能时代的教育革命［M］.北京：清华大学出版社，2019：106.
　　② 蒋伟文，魏方才.弘扬"越剧文化"助推农村老年教育发展［J］.新农村，2020（12）：43－44.

（一）做好农村老年教育的顶层设计和明确项目实施方向

成立镇级指导中心，规划、指导、引领、服务本镇开展"越剧文化"助推农村老年教育的活动。在镇社区教育中心成立"越剧文化"建设办公室，负责课程建设和特色课程的调研和推广；负责"越剧文化"地方特色课程教材编写项目的实施；做好课堂实施与实践的研究。同时，保障农村老年教育特色课程逐步走向规范化、制度化。

明确项目实施方向，打造甘霖镇农村老年教育特色课程《越剧文化》。一是通过宣传教育，让居民了解甘霖"越剧文化"的内涵和特色，激发起热爱甘霖、热爱家乡的情感。二是让农村社区居民了解众多的人文古迹、深厚的历史文化，激发人们探究"越剧文化"的兴趣。三是让新居民了解甘霖"万年文化小黄山、千年古镇两头门、百年越剧诞生地"的历史文化古镇，了解甘霖的地域文化特色，增强对甘霖的认同感和荣誉感。

（二）围绕《越剧文化系列课程》的实践过程

（1）加强宣传，打响品牌。借助举办"甘霖越剧节"，建立越剧文化展览馆，开展"越剧知识"竞赛，举行"越剧之旅"旅游推介，提升甘霖镇的越剧知名度、越剧内涵，吸引广大居民积极参与，引导居民在参与中提高越剧文化素养。

（2）因地制宜，编写系列课程。制定《越剧文化系列课程》编写方案，把本土本乡、活色生香、能反映越剧文化的景、物、人、事作为第一手材料，去粗取精、删繁就简、去其糟粕、存其精华。

（3）精心组织，设计教学计划。从教材分析入手，针对不同人群设计教育培训的认知目标、情感目标、行为目标，以目标为导向，设计安排课时和教学重难点。

（4）坚持"三中心"，增强针对性、时效性。构建"以居民为中心，以活动为中心，以体验为中心"的现代教育"新中心"。探索课程教学与社会实践相结合的教育模式，开展"越剧之星""越剧家庭"等评选活动；举行"越剧论坛""越剧故事展播""越剧之镇、越剧之旅"活动；加强和规范越剧文化农村社区教育特色课程的建设和管理；组织镇、社区（村）实验工作的互相交流等。

（5）加强师资队伍建设。教师由在镇内德高望重的，对越剧文化有研究并取得造诣的以及有一定专业文化知识，热衷传统文化传承的专家、顾问、志愿者参与，组成一支规模适度、结构合理、素质优良、水平较高的教师团队。

（6）加强教学长效建设。在越剧文化农村社区教育特色课程教育教学中，运用课堂教学和现场观看相结合、讲解越剧文化和寻访越剧活动相结合、越剧文化史料和当今越剧故事相结合等多种方式，以增强观感，引发兴趣。

（7）及时评价总结。一方面，探究并积累为居民所接受，能激发居民学习热情的各类评价方式；另一方面，形成对居民在课程实施中发展情况以及教师课程实践能力的观察评价体系。邀请社区内的专家、学者、教师、学校管理者以及社区居民参与课程评价，保障农村社区教育地方特色课程评价的科学性。

（三）特色成效点评

（1）突出农村老年教育地位，多方合力抓工作。农村老年教育进文化礼堂。将村级文化礼堂建成优质农村老年教育场所，办好"家门口"的农村老年教育，让更多有学习能力和意愿的老人获得相应的学习机会。一方面，不断完善老年学堂办学条件，认真落实、完善各项规章制度，规范管理农村老年教育教学秩序；另一方面，积极配合相关部门、单位、社会团体参加各类活动，形成多方合力抓农村老年教育的机制和氛围，进一步提高农村老年教育的质量和效率。

（2）突出农村老年教育载体，多管齐下促正气。积极开展符合农村老年人需求的学习活动。开展丰富老人生活、增进老人健康的各种讲座和活动，满足老龄群体健康养生、手工园艺、传统文化、科学知识、时事政治、智能生活、防范诈骗、科学理财等多种学习需求，提高老人新思维和接受新观念的能力。同时，通过主动搭建文体展示平台和志愿服务载体，组织学员走进社区、走向社会，参加丰富多彩的社会活动，参与老年文化建设和服务社会，凝聚和发挥老年群体在助力新农村建设中的正能量。

（3）突出农村老年教育质量，齐头并进出风采。结合本镇和学校老年教育活动实际，及时丰富学习内容，不断调整教学结构和教学方法以及教学形式，以适应老年人学习和生活的需求。

（4）开展农村老年学习成果展示。依托村文化礼堂，面向社会展示农村老年教育的教学成果和学员的精神风貌，进一步增强老年学堂的凝聚力和吸引力，让更多的老年人成为老年教育的受益者。镇内 23 个村级文化礼堂通过嵊州的验收，并且每周周末均有活动，特别是遇到传统节日，均有大型活动开展，深受村民的欢迎。

第七章　乡村振兴视域下农村成人教育教师队伍建设

　　乡村振兴关系着亿万农民的福祉，关系着乡土文化的传承，也关系着国家现代化目标的实现。农村成人教育教师在提升农村人口素质、强化乡村振兴人才支撑方面发挥着不可或缺的重要作用，从某种程度上说，农村成人教育在乡村振兴中能发挥多大的作用关键在于农村成人教育教师。因此，构建一支高素质农村成人教育教师队伍是农村成人教育功能实现的重要保障，也是促进乡村人才振兴、人的振兴的重要前提。

第一节　农村成人教育教师队伍建设的必要性

　　乡村振兴战略的提出为农村成人教育教师队伍建设提供了新的发展机遇，乡村振兴战略的实施也迫切需要农村成人教育教师为其注入活力。加强农村成人教育教师队伍建设，有利于农村成人教育适应新时代中国乡村发展的要求，更好地服务中国农业、农村、农民的现代化发展。具体而言，乡村振兴视域下，加强农村成人教育教师队伍建设是非常必要的。

　　1. 能为乡村振兴提供智力支持

　　国之大计，教育为本，教育强则国家兴。教育大计，教师为本。习近平总书记指出："教师是立教之本，兴教之源。"乡村振兴离不开农村成人教育的智力支持，而农村成人教育的高质量离不开成人教育教师队伍的建设与发展。乡村振兴需要大量的人才支撑，人才的涌现需要教育的持续发力，农村成人教育应该作出自己的贡献。而无论是农村基层干部治理能力的提升、新型职业农民的培育、返乡农民工就业创业能力的培训、农村妇女职业能力的提升还是农村老年教育的发展等，都需要一支优秀的农村成人教育教师队伍为其提供智力保障。

2. 是教育公平的基本要求

教育公平，是公平的价值观念在教育领域里的具体体现，是社会公平的重要内容之一。"确保人人都享有平等的受教育的权利和义务"以及"提供相对平等的受教育的机会和条件"是教育公平最基本的两个方面。农村成人同儿童一样享有接受教育的基本权利，但由于历史、文化、经济和观念等多重因素的影响和制约，一直以来，农村成人在参与成人教育与学习方面处于劣势和不平等的地位。因此，在新时代新发展格局下，借由乡村振兴战略的推动，积极打造一支能力强、水平高且适应农村成人教育发展的教师队伍，是促进农村成人平等地享有受教育的权利、提升成人学习和教育参与率、促进教育公平的基本要求和必然选择。

3. 是防止贫困的迫切需要

农村贫困的根本原因是教育和人口素质的落后。而教育脱贫是农村贫困人口脱贫的重要路径。治贫先治愚，扶贫先启智，切断贫困代际传递的根源，根本靠教育，关键靠教师。积极推动农村成人教育教师队伍建设，发挥成人教育教师的引领示范作用，为农村成人教育提供智力支持，对帮助贫困家庭拔掉穷根，增加收入防止掉入贫困的"陷阱"具有十分重要的现实意义。

4. 是农村转型发展的现实需要

中华民族伟大复兴、"第二个百年奋斗目标"能否如期实现，归根结底要看农村的发展，关键在农村农业的现代化。围绕农村的建设与发展，国家先后出台了新农村建设、脱贫攻坚和乡村振兴三大战略，在此基础上，又提出城乡融合发展政策措施，可见，新时代新发展格局下，国家已然把农村农业摆在优先发展的战略高度。有学者认为，从教育帮扶的视角看，拖累农村稳健前行的困难和阻碍主要有：产业不兴，巩固脱贫成果缺乏实体支撑；人去村空，出现劳动力剩余的短缺；精英缺位，农村社区的凝聚力、动员力被削弱；村校凋敝、教育萎缩，乡村精神文化场域崩陷。① 为此，要促进农村高质量发展，各类教育应该及时跟进并大力拓展其在农村现代化进程中的功用，农村成人教育是农村富余劳动力向城镇和二、三产业转移就业、推进工业化进程、将人口压力转化为人力资源优势、服务产业转型的有效途径。② 同时，农村成人教育能有效提升农村成人的知识文化素质和精神文明品质，有利于"乡风文明"的建设。因此，应通过示范引领，加强农村成人教育教师队伍建设，提高农村成人学校的办学水平，积极提升农村成人的职业能力和精神面貌，把农村人力资源转化为人力资本和文化资本，从而实现农村面向

---

① 李期，胡俊生. 农村转型发展中高校的角色定位与责任担当 [J]. 甘肃社会科学，2019 (6)：49–57.

② 姜明房. 大力发展农村成人教育 主动服务乡村振兴战略 [J]. 中国农村教育，2018 (5)：18–19.

高质量的转型发展。

第二节　农村成人教育教师专业素质构成

加强农村成人教育教师队伍建设，需要先明晰农村成人教育教师专业素质构成，如此才能做到精准施策，起到事半功倍的效果。农村成人教育教师的专业素质主要是指，农村成人教育教师区别于其他类型教师的、完成农村成人教育教学与培训任务所必须具备的独特素质，它既具有一般教师素质的共同性要求，同时又要体现农村成人教育所需的独特性的素质要求。综合来看，农村成人教育教师专业素质由以下几个方面构成。

一、知识方面

（一）广博的农村生产生活知识

由于面对的教育对象主体是农民，农村成人教育教师首先要拥有广博的农村生产生活知识，这是其和农民进行沟通的基础。其次，需要具备一定的农村生活生产经验，这可以帮助农村成人教育教师根据农村和农民的实际状况开发适合农民学习的教材，从而为教学设计、教学安排提供更可行的方案。务实是农民所表现出来的突出特点，如果感受不到参加学习对自己有帮助、跟自己的生活有联系，他们就宁愿把这些时间花在田间地头。

（二）一定的法律和市场经营管理知识

掌握一定的法律和市场经营管理知识，对于非法律和经济专业的农村成人教育教师来说，可以在课堂之外在和农民的交往中，作为谈资从农村常见的民事纠纷等入手，教育农民使其知法守法，同时也可以为农民提供一定的市场信息，帮助农民脱贫致富。这样不仅有利于和农民进行顺利的沟通，还有助于农村成人教育教师展示个人魅力，得到农民的尊敬和爱戴。

（三）丰富的成人教育学和心理学知识

教育学和心理学知识是现代教师必备的基本专业知识。首先，对于农村成人教育教师来说，具备丰富的成人教育学和心理学知识，可以帮助其根据农民的学习心理、采用有效的方法对农民进行施教，根据农民学习的特点安排相应的教学计划。其次，具备丰富的成人教育学和心理学知识还可以使其帮助农民解决学习过程中遇到的各种心理问题，能和农民进行深层次的沟通及有效地鼓励农民积极学习，培育农民的自主性意识和积极的心理品质。

二、能力方面

（一）特殊的教育教学能力

首先，由于大部分农村地区教学条件差，教学设备简陋，尤其是农村成人教育这一领域，有的地方甚至没有专门的教学地点，只是根据需要临时借用其他单位的地方，教学设备和仪器更是极其简陋。在这样的条件下，要求农村成人教育教师能根据实际状况，尽量做到不受现实条件的限制，创新教学手段和方法，达到较理想的教学效果。其次，由于参加学习的农民群体的教育背景和年龄差异等因素会造成他们的理解能力、学习接受能力的不同，因此，在教学过程中更要注重因材施教，在必要时还需用方言进行教学以便于农民对知识的理解和掌握。最后，对农民进行技术培训的农村成人教育教师，在教学过程中要注重理论与实践相结合，做到用通俗易懂的语言、直观生动的教学方法讲解理论，结合当地实际状况开展与理论相应的实践活动，边学边用，使农民看到实实在在的学习效果。

（二）合作交往能力

农村成人教育教师除了要进行教育教学工作之外，组织和管理等工作也需他们同时承担。因为大部分农村成人教育教师不仅是老师，同时也是管理者和组织者。这就需要他们不仅会处理教学过程中遇到的各种问题，还要具备处理与上级之间、与村干部之间存在的各种问题的能力。因此，较强的合作和交往能力对于农村成人教育教师来说是保障其教学顺利进行的必备条件。

（三）自我调适能力

自我调适能力是指在面对挫折和困难时表现出来的调节自身状态、适应和消化现实、保持良好心理的能力。从事任何工作都不可避免地会遇到压力和挫折，工作者就需具备一定的自我调适能力。对于农村成人教育教师来说，农村生活条件的艰苦、工作环境和学习环境的艰苦、工资待遇的微薄、农村对成人教育的不重视、农民学习积极性不高等所有摆在眼前的现实情况，无一不对他们的工作热情产生影响和打击。面对这种状况，如何继续保持高度的工作积极性，如何处理理想和现实的各种冲突，如何减轻自己的心理压力等，都需要农村成人教育教师具备较强的自我调适能力。

三、情意方面

教师的专业情意是教师个体对自我从事教育教学工作的感受、接纳和肯定的心理，即教师对教育事业的理解、对职业道德和行为规范的认同、对工作群体的向心力与奉献精神等。农村成人教育教师在专业情意方面包括以下内容。

（一）坚定的专业理想和高尚的专业情操

教师的专业理想是教师成为一个成熟的教育教学专业工作者的向往和追求，它为教师提供奋斗目标，是推动教师专业发展，并献身于教育工作的根本动力。合理的教师专业理想是建立在正确的教育观基础上的，要求教师不仅要有正确的学生观、教师观，还要有正确的学习观和知识观等。对于农村成人教育教师来说要做到正确地认识农民，充分地尊重农民，秉持为农民服务、为农村奉献的思想，踏实工作，坚持学习，立志成为农村成人教育的专家。教师的专业情操包括对教育功能和作用的深刻认识而产生的光荣感和使命感、对教师职业道德规范的认同而产生的责任感和义务感等。农村成人教育教师应该具备"坚定"的专业理想和"高尚"的专业情操，是因为农村成人教育教师工作任务的繁重、工资待遇的微薄、工作学习条件的艰苦等，是其他教师所不能比拟的。若没有对农村成人教育事业的坚定信念和追求，没有对所从事工作的责任感和使命感，将很难维持其对工作的积极性和献身农村成人教育事业的恒心。

（二）完美的专业性向和正确的专业自我

教师的专业性向是教师成功从事教学工作所应具备的人格特征，或者说适合教学工作的个性倾向，是适合教育工作的人格特征和成功从事教育工作的基本能力，是教师发展的心理素质基础。优秀的、创造力强的农村成人教育教师的人格特征应该包括：有奉献精神、有敏锐的洞察力和分析力、有自主性，性格耿直、坦率、不拘小节，诙谐、幽默等。农村成人教育教师若能充分展示人格魅力、树立自己的教师威信，教育教学工作将会事半功倍。正确的专业自我包括自我认识、自我体验和自我调控等方面。自我认识是指能够对专业知识、专业技能做出综合的评价，对专业的兴趣度、适应度做出合理的评价；自我体验是指农村成人教育教师在教育活动中体验到的价值感和幸福感；自我调控是指在教育教学活动进展中根据任务、情境和问题进行的自我调节、自我控制，以期使教育教学取得更好的效果。

第三节　发达国家成人教育教师专业化发展的经验

发达国家保障成人教育办学质量的重要举措就是成人教育教师专业化。成人教育教师专业化是指成人教育教师在其职业生涯发展过程中，依据成人教育相关理论，通过专业培训与主动学习，不断习得成人教育专业知识与技能，提升个人专业道德素质，发展成一名合格的成人教育专业工作者的成长过程。当前，在该方面具有较高水平的是欧美国家，这些国家的成人教育教师专业化程度带有鲜明的时代特点。

一、发达国家成人教育教师专业化的主要特色

欧美发达国家成人教育发展较早，且非常注重教师的专业化发展，对教师的专业能力有着非常严格的考核机制。同时，相关研究机构也不断加大对成人教育教师专业化发展的研究力度，并成立了专业化组织来为教师专业化发展提供完整化、专业化的指导。

（一）明确的成人教育教师资格标准

成人教师的专业化水平有赖于完整明确的资格标准。欧

311

洲有些国家对教师资格问题进行了明确的规定，其中不但要求初入职以及现在职的教师要进行相关资格的考核，而且对这些教师的各阶段资格考核进行规范化管理。在这些国家，对该方面教师资格认证需要经过以下三个阶段。一是进行基础概括性知识的学习。该阶段为相关人员以后从事教育工作的思想适应阶段，考核级别一般。二是主要完成针对部分教学证书的获得，从而拥有全职性的教师资格，这个阶段的考核级别同样属于普通级。三是相关人员对相应证书的获得阶段。经过这个阶段的学习和合格考核，相关人员可以获得相应的职业证书。该阶段属于高级考核阶段。以上各阶段虽然要求各异，却有着逐渐升级的关联。在这些国家中，相关的组织对标准化、教育标准进行了详细的规范，即相关人员不但需要具备较为全面的专业知识和教学技能，而且应具有文化方面的素质。在每个阶段，相关人员都要经过相关的专业知识考核，同时要求其教学技能不断提高。实际上，由于近年来这些国家通过对成人教师在该方面的培养，使其成人专业教师不论在相关的教学技能以及文化知识方面，还是在实战经验的成熟度方面都走在世界的前列。

（二）丰富的成人教育教师专业化理论成果

众所周知，理论是实践的先导，成人教育教师要走向专业化，就需要有科学丰富的成人教育教师专业化理论来做指导。尽管西方发达国家在成人教育教师如何实现专业化的问题上一直存有异议，但在促进成人教育教师专业化的过程中，十分看重相关理论的研究工作。美国"成人教育之父"诺尔斯曾指出，成人教育教师既要是教育通才，也要是成人教育专才。德国成人教育研究者梯特金斯认为，专业的成人教育工作者要同时具有科学的理论和相关职业经验，可以从事教育、辅导、研究等工作。德国成人教育研究人员德威、弗兰克、乌格提出，专业的成人教育工作者应该掌握成人教育理论，内容上不仅指简易的知识、古典的教育、规范的理论等，更多是实际生活中与科学之间产生的系统的与行为的理论。在成人教育教师专业化发展上，"英国研究成果众多，拥有着雄厚的理论积淀。相关书籍著作有《成人教育和继续教育社会学》《成人教育和终身学习：理论与实践》《成人和继续教育中的指导和咨询》《大不列颠成人教育史》等等"①。发达国家丰富科学的理论研究成果为其成人教师教育的专业化实践探索指明了方向，且带来了满意的成果。

（三）成人教育专业组织的建立

建立专业组织无论对实现成人教师专业化还是推进成人教育的发展都具有积极的意义。美国的相关组织，如成人教育教授委员会、成人与继续教育协会等，既有国际性的以及全国性的，也有地方性的。世界上著名的老人寄宿学院就是国际性的成人专业教育组织。此组织成立于20世纪末，创办的先驱是一批工商行业的领导层人物。到现在为止，该类组织已经遍布世界各地，而且其存在的形式又各不相同，却普遍被其他机构和团体认可。通过这些专业组织的建立以及发展，成功地完成了成人教育专业化的研发工作，同时又对研发成果的转化发挥了积极的作用。这些组织的主要职责是将研发成果用于实际中，同时帮助成人教师进行教师专业化的发展。如需要进行专业化进修的成人教师利用在相关专业性组织以及团体的培训，也可以通过对相关组织的专业化资料

---

① 冯红霞，崔丹. 英国成人教育教师专业化发展的特色与启示[J]. 中国成人教育，2016（23）：120－123.

的学习，从而达到快速、全面的学习效果。

（四）多元化的成人教育教师培训

欧美一些国家非常重视成人教师的继续教育培训。这一点可从两方面表现出来：其一，政府提供财政方面的支持和保障。欧美国家政府在该方面投入了巨大的财力和物力，从而使得欧美国家的成人教师继续教育得到大力发展，教师专业化迅速实现。其二，对培训活动高度重视。相关组织在成人教师培训方面已经形成了完整的体系，如对初入职的成人教师实行岗前培训制度，而对在职的成人教师的继续深造也具有相应的保障措施。成人教师教育在实现专业化的过程中有着多样化的需求，而多样化的需求就需要多元的培训机构。国外发达国家非常重视教师教育培训机构的建设，以此来加强对教师教育的专业化培训。发达国家主要是通过鼓励社会各方主体参与教师专业化培养，来保障成人教育教师的专业化水平。参与教师专业化培养的机构除了负责成人教育工作的综合性大学及高等院校，还有独立的国家及地方教师教育培训组织等。欧美发达国家非常关注成人教师的继续教育培训。很早以前，很多欧美国家就意识到，在变化如此迅速的世界，教师与其他相关从职人员也要接受迅速变化的事实，即便是入职培训也难以长久满足他们的职业所需，他们必须不断更新并提升自己的知识与技能。英国为促进成人教师的专业化发展，构建了多元的培训机构来帮助受教育者提升学习水平，主要包括高等院校、教师训练局、专业组织和虚拟教师教育中心。比如，在高等院校，主要是通过如下途径培养成人教育工作者：设置成人教师教育专业，学生通过获得研究生课程的学分获取成人教育硕士或博士学位；课程内容广泛，并为程度不同的成人教育工作者开设进修班；不定期与地方教育局、相关志愿组织开展合作，根据具体情况制订并实施灵活多变的成人教师教育培训方案。

二、个案探究：英国成人教育教师资格制度概要[①]

英国基于成人教育教师与普通教育教师的差异性，根据成人教育的特性，建立了专门针对成人教育教师的资格制度。成人教育教师资格是指在从事成人教育教学工作的教师应达到的基本条件和要求。成人教育教师资格制度规定了成人教育教师资格适用范围、教师资格的认定和教师资格的管理。英国成人教育教师资格制度是指在广泛的成人教育领域，通过学分资格框架和相关认证程序结合实施的资格证书体系，是建立在学分资格框架上的资格准入制度，是在英国成人教育法律保障下实施的职业许可制度。成人教育教师资格制度能有效促进成人教育专业化水平和能力，英国提升成人教育专业化水平和能力主要通过成人教育教师资格制度达成，使成人教育工作者在进入成人教育领域之前就能获得相关的知识、理论、基本技能和关键素养。英国成人教育教师资格制度在21世纪初建立，通过20年的发展，迄今已成为较为成熟的制度，对成人教育专业化水平的提升起到了重要的作用，推动了英国成人教育的不断发展。

（一）英国成人教育教师资格制度的发展历程

英国的成人教育发展较早，最初带有宗教性质，教师由神职人员担任。随着经济的发展、社会的进步，英国的成人教育得到了大力发展，越来越受到国家的重视和积极扶持，

---

① 曾舒婷．英国成人教育教师资格制度研究［D］．四川师范大学，2019.

因而成人教育师资问题也得到积极关注。1975 年英国教师培训和咨询委员会分委会针对师资培训，指出成人教育教师在任职后仍需继续学习，并获得"扩充教育证书"，由规定的几所学院提供相应学习课程。① 1979 年英国在关于成人教育新方向的会议工作文件中再次强调要提高在职工作人员的专业水平。随着人们对成人教育认识水平的提高，教师的培训受到重视，人们进一步提出成人教育教师除了性格、品德方面的要求，还应具备高水平的专业知识和教学经验。上述相关文件对教师提出的具体要求，就是对成人教育教师资格的最初讨论。1990 年，英国建立培训和发展领导机构，重视教师的技能，制定相应的培训和发展标准。1991 年，英国发布《21 世纪的教育与训练》，报告指出要建立更好的继续教育学院，要求教师提供高质量的教学服务。一些地区建立了教师训练局，开展教师培训。1997 年，英国加强对继续教育的监督和管理，旨在推动继续教育领域的专业化发展，并对继续教育领域师资进行大规模改革，其中包括教师的资格认证、规范培训、在职发展教育等，以此提升继续教育教师的专业性。1998 年，英国教育与就业部发布了《学习化时代》(*The Learning Age*)，要求继续教育教师在任职的两年内获得职前教师培训资格，这是英国首次从国家层面提出继续教育领域的教师应该具备专业的教师资格。1999 年，英国就业与技能部建立了专门管理继续教育教师资格的继续教育国家培训组织，负责制订关于继续教育领域工作人员的发展计划和教师所应具备的资格标准。同年，继续教育基金委员会发布《继

---

① 唐阙勇. 国际成人教育师资建设历史沿革 [J]. 江苏技术师范学院学报（职教通讯），2009（2）：36 – 39.

续教育专业化发展》，指出教师的专业化水平还需要进一步提升。

进入 21 世纪，英国在继续教育领域改革过程当中，制定了一系列继续教育教师资格条例，从而使成人教育教师的专业资格逐渐走向制度化。2001 年英国议会颁布了《2001 年继续教育教师资格条例（英格兰）》（*The Further Education Teachers' Qualifications*（*England*）*Regulations* 2001），该条例规定从 2001 年 9 月起，新任命的全职和兼职继续教育教师必须在规定的期限内获得继续教育教学资格：教育证书或者教育大臣（政府中部长级官员）认可的教师资格，或者在之前取得了《1999 年教育（教师资格和健康标准）（英国）条例》（a）款第 10 条规定的合格教师资格。英国通过出台《2001 年继续教育教师资格条例（英格兰）》，首次对继续教育教师提出较为规范的要求，使得继续教育教师具备教学资格成为法定要求，标志着英国成人教育教师资格制度的建立。英国成人教育教师资格制度建立后，随着时代的发展和继续教育实践的拓展，在 2007 年、2012 年和 2013 年进行了较大的修订和完善，最后由学习与技能改进处（Learning and Skills Improvement Service，LSIS）负责开发新的基于共同资格和学分框架的资格证书体系。2013 年，LSIS 发布《英格兰继续教育与技能领域教学与培训资格认证（2013）》。该方案在英国成人教育、继续教育相关法律的保障下实施，以终身学习作为指导思想，遵循教师专业发展原则，是 LSIS 和颁证机构广泛商讨的结果，以不同的层级对教师提出要求。

（二）英国现行成人教育教师资格制度的内涵与特点

1. 内涵

英国成人教育教师资格制度以终身学习为指导思想，通过教育与培训帮助成人教育教师提升自己的专业性，找到合适的专业发展途径，对教师进行职业生涯规划。英国的成人教育教师资格制度从专业知识、技能、实践教学能力、专业精神等方面对教师提出不同层级的要求，教师只有不断学习和充实自己，才能达到相应的资格水平。分级是终身学习的需要，激发教师不断适应教育的变化，教师资格认证的过程充分贯彻终身学习的理念。下面从适用范围、资格条件和资格认证来简要介绍英国成人教育教师资格制度的内涵。

（1）适用范围。在英国，"继续教育"和"成人教育"是一个经常混用的概念。现行成人教育教师资格制度涵盖了多个领域不同级别的教师，比如成人教育领域、继续教育领域和终身学习领域，从教育和培训出发突显教师的专业精神。制度的内容对教师的资格要求较为多元化，灵活性更强，适用于所有从事成人教育教学工作的教师群体。这些教师广泛就职于继续教育学院、高等教育机构、独立培训机构、社区教育中心等机构。现行制度可以满足不同成人教育教师群体资格认证的需要，既有针对刚入职没有教学经验的教师的教学资格，也有帮助在职教师开发专业教学经验的教学资格，还有进一步促进教师拓展教学角色，实现长远发展的教学资格。

（2）资格条件。英国现行成人教育教师资格制度是基于新的学分资格框架建立的资格证书体系，资格相关的培训规模根据教师参与初始培训或参与持续专业发展有所不同。现行成人教育教师资格制度分为专家资格和通用教学资格，通用教学资格适用面最广，这里主要介绍通用教学资格。通用教学资格主要包括教育与培训三级认证、教育与培训四级证书、教育与培训五级文凭三个层次。教育与培训三级认证是一项基于基础知识的资格认证，属于入门教学资格，主要发展与规划、评估和评价与个人和学习者群体的包容性教学有关的知识和技能，最低要求是具备参加微教学的经历，包含21个学分。这一资格主要适用于有很少或没有经验的教师的教学或培训，以及考虑或希望在该领域教书或培训的新任教师。教育与培训四级证书适用于具备教学或培训经验的教师，以及有可能在这一级别学习的人，主要重视教师的教学实践经验。资格内容包括教师的角色理解、学习者需求分析、教学与培训、评估学习者和运用教学资源，侧重于学科和职业知识及其在教学和培训中的应用，包含了36个学分，有一定的选修学分。教育与培训五级文凭是业界公认的全面教学资格。该级别反映了教师教学责任所需的重要知识、技能和高水平能力，内容包含教学的规划实施、教育与培训的理论原则、教育当中的专业价值等，除了实践教学，还需探索有效教学和学习的理论基础、框架和研究，包含了120个学分。五级文凭适用于承担广泛教学或培训责任的教师。以上三个层次的教师资格不存在顺次性，每个资格都允许直接进入。现行资格制度还包括教育与培训七级文凭，七级文凭是根据五级的规格发展而来，主要满足在继续教育或者高等教育上有更高追求教师的需要，能够提升那些渴望在继续教育中达到最高专业水平教师的能力，培养学习和教学领导方面的先进实践技能，不过，这一资格审查需要非常长的时间。

（3）资格认证。英国现行成人教育教师资格制度通过规范资格条件，建立培训机构，为成人教育教师提供培训，保障教师能够得到资格认证。英国中央教育部门为现行成人教育教师资格制度提供总体方针和指导原则，地方政府部门和颁证机构负责资格认证工作，形成"中央教育部门—地方教育当局—具体教育机构"的三级管理体系。现行成人教育教师资格制度由 LSIS 牵头，虽然 LSIS 不是资格审查的正式组成部分，但它负责审议教师资格认证工作的进行、评估和承认问题。成人教育教师只有通过申请资格认证，完成培训课程，累积到相应的学分，通过认证，才能获得相应教学资格。

2. 特点

总体来看，英国现行的成人教育教师资格制度具有以下明显的特点。

（1）权威性。通过制定一系列的法律、法案来保障实施。英国自 21 世纪以来颁布了一系列与成人教育、继续教育相关的法案，比如《继续教育法案》《继续教育与高等教育法案》《教师工资待遇法》《英格兰及威尔士职前教师培训标准》《为未来武装我们的教师：改革继续教育领域的职前教师培训》等，从法律的角度肯定了成人教育在英国的地位和功能，规定了相关部门机构在成人教育领域中的职责，并对教师配备、职务、专业资格和标准做出规定，通过法律的权威保障成人教育教师的专业化发展，确保成人教育教师能够得到权威的资格认证。

（2）规范性。在英国成人教育教师资格制度当中，资格认证机构职责分明，从中央到地方，各自负责成人教育领域相关事宜，英国中央教育部门负责制定、管理、监督和规范制度的工作，进行强有力的指导和调控。具体的资格认证由地方教育部门和相关机构联合实施，使得认证机构设置较为规范。英国通过政府部门和社会机构的参与出台政策制度，进一步规范教师的入职标准。实施资格认证工作的颁证机构虽然数量较多，但是这些机构对教师的认证和考核十分严格，并由英国教育标准办公室进行监督管理，从而使得认证程序较为规范，让成人教育教师资格制度真正发挥作用。

（3）可操作性。英国将学分资格框架运用到教师资格制度当中，以学分为基础来设计课程，将成人教育教师视为学习者，对教师的学习内容进行认定，衡量教师的学习水平和能力，并对教师学习课程进行学分累积和认证，最终授予资格。实践教学环节是成人教育教师资格制度认证的条件之一，不同层级水平要求的时间量不一样，但都是每个层级的主要内容。因此，现行的成人教育教师资格制度中，将每个层级的实践教学环节以时间量和次数做出规定，具有可操作性。

（4）激励性。现行制度的实施对教师、成人教育领域以及英国社会都产生了积极的影响。制度当中的非嵌套式的资格具备足够的灵活性，充分体现了继续教育部门在终身学习实践的过程中尊重个人的多样性，推动教师专业实践。英国教育部门对于成人教育教师有着更多的职业认同，激励更多人进入成人教育领域。同时教育部门将成人教育教师资格制度作为成人教育管理制度的内容之一，为各种成人教育机构聘用教师提供参考意见。

（三）英国成人教育教师资格制度对成人教育教师专业化发展的意义

英国的成人教育教师资格制度得到了政府部门和社会机构的支持，体现国家对成人教育教师的重视，社会对成人教育教师的认可，证明了成人教育教师存在的意义和实现专业化的必要性。英国成人教育教师资格制度要求成人教育教师参与培训课程，累积相应学分获得教学资格认证，考察了成人教育教师的专业水平、教学实践、职业能力等方面内容，明确了成人教育教师职业身份，激发教师的学习积极性，使得成人教育教师专业化水平不断提升。英国对成人教育教师的资格认证不是通过一次考试，而是贯穿了教师的整个发展过程，这大大有利于提升成人教育教师专业化水平，促进英国成人教育高质量发展。

第四节 我国农村成人教育教师队伍建设的困境与突破路径

一、农村成人教育教师队伍建设的困境

乡村振兴需要得到农村成人教育的大力支持，也对农村成人教育提出了更高的要求，而只有大力加强农村成人教育教师队伍建设才能有效提升农村成人教育的质量。从目前来看，我国农村成人教育教师队伍建设面临着地方政府的支持和保障缺失、教师流动以单向度往城市流动为主、教师学历结构重心偏低、教师发展的外部动力不足、教师专业化水平较低等诸多挑战①，这严重制约着农村成人教育的高质量发展。

（一）地方政府的支持和保障缺失

基于农村成人教育在乡村振兴中的重要作用，大力加强农村成人教育教师队伍建设理应成为地方政府的一项重要工作，但是在实际操作过程中，地方政府经常出现职能缺位的情况。主要体现在以下几个方面：首先，农村成人教育教师队伍建设未得到当地政府的有效关注，当地政府对农村教育的政策及保障支持更注重基础教育，相对忽视成人教育的发

---

① 侯新颖. 乡村振兴视阈下农村成人教育教师队伍建设研究[J]. 当代继续教育，2019（2）：64–68.

展，从而使农村成人教育教师队伍的建设也被边缘化。其次，农村成人教育教师的待遇得不到有效保障，一些地区甚至会出现拖薪欠薪的现象，严重影响和制约着农村成人教育教师队伍的建设。

（二）教师流动以单向度往城市流动为主

农村成人教育教师的流动以单向度往城市流动为主。经济基础的差异是造成城乡成人教育发展不均衡的主要因素，也是造成农村成人教育教师流动的关键因素。现阶段我国城乡二元经济特征依然突出，与城市相比较，农村地区经济落后，而我国又正处在从乡村社会向城镇社会的转型时期，这种转型的主要标志之一就是社会流动的加快，从而造成一些教师从农村流向城市：一方面，因为工作待遇难以落实，社会地位又不高，为了寻求更好的生活往城市位移；另一方面，农村文化相对落后，而教师作为先进文化的代表较难融入当地文化生活，为了追求较高层次的自我发展需要，流向城市。此外，农村成人教育教师在福利待遇如社会保障、住房津贴、职后培训等方面都与城市教师存在较大差距，这也导致大量教师流入城市。大量教师单向度往城市流动，使本来数量就不足的农村成人教育教师更加紧缺。

（三）教师学历结构重心偏低

在成人教育师资的配置上，我国各地普遍采用"专兼结合"方式，这有利于拓宽成人教育的师资来源，既能弥补成人教育师资的不足又能吸收实践中的"土专家""真能人"。这种"专兼结合"的师资模式在农村成人教育中更加普遍，因此，对于农村成人教育教师来说，学历也许不是最具决定性的因素，具备"专长""专才"更为重要。但是换一个角度而言，如果农村成人教育师资队伍的学历结构长期重心偏低的话，一方面不利于提升农村成人教育教师的社会影响力，另一方面也会导致其学习能力的不足，从而影响农村成人教育的总体质量。有调查显示，在农村成人教育专任教师中，持有专科及专科以下学历的教师占相当大的比例，获得硕士研究生及以上学历的教师数量少之又少。而在兼职教师中，有很大一部分教师学历同样也普遍偏低。学历重心偏低导致成人教师课程开发的能力明显不足，而且往往不能根据农民学生的特点安排适当的实践性课程。①

（四）教师发展的外部动力不足

外部动力是存在于教师自身专业发展之外的动力因素，它通过引导、激励等方式推动教师的专业发展。当前来看，农村成人教育教师发展的外部推动不到位，从而影响整个农村成人教育教师队伍的发展，主要表现为以下三个方面：第一，农村信息较为滞后，农村成人教育教师在与外界的信息沟通上较为不方便，导致很大一部分教师不能及时更新自己的知识结构。第二，成人学校对教师的专业发展不够重视，缺少对教师专业发展的支持与引导。第三，师资评价机制不合理，没有针对成人教育教师的评价标准，直接套用基础教育教师的评价标准，评价流于形式。

（五）教师专业化水平较低

教师专业化最基本的含义，是指教师群体或个体适应教师职业特性和要求，培养自身职业素质与能力的状况与进

---

① 李岚. 新农村建设视野下我国农村成人教育的问题与对策分析［J］. 中国成人教育，2016（21）：158－160.

程。[①] 教师专业化主要涵盖两方面内容：一是教师个体的专业化，即教师个体通过可持续的专业发展，从新手逐渐成长为成熟教师的过程；二是教师群体的专业化，即教师群体从非专业化职业向专业化职业进步的过程。教师专业化的目标就是使教师的职业素养和职业能力贯穿于教师的整个职业生涯。基于农村成人教育教师的现状而言，从个体看，大部分教师对专业发展认识不足，缺乏自身专业发展的内部动力和终身学习的意识，不求进取，改变较少；从教师群体来说，缺乏成人教育教师资格认证制度及专业标准，严重阻碍了教师的专业化发展。

二、农村成人教育教师队伍建设的突破路径

在乡村振兴的伟大实践中，农村成人教育能否发挥作用以及能发挥多大的作用，关键取决于农村成人教育教师的专业化水平和综合素养的高低。基于此，应充分认识到建设一支高素质农村成人教育教师队伍的重要性和迫切性。当前，在全面乡村振兴的大背景下，应积极走出农村成人教育教师队伍建设的困境，积极作为，统筹安排，力图全面提升农村成人教育教师专业化水平和综合素养。

（一）在思想认识上，要高度重视教师队伍建设

农村成人教育工作是提高农村成人科学文化素质的基础工程，是农村经济社会发展的重要力量。而推进农村成人教育高质量发展，必须依靠一支高素质的农村成人教育教师队伍。可以说，农村成人教育教师队伍建设问题意义深远，它

---

① 李金奇. 对教师职业属性和教师素质结构的再认识：基于教师专业化的视角 [J]. 高等教育研究，2012（3）：48 - 53.

关系着农村精神文明的建设，关系着农村现代化的推进和乡村的全面振兴。因此，必须在思想认识上高度重视农村成人教育教师队伍建设。首先，地方政府应做到"眼中有成教、心里有教师"，高度重视农村成人教育教师队伍建设中出现的问题，因势利导，积极作为。其次，可由地方政府出面，积极引导公共企事业单位、各类非政府组织（NGO）和慈善机构、社会各界人士等多方面的参与和支持，通过设立针对农村成人教育教师的专项经费，强化资金扶持。再次，应出台相关地方政策法规，提高农村成人教育教师的福利待遇，实施特殊津贴制度，鼓励广大农村成人教育教师扎根农村，服务乡村的发展。

（二）采取有效措施，积极引导教师合理流动

破解农村成人教育教师单向度的流动问题，需要有创新思维，采取有效措施。第一，在薪资待遇上应继续加大对农村地区教师的倾斜力度，尤其是对中西部边远落后地区农村应有更多的扶持政策，在评先评优、职称评定方面优先考虑扎根农村的一线教师。第二，出台相关政策，积极引导城市的优质教师资源向农村成人教育领域流动，加大城市对农村成人教育的支持。此外，也应支持农村成人教育教师在农村间的合理流动。这样，既能保障农村成人教育教师队伍的总体稳定，也能通过教师的合理流动带来发展的活力和知识的增值。第三，在教师编制上要给予农村成人教育更大的支持。近年来，在乡村振兴的全面推进中，乡村教育受到政府和社会各界的极大重视，但是相比较而言，这种重视的目光更多的是投向学前教育、基础教育，对于农村成人教育则关照较少。乡村振兴，各类农村教育类型都不能少，都能作出自己的贡献。考虑到当前农村成人教育的困境现状和功能作用，

政府应该给予农村成人教育更大的支持，可以适当扩充农村成人教师编制数量。第四，要提高农村成人教育教师的社会地位。按照马斯洛的需求层次理论，尊重与自我实现的需要才是一个人获得归属感与幸福感的不竭动力。因此，可以通过形式多样的宣传活动，让人们对农村成人教育教师群体有更多的了解，树立典型形象，给予教师更多的尊重，让教师获得满足感、幸福感，从而愿意扎根农村。第五，还可以通过引进更多愿意到农村奋斗的优秀大学毕业生，特别是农业院校的毕业生，加入农村成人教育教师队伍，使他们成为农村成人教育发展的中坚力量。

（三）加大教师继续教育培训的力度

农村成人教育教师学历结构重心偏低是一个不争的事实，短期内解决这一问题行之有效的办法是引进高层次、高学历人才。但是，如何吸引这部分人才来到农村创业并且愿意留在农村，这又是一个值得深思且短期较难解决的问题，这里暂且不做讨论。当前，解决农村成人教育教师学历结构重心偏低带来的教育教学质量问题，比较有效的途径是盘活存量——从农村成人学校的教师继续教育培训入手，通过逐步提高这部分教师的知识技能水平，使之能够达到一个较高的教育教学水准。第一，在培训内容和课程的设置上要具有针对性，对于不同的教师培训主体应该差别对待。针对成人教育专任教师，培训重点应该放在学科教学研究方面，可以从传统文化与"乡风文明"建设培训入手，来增加这部分教师的专业知识；对于兼职教师来说，培训重点应该放在实践创新能力培养上，在课程设置上可以从创业、创新模式培训入手，提高教师的实践技能。另外，所有的培训活动都要以学科前沿知识、最新教学理念为主要内容，开展形式多样的培训活动。第二，加强有效的评估激励制度建设，可将教师培训制度与教师人事制度改革、教师资格证书再认证、教师职务评聘等管理制度相结合，形成教师终身学习和职业发展的激励和约束机制，使教师参加培训的积极性得以激发和持续。①第三，充分发挥培训专家的作用，可以邀请科学技术协会、农技站的专家及离退休科技人员、大专院校与科研单位的研究人员参与具体技术培训活动并邀请他们不定期开展指导培训工作。

（四）增强教师发展的外生力量

增强教师发展的外生力量可从以下几个方面入手。第一，可以通过现代远程教育，把优质的教学资源、最新的教学方法、前沿的信息送到农村成人学校。从而克服因交通不便、路途遥远等因素造成的信息滞后困难。第二，农村成人学校领导应转变观念，要认识到教师培训在教师专业发展中的重要作用，可以通过"互联网＋教育"的方式，与高等院校建立长期合作关系，进行教师远程培训。同时，结合实际面向社会公开招募优秀退休教研员、高级教师等到农村成人教育学校讲学，充分利用他们的经验和智慧来现场指导教师工作，并协助学校进行教学管理。第三，健全教师评价体系。教师评价体系是保障教学质量的主要因素，而现阶段农村地区成人教育教师的评价体系不能适应多元成人教育发展的需求，因此，在评价内容上应根据农村成人教育的特点和要求制定评价指标，涵盖素质评价、绩效评价、职责评价等多个方面；在评价主体上应包括教师自评、领导考核、同行互评、学员

---

① 王振平. 农村学校师资现状及教师培训策略研究 [J]. 中国成人教育，2012 (1)：101 – 104.

评价等多元评价队伍。

（五）促进教师专业化发展

"终身学习，成就梦想。"当今时代是一个变动不居的时代，以不变应万变的策略已经很难适应社会的发展，面对科学技术迅猛发展和社会变革日新月异的现实，唯有终身学习才能跟上时代的脚步。对于农村成人教育教师自身来说，作为终身教育的践行者，要想促进自身的专业发展，必须把自己融入终身学习中去。首先，要提高自我发展意识，把学习当作一种生存方式，一种必不可少的内在需求，从而不断地学习新知识、新技能。其次，要不断学习和更新专业知识。专业知识是教师自身专业发展的基础，要想把教师专业做得出色，专业知识至关重要。再次，提高教师入职标准，积极探索通过设立成人教育教师资格证书制度来促进成人教育教师群体的专业化。虽然《中华人民共和国教师法》（以下简称《教师法》）第十一条第六款规定：取得成人教育教师资格，应当按照成人教育的层次、类别，分别具备高等、中等学校毕业及其以上学历；但是，《教师法》只是规定了不同层次、类别成人教育教师的学历条件，对资格条件并没有作详细的规定，事实上，我国当前并没有对成人教育教师的独立资格认证，这对我国成人教育教师队伍的专业化建设是极为不利的。

总之，加强农村成人教育教师队伍的专业化建设，不断提升其教育教学的质量和水平，将有效促进农村成人教育的高质量发展，这会对乡村的全面振兴产生积极影响。因此，地方政府、成人教育机构和社会各界应广开思路、积极探索、创新路径、多措并举，为建设一支高水平的农村成人教育教师队伍而努力。

第八章　乡村振兴视域下农村成人教育课程开发

第一节　意义生成：农村成人教育价值的新取向

　　成人教育应社会的需要产生，随着社会的发展而不断发展。当前，成人教育已成为现代社会成人生长、发展、自我实现的不可或缺的源动力。1993 年颁布的《中国教育改革和发展纲要》明确指出："成人教育是传统学校教育向终身教育发展的一种新型教育制度，对不断提高全民族素质，促进经济和社会发展具有重要作用。"然而，我们也清楚地看到，在成人教育的进一步发展中，由于功利主义等思潮的影响，成人教育实践出现了一些异化生存样态：学历主义、工具理性彰显，"成人"的目的被架空，意义被放逐。

　　1972 年，联合国教科文组织在《学会生存——教育世界的今天和明天》报告中明确提出"于今天世界上许许多多成人来说，成人教育也是发展每一个人个性的手段"[①]。因此，成人教育需要走出学历主义、工具理性的桎梏，致力于个体的"自我实现"和"完满人性"的获得，教之"成人"——

---

　　① 联合国教科文组织国际教育发展委员会. 学会生存：教育世界的今天和明天 ［M］. 北京：教育科学出版社，1996：7.

成为他自己。2015 年，联合国教科文组织在《反思教育：向"全球共同利益"的理念转变?》报告中重申了人文主义方法，指出："维护和增强个人在其他人和自然面前的尊严、能力和福祉，应是二十一世纪教育的根本宗旨。"① 也就是说，随着时代的变革，人的意义和价值变成教育的聚焦点，换言之，意义生成已成为农村成人教育伦理使命变革的范式、价值的新取向。

一、人文式微：农村成人教育价值的畸变样态

可以说，在较长的一段时期，对社会部分群体进行学历补偿、技术技能培训以服务社会经济发展是成人教育主要的价值承担，并且为社会作出了较大贡献。但是随着人类社会进入 21 世纪，知识经济彰显，以人为本的理念深入人心，还过分强调这种功能的实现而忽视成人教育该有的人文化成功能，使得成人教育成为学历主义、工具理性的滥觞，无疑将使成人教育的发展陷入困顿。

（一）学历主义：成人教育价值追求的偏离

所谓"学历主义"，也称"文凭主义""唯学历论""唯文凭论""文凭迷信"，指的就是在外在科技工具理性驱逐下崇拜学历文凭、轻视学识技能的习得和个体的自我实现而以获得学历文凭最高注脚的一种意识。按理说，成人学习者通过学习在获得知识技能、达到相应学历水平后给予学历认可提供相应学历证明本无可厚非；但是，现实的情况是，作为合理学习结果的学历文凭却喧宾夺主成为学习者参与学习的

---

① 联合国教科文组织. 反思教育：向"全球共同利益"的理念转变? [M]. 北京：教育科学出版社，2017：28.

目的。据我们一项对农村地区成人高等教育参与者的学情调查显示：取得学历文凭的学习动机最为强烈，而提升个体综合素质动机未得到充分重视。

学历主义本质上是一种极端功利主义思想的体现。学历主义取向下的成人教育本末倒置，学习过程被悬置，复杂的成人教育过程被简化为学习者获取学历文凭的需要与成人教育机构到期后颁发学历文凭证书的线性传导。普遍的结果就是，对成人教育办学机构来说，至关重要的工作就变成了招生和学籍管理，丰富而复杂的教学过程、育人实践被忽视或忽略；对学习者来说，怎样最快捷、最省事地拿到学历文凭成了影响学习选择的重要参考标准。在我国高等教育普及化的今天，个体接受教育程度普遍改善，学历已经不再是人们用以支撑职业发展的"瓶颈"。以人为本发展的时代，独立之思考、自由之思想、健康之人格显得更为重要。再一味顺应学习者的唯学历论学习动机并以此为价值导向，从而放弃本应对成人学习者知识技能的提高、专业素质的养成、精神生活的充裕、健全人格的培养，就是成人教育价值追求中偏离了正确的轨道，变相为一种"去价值化"的畸变教育。

（二）工具理性：成人教育价值取向的偏执

学历主义在成人教育实践中的滥觞使成人教育发展蒙上了一层阴影，受到多方人士的指责和批评。基于这种情况，有研究者开始寻求成人教育发展的新路径，主张"普通教育的学历补偿职能并非成人教育永恒的内涵，成人教育应有自己的特色、位置和适合自己的出路，那就是岗位、职业资格以及各种等级证书考试培训等多元化教育"。① 这样一来，成人教育好不容易从一种困境中跳出来，却又掉进了另一个困境之中——功利化的泥沼。受大工业生产影响，特别是美国的教学效能核定运动的推动，效率与功能成为成人教育优先的选择。这时候的成人教育饱含了浓重的工具理性、唯科学理性主义气息，在有效提高成人教学效率的同时无形中降低了成人教育的效益。

　　过分重视学员技术技能的获得，这在农村成人教育领域似乎是一个不可辩驳的命题，而以服务社会为主要目的的成人教育呈现了压抑智慧、束缚个性的缺弊，成人教育对象沦为手段性或工具性的存在。就像有学者指出的："我们的成人教育似乎成了一种功利主义教育或工具主义教育。"② 急功近利、急学先用的短期行为影响之下，成人教育本该多元的授课被固化在教室里，被替以精心策划的教案。成人教育的内容与取向也由传统的学历补偿阶段转向了资格、技能、认证的探求阶段，人们所习得的技能不再是由个人"自主"的物产，而是必须外求并经过个体外部的机构予以认可的"认证物"。岗位培训、职业资格培训以及各种等级证书考试培训等项目浸入成人教育目标任务中，这时候的成人教育对象"人"已然被当作工具般打造，成人教育在学历、职业、文化、个性方面的导向转为以职业导向为主，一切须如齿轮运

---

　　① 黄秀芳．从成人教育的发展看成人教育社会职能的演变：成人教育的定位思考 [J]．盐城工学院学报（社会科学版），2003（3）：53 - 55.

　　② 唐爱民．成"人"：成人教育之终极追求 [J]．成人教育，2001（1）：15 - 16.

转般紧凑有序，包含线性、层系性、唯理性的基质，在学员技能培养—技术生产—服务社会经济发展这条"工具理性链"上机械、工具般地高速运转。成人教育忽视了应有的人文关怀与人文化成的引导，偏离了成"人"的永恒目的，把人当作一种工具，把他们培养成为受过良好教育、技术纯良的现代机器人。① 这么一来，"教育被工具化，教育主体'人'被客体化、物质化，教育过程被严格地程式化"。②

从生成视角考量，学历只是一种结果，而不是目的；获取职业资格、技能鉴定也只是一种过程而不是目的。成人教育的核心和根本是"成人"——使人成为他自己，成人教育的人文化成、意义生成才是其根本功能。不论是学历主义还是工具理性，都是成人教育在发展中偏离了自身教育根本属性而导致的去价值的畸变样态，变成了忽视个体个性成长的工具手段，个体存在的意义被湮没，这使得成人教育的发展陷入了深刻的意义危机。

二、意义危机：农村成人教育"成人"目的被架空

成人教育首要关注的应是"育人"功能的实现，把人当作"人"看待并致力于使之发展成为"人"，充分挖掘、生成成人学习者的意义和价值，而不是把人培养成适应社会需求的高技术、高效率的纯良机器，沦为一种工具性存在或者一个学历

---

① 杨德广．加强人文教育 提高人文素质［J］．教育研究，1999（2）：31－38.

② 杨智．试论成人教育的"根"与"归"：关于成人教育未来走向的思考［J］．湖北大学成人教育学院学报，2009（5）：8－9，12.

文凭的追逐者，成为意义和价值被架空和悬置的迷失。

（一）主体旁落：成人教育主体的意义迷失

为了追求短期、快速、高效的教学效果，成人教育主体让位于工具理性追求，过程的背后是人不断遭受"物化"甚至"异化"的过程，引发的背后问题是，成人教育的对象"人"的主体地位被客体化，成人教育主体被旁落，"人"这一意义的存在偏离了"主体"中心，被"和谐"于工具理性的需求之中，陷于功利化泥潭之中。教育是"为人"与"人为"的活动①，成人教育也是如此。

农村成人教育一方面要满足对象在学历补偿、职业从业资格、技能习得等方面的需求，另一方面还要注重对对象自我发展、个性养成的导向作用。根据马斯洛的需求层次理论，基于成人教育对象的特殊性决定，成人教育要注重给对象由低到高层次需求的满足。从现实来看，成人教育对象已经脱离了普通的全日制教育轨道，他们大多投身于社会生产领域，在生理、心理和社会地位方面处于"成熟状态"，他们之所以继续接受教育大多是出于现实生存的需要，成人教育要为他们在学历提升、从业资格获得等方面提供服务，帮助他们拓宽就业渠道提升就业技能以获得生存；然而除了获得生存之外，成人教育对象受年龄、职业、社会地位的决定，其群体开始关注自我发展的实现，这是成人教育必须面对的问题——如何满足教育对象的精神诞生。借用人类学理论观点，"人不仅有本能生命（种生命），更为重要的是人还有精神生

---

① 朱文辉. 遮蔽与澄明：有效教学的生成性意蕴［J］. 全球教育展望，2010，39（8）：10－14.

命（类生命）"①。

人之所以为人是因为人具有类生命，成人教育首先是对人、对完满人性、德行的培养，其次才是学识、技能的传授。因为"人不仅是个实体的存在，更是一个意义的存在。对人而言，意义大于存在，意义成为哲学家衡量人之为人的根本"。② 工具理性主导下的成人教育跨过"人"这一主体与"育人"的基本理念，径直讨论如何发挥人的"工具"功能，首先关注的是如何满足社会生产需求；人的意义被架空，人不再作为人而存在，而是被当作服从外在需求与规则的附加物，只是一个实现工业化大生产高效率追求的一个"工具性存在"，效率与价值占主体地位。"人"这一主体被无情地旁落了。育人与知识的传授是成人教育的基本任务，而成人教育"忽视了其应有的人文关怀和人文精神，尤其忽略了对学习者做人、成'人'的教育，这使得成人教育成为'丢掉另一半'的教育"③，离"人"的追求与实现越来越远。

（二）无根危机：成人教育对象的自我困顿

成人这个群体占据了社会群体很大的比重，曾经接受全日制普通教育的大量个体一旦离开了全日制的教育环境，就会流散在社会各阶层、各行业、各角落。随着社会科技的高速发展，学习渠道、工具、载体的创新，人们交流的场域越来越宽

---

① 唐世纲. 走向有效教学：基于适应与超越的视点 [J]. 湖南师范大学教育科学学报，2010（4）：34－36.

② 冯建军. 人的超越性及其教育意蕴 [J]. 教育研究与实验，2005（1）：17－22.

③ 唐爱民. 成"人"：成人教育之终极追求 [J]. 成人教育，2001（1）：15－16.

广、节奏越来越快，经济全球化使得人口、技术流动更大，对这一部分人的引导管理变得更复杂、更艰巨。如何集中他们给予工作生活之外的文化休闲教育，引导他们有序活动、养成良好德行，减轻他们在社会上流动所带来的安全、交通、旅行、饮食、住宿等方面的压力，是成人教育面临的一大挑战。

科技发展带来学习方式多元化的同时还带来了另一个问题，就是年轻人利用网络共享资源、随时随地学习新知识，而一些年长的成人开始反过来向晚辈学习，也就是米德所说的后喻文化。"从理论上看，这本有利于减轻成人教育的未来压力。然而，这种后喻文化却领着年轻人走向了另一个极端——我行我素，抛弃一切旧的文明。"① 这时候的成人教育对象存在两种异构同质的无根现象：一方面，是成人的精神在国际化、全球化、文化大潮、传播媒体的冲击之下，原本固守的价值理念飘忽不定，原有的世界观遭受了质疑和解构，无中心、无基础、无权威、无真理、无本质意识形态开始嵌入成人的观念中②，表现为一种迷茫的、自我困顿的境地；另一方面，则是年轻人的思想陷入"混沌"之中：我行我素、非主流意识潮流。当他们否定了现有价值观念、拒斥教育学习的时候，"就失去了赖以存在的基础和核心价值观念，同时也丧失了自己的精神家园和心灵港湾，使人生活在一种

---

① 杨智. 试论成人教育的"根"与"归"：关于成人教育未来走向的思考［J］. 湖北大学成人教育学院学报，2009（5）：8-9，12.

② 刘济良. 生命教育论［M］. 北京：中国社会科学出版社，2004：127.

上不着天、下不着地的半空中"①。这一部分人游弋于社会、学校、家庭的边缘，他们到底该走向何处，什么才是真、善、美？脱离了学校、社会的年轻群体如何习得社会生存法则和技能，成人教育如何为他们提供合乎社会法则的引导，如何担当起"育人"、对人价值观念的引导作用，这是成人教育需要思考的问题。

三、意义生成：农村成人教育的价值追求

成人教育要同时思考三个问题：教育对象的发展、自身的发展、社会的发展，这是一个由"成己"到"成人"的意义生成过程。基于现实需求又超越现实需求的意义生成是农村成人教育转型发展的重要范式。

（一）意义衍生：成人教育的文化范式

成人教育要想实现生态良好、可持续性的发展，需要反躬自问，从解读自身定义与挖掘内涵着手，思考怎样衍生自己的意义并使之处于一种生成状态。

成人教育的对象是成人，而成人教育的目的是"成"人——使人成为他自己。这中间一切的逻辑演绎离不开成人教育自身的发展，因此，在"成"人之前，成人教育首先需要"成"己——加快自身的理论与实践的发展建构，赋予自身以生命力和意义衍生，才能赋予人的一切生命活动以价值与意义，这是成人教育成己成人的根蒂。法国学者保罗·朗格朗提出的"终身教育"概念，为成人教育的发展提供了有意义的参考。从生成学视觉来看，成人教育不是一个终止性的

①　刘济良. 生命教育论 ［M］. 北京：中国社会科学出版社，2004：127.

发展，而是一个永恒性追求。成人教育要摆脱孤立的、静态的、外适的发展偏执，实现从外求转向内求最终达到双向平行发展的状态，达到成己成人的意义衍生。

美国当代著名教育心理学家维特罗克提出了生成性学习理论，他认为学习是一个主动的过程，学习者积极主动参与其中并非被动地接收信息，在学习过程中主动构建个体对信息的解释，并从中做出结论。在这一个过程中，学习者原有的认知结构与储存的信息以及信息加工策略，与新的知识相互作用，主动选择信息和建构信息的意义。鉴于传统成人教育活动中的机械倾向与学历工具主义，把生成性学习纳入成人教育的视野，作为成人教育可持续运作的理论基础和实践规范，并把它内化为成人教育的理念与行为方式应是新时期成人教育的文化范式。

通过改变传统向外寻求衡量自身优劣的评价标准的取向，成人教育应该同时关注自身发展的自我"尺度"，思考如何更好地演绎"成人教育"这一角色，努力挖掘自身的生命力，以生成性理论为支撑实现自身的可持续发展。而在教育内容、方法、过程以及结果上同样需要寻求意义衍生的效果，改变强制武断专制的教学模式，充分调动学生的活性因子，建立长效的生成性学习机制，真正实现成人教育的价值和意义。

（二）教之成"人"：成人教育的伦理使命

传统的成人教育过分夸大人作为工具性和手段性的存在意义，一味迎合市场化、学历主义的需求，急功近利、急学先用；但是，"科技工具理性主义的成人教育是精于'科学'，慌于'人学'"①。于是"学习者变成了精于科技，荒于人文；精于电脑，荒于人脑；精于谋利，荒于仁义；精于商品，荒于人品的个体存在"②。从生成学视角出发，"成己"是成人教育的应然使命，而"成人"则是成人教育的伦理使命。

正如联合国教科文组织所指出的那样：教育不是为了今天，而是面向明天的，教育的目的在于使人成为他自己，变成他自己。③生成视角下的成人教育其中一个目标是予以对象人文关怀使其实现自身的价值意义。立足当下的人生际遇，面向未来，从人生的远景给现实的人生予以观照，以此赋予对象一切生命活动以价值和意义。从生成视角上说，成人教育对象不仅是实体的存在更是一个意义的存在。成人教育应当回归其本原，把"成人"作为其价值追求和最高目的，就如有论者所言："成人教育应该引导成人学员在自身的基础上、在现时的客观条件下不断超越生命，去获取美好、幸福的人生，以达到更高的人生境界"④。

因此，成人教育必须基于超越的视野，努力寻求人从"种人"的发展、"类人"的完善，致力于人的良好德行培养，给人以人文化成的影响，予以教育对象应有的人文关怀，

---

① 李维武．大学人文教育的失落与复兴［J］．高等教育研究，2000（3）：5－10．

② 唐爱民．成"人"：成人教育之终极追求［J］．成人教育，2001（1）：15－16．

③ 联合国教科文组织国际教育发展委员会．学会生存：教育世界的今天和明天［M］．北京：教育科学出版社，1996：7．

④ 郭中华．发生学视域中的成人教育幸福观［J］．中国成人教育，2014（2）：5－8．

使成人学习者在大全中"如我所是"地生存，努力践行成人教育"成"人的伦理使命。

第二节 农村"成人"教育与"成人"课程

农村成人教育的核心和根本是"成人"，即培养和造就新时代需要的全面发展的个体、具有现代性品质的新型农民。长期以来，我国农村成人教育受社会各种思潮和其他教育形式的影响，强调社会价值、知识本位、职业导向的外部功利价值，相对忽视了人的内在主体性的需求，导致成人教育偏离了"成人"的基本要求和教育的本原价值轨道，成为一种狭隘的成人职业型或技能型教育，引起了很多学者的关注和批评。农村成人教育要回归教育的本原，发挥教育对人的更大影响，必须关注"成人"教育。而农村成人教育要实现"成人"教育，必须要有"成人"课程，"成人"课程是"成人"教育的关键和核心，是保障"成人"教育目标实现的载体和路径。可以说，没有"成人"课程，"成人"教育就成了无源之水、无本之木。因此，当前，应努力建构"成人"课程体系，以使农村成人教育更好地发挥和实现"成人"教育的功能和目标。

一、"成人"性：农村成人教育的根本属性

以往，一提起农村成人教育的属性和功能，人们便立刻想起，它对于农村成人职业生涯的提升、生存技能的改善等外部的工具性价值，并且在农村成人教育实践领域也多是围绕这些目标展开。其实，这是对于农村成人教育的片面解读，是功利主义思想在农村成人教育中的极端反映。农村成人教

育作为教育的一种形式和类别，除了它主要是面向农村成人世界，在时间、空间上更具绵长性和广泛性，在教育层次、形式上更加多元化、多样性之外，它像其他教育活动一样主要是一种培养人的社会活动，"成人"性才是它的根本属性。

《教育——财富蕴藏其中》坚决地重申了教育的一个基本原则："教育应当促进每个人的全面发展，即身心、智力、敏感性、审美意识、个人责任感、精神价值等方面的发展。"尤其应该使受教育者通过所受的教育，"能够形成一种独立自主的、富有批判精神的思想意识，以及培养自己的判断能力，以便由他自己确定在人生的各种不同的情况下他认为应该做的事情"①。

因此，农村成人教育也应该以满足农村成人学习者的需求，促进农村成人学习者个体的发展、精神的充裕、人格的健全、公民意识的养成为其主要目的和最高使命。1993年，联合国教科文组织在《学会学习》报告中指出，教育应具备"学会认知、学会做事、学会做人、学会共处"四大支柱，其中后两项都属于成人教育范畴；联合国教科文组织国际教育发展委员会《学会生存——教育世界的今天和明天》也严厉批评了当代教育"忽视了教人如何在社会中生活、热爱生活并从事工作的基本职责；而人必须创造这个社会，作为他们的理想的体现"②。从以上这些基于整个教育的重要观点也可以看出，农村成人教育必须重视和加强"成人"教育。

---

① 联合国教科文组织. 教育：财富蕴藏其中 [M]. 北京：教育科学出版社，1996：87.

② 联合国教科文组织国际教育发展委员会. 学会生存：教育世界的今天和明天 [M]. 北京：教育科学出版社，1996：37.

二、何谓"人"：人学的阐释

明确了"成人"性是农村成人教育的根本属性，那么在展开"成人"教育之前还需弄清楚一个前提性的概念，即"人是什么"，因为只有弄懂了我们的教育对象，才能针对性地展开教育。显然，"人是什么"或者"生命是什么"自然就成为教育的第一问。① 对于"人是什么"的问题，不同的学科、不同的哲学有不同的观点，人学作为从整体上研究和把握人的哲学，对"人是什么"这一问题的阐释较为全面和客观，获得了学界较多的关注和认同。人学对"人是什么"的阐释，主要表现为以下观点。

1. 人是目的的存在

人学认为人是目的性的存在，强调人的主体地位的确立和人的生命价值的实现；倡导人应该成为自己和世界的主人，不为关系和外物所奴役，沦落为一种与机器无异的工具，而是能够在关系和外物中彰显个体的独立意识和创造个性。人学始终强调对人的终极关怀并张扬人的目的性价值。

2. 人是完整的存在

与人的科学对人的本质理解各执一端不同，人学认为人是一个完整的存在，它是自然属性、社会属性、精神属性的统一体。必须从整体上去看待、把握并尊重人的整体性存在。并且，人之为人最重要的是人的精神，人的精神使人能生活在一个充满意义的世界中，它牵引并规范着人走向一个更高的生命境界。存在主义心理学家 Viktor Frankl（1963）认为，

---

① 张楚廷. 教育哲学［M］. 北京：教育科学出版社，2006：24.

人类天生具备一种寻找生命意义的内在动力。当我们相信生活有意义，而且相信自己可以找到意义的时候，就能够体验到一种对生活的掌控感。

3. 人是不断生成的

人学认为，人之为人的最大特点，就在于人是在不断生成的。人与其他事物的最根本区别，在于其他事物的本质是预定的、固定不变的，"它是其所是"；而人则恰好相反，他的本质是在生活中不断生成的，"他是其所非"。对于人来说，"是人"不过是个已然存在的事实，而"成为人"则是个需要不断超越和实现自我的过程。只有当人努力使自己"成为人"，即自觉地超越并实现自我时，人才开始成为真正意义上的人。这就是 A. J. 赫舍尔所说的人的"非终极性"，即人始终是未完成的、未定型的、未达到终点的，或者说，人总是处于一个开放的、充满可能性的、向着未来的过程中。①

三、"成人"视界下的"成人"课程建构

在"成人"视界下，农村成人教育需要建构"成人"课程体系，即在课程目标设置、内容选择、结构编排、组织实施、综合评价中更加注重人的主体价值，彰显人的生命意义，焕发人的生命活力。

（一）课程目标凸显人的发展理念

长期以来，我国农村成人教育更加关注为农村成人的社会适应性和职业适应性做准备，在课程目标上重视社会本位的价值取向，在课程设置中强调以知识的展开为逻辑，以服

---

① A. J. 赫舍尔. 人是谁 ［M］. 贵阳：贵州人民出版社，1994：37 －38.

务于国家、社会的建设和发展为基准，遵循技术理性或者工具理性的课程观，呈现出一种明显的"成教社会本位"的特征。这样设计出来的课程成为外在于人的，与人的精神充裕、人格养成毫不相干的东西，课程自身成为学习的目的，而人却退化为手段或工具。在这个过程中，人的存在和发展，人的主体性、主动性、参与性，人的目的性都被忽视和忽略了。

农村成人教育"成人"才是目的和终极价值追求，要使人成为自在、自为、自由的人。农村成人教育课程的设置毫无疑问应反映和表现这一思想。因此，农村成人教育课程在目标取向上应该主要凸显人的发展理念，围绕着"成人"来建构，使课程成为人达到自我发展、精神充裕、人格养成的一个不可或缺的因素和环节。

人作为一个完整的存在，是自然性、社会性和精神性的统一体。并且，从某种意义上说，精神性作为人与动物的根本区别，才是人的最本质的内在规定性。雅斯贝尔斯指出："人是精神，人作为人的状况乃是一种精神状况。"① 如果说传统的课程理论更多倚重人的自然性和社会性这两个维度，那么，今后农村成人教育课程构建中应确立起关怀人的精神性本质的价值取向。

（二）课程内容强调价值和关联

课程内容一直是农村成人教育课程的核心问题，是实现农村成人教育培养目标的载体和媒介，是课程目标最直接、具体的反映和体现。课程内容的变动和选择需要根据一定的原则，原则的确定能够使课程内容的选择和组织更加明晰、

---

① 雅斯贝尔斯. 时代的精神状况［M］. 上海：上海译文出版社，1997：3.

具体。我们认为，"成人"的课程内容选择应遵循以下原则。

（1）整合性原则。包括纵向整合和横向整合。纵向整合指的是将"人本"的课程目标的理念融化于课程内容之中，由浅入深地加以整合。横向整合分为两个方面：一是指把凡是有助于人的生成、完满的各种知识（包括科技、社会与人文知识等）整合在一起，构成一个整体，共同促进人的自由、全面发展；二是整合课堂和课外的各种其他育人内容。

（2）人性化原则。人类社会的所有教育活动都应该为培养和发展人类的美好人性而努力，农村成人教育也不例外，教会学习者如何做人是其最基本也是最首要的任务。因此，"成人"的课程，首先要关注和强调的便是人类在自然和社会的探究中所体现出来的人性关怀，突出人性在课程中的重要地位。

（3）价值性原则。价值性原则要求在课程内容选取时，应更多关涉人的价值实现和价值生命，反对狭隘的工具性或实用性目的。"人的教育所关注的不仅仅是人的生存首要掌握的生活知识和技能，而最根本的是人的价值生命的实现，教育在本质上不是一种本能性活动，而是一种价值性活动，是与人乃至人类的生存状态、生活方式、生活质量相关的价值活动。"①

农村成人教育"成人"课程内容选择应该遵循以上三个基本原则，使所选的课程内容成为生成完整的精神养料。这就要求农村成人教育课程内容应回归成人生活实践世界，并且增加人文社会科学的内容，使知识教育和人文教育达到和

---

① 郭元祥，胡修银．论教育的生活意义和生活的教育意义［J］．西北师大学报（社会科学版），2000（6）：22－28．

谐统一。

从关注人的角度出发，强调课程内容回归学习者的生活实践世界，有两个层面的含义：一是课程内容的设计要从学习者的生活实践世界出发；二是具体的课程内容安排应该联系学习者的生活实践世界。农村成人所拥有的生活、工作经验可以成为农村成人学习者进一步学习的重要资源，也为课程的实施提供了良好的基础，农村成人教育课程的内容设计要充分融合成人独特的社会生活经验。当然，强调课程内容回归学习者的生活实践世界，并不是要排斥农村成人教育课程所强调的科学知识、理论知识，而是为了纠正传统课程片面强调科学知识、理论知识的偏颇，在科学知识、理论知识和学习者的生活实践世界之间搭建一座沟通之桥，使学习者在学习过程中体味到生命的意义和活力。

（三）课程结构有利于农村成人学习者素质的全面发展

课程结构是课程模式的主要特征，它体现着课程目标，制约着课程的功能，反映着课程观念。①

农村"成人"教育，"成人"是课程的核心。因此，课程结构是否合理对于学习者的"成人"会产生广泛而深刻的影响。在课程目标社会本位价值取向下的课程往往是按照知识的逻辑设计和组织起来的，并力求与社会的职业或行业对接。课程结构单一、僵化、缺少弹性，致使培养出来的人片面发展，成为一个有缺陷的个体。所以，培养全面发展的人需要优化课程结构。一个合理的、以人的发展逻辑为主导的课程结构应该具备以下几个特征。

---

① 蒋乃平. 课程结构是课程模式的主要特征：对"宽基础、活模块"的再思考之九［J］. 教育与职业，1999（9）：25－28.

（1）均衡性。均衡性首先体现为科学课程和人文课程的均衡。科学教育与人文教育只有协同作用，才能使学习者的理性与情感、科学精神与人文素养得到和谐的发展，从而达到真、善、美的统一。由于传统的教育价值观的影响，农村成人教育课程过于崇尚科学主义，注重科学知识和理论知识。因此，总体而言，当前更应该适当加强学习者的人文教育，增加人文教育的内容。其次，课程结构的均衡性还表现在学科课程和实践课程的协调配合。实践是农村成人学习者生活的一种主要形式，也是他们学习的一种重要途径。通过实践，农村成人学习者能够不断提高自己解决实际问题的创造和创新能力。

（2）多样性。多样性的课程为学习者提供了更多的选择，可以更好地满足他们的兴趣和需要，有利于培养学习者的主体性和主体精神。课程结构的多样性主要表现为充分开设可供成人学习者选择的课程。目前，在农村成人教育中，可供成人选择的课程并不多。这样，学习者的选择权受到极大的限制，个性得不到很好的发展。因此，未来成人课程构建在结构上应体现多样性，增加课程的选择性，多开设一些可供自由选择的课程，扩大课程的种类和范围，充分尊重个体的自主选择权。

（3）整体性。课程结构应该体现整体性，发挥课程在"成人"中的整体优势和影响力。农村成人教育课程设计要直面学习者在工作和生活中所面临的各种实际问题，充分融合成人独特的社会生活经验，同时借鉴学科课程的设计原则，以统一整体性原则，以大科技、大经济、大文化为背景综合地设计课程的内容结构，如此才能实现农村成人教育适应社会及社会变革的直接性、适切性，使学习者成为一个有个性、有能力、综合发展的人。

（四）课程实施注重对话和体验

在知识课程观和社会本位价值取向影响下，农村成人教育课程实施被窄化为课堂教学，知识传授是其主要任务，"讲授""灌输""记忆"是其主要教学方法。并且，在课堂教学中，教师占据着绝对的主导地位，是教学活动的主体，学习者则被动地充当着"配角"，被置于客体的地位。教育演化为一种简单的知识搬运和存储活动，致使农村成人学习者学习兴趣大大降低，课堂很多时候成了教师的"自说自话"。"成人"教育视界下，课程实施是一个意义和价值的生成过程，是学习者的情感、理性、人格等方面充分发展和展示的过程，是一个智慧共享、交流、碰撞的过程，是一个充满生气、精神勃兴、生命力焕发的过程。因此，"成人"教育视界中，课程实施注重对话和体验。

"对话"，在这里并不是指日常意义上的"交谈"的意思，它是一个具有方法论意义的概念。"对话"是指交往双方精神上的"敞开"和"接纳"，是交往双方在平等的基础上互相倾听、互相吸引、共同参与和共同分享，是双方精神上的彼此承领和相互理解。"对话并不直接关注真理，从对话中有可能发现真理，但对话真正关注的是意义（meaning）。"① 而人是一种意义的动物，寻求意义是人的生命本质。意义能够在对话中不断地生成，这样，"对话仿佛一条流淌于人们之间的意义溪流，它使所有对话者能够参与和分享这一意义溪流，并因此能够在群体中萌生新的理解和共识"②。课程实施之中存在着多元对话，包括师生之间、生生

① 戴维·伯姆. 论对话［M］. 北京：教育科学出版社，2004：44.
② 戴维·伯姆. 论对话［M］. 北京：教育科学出版社，2004：44.

之间、生本（文本）之间、自我对话，而其中师生之间的对话是最基本也是最重要的方面，它是其他对话产生的前提和基础。师生之间由主客对立到平等对话，它使得学习者发展由外部规定走向自主建构，有利于学习者的主体性和自主人格的培养，提高他们参与学习的积极性和热情，激发他们的潜能和创造力，使教育过程充满生命的活力和意义。

课程实施从单向传输走向多元对话和体验，要求师生从各自的角色出发，调动他们全部的才智和生活经验共同参与到课程实施过程中来，充分把握自己精神发展的主动权，体验各自的生命意义。在这样一个意义流淌的过程中，双方尤其是成人教师角色的转变至关重要。

（五）课程评价关注收获和生成

长期以来，受传统知识课程观的影响，农村成人教育课程评价往往是以单一的课程考试的方式进行的，并且重结果而不关注过程，在结果的评判中重知识而不关注能力和情意，其导致的直接后果就是老师、学习者唯"考试""分数"至上，学习者得到的只是书本上的死知识，看重的是"分数"和过关，既不能在实践中形成能力也不利于发展情意和个性。

"成人"教育视界下，课程目标是基于人的发展理念，课程评价不再仅仅关注学习者掌握了多少知识，而是更加关注学习者的发展，即以学习者的发展为根本，重视每一个被评价者的起点和发展中的各种问题。课程评价的根本目的是促进个体生命的精神发展、人格完善、智慧提升，它基于评价对象的过去，关注评价对象的现在，更着眼于评价对象的未来。因此，课程评价应该突破原来化一的知识、技能目标，走向多元化的目标。评价指标应强调知识与技能，理解与能力，以及情感、态度、价值观三个维度融合与统一。另外，课程评价应重视评价对象的个体差异，强调与评价对象共同商定个性化的发展目标，并以此目标为引导，充分发挥他们的自我评价的积极性，使其在发展过程中彰显生命价值。

总之，"成人"教育视界下的课程评价，不仅关注学习者在知识和技能上的收获，而且更加关注他们对个人发展的理解、个人潜能的发挥以及价值观的形成，并且在此基础上进一步生成新的理想、信念、情感和行动。可以说，这种课程评价是极富人情味和人性关怀的，它能够充分激发并提高学习者的主体性和主体精神，使他们能主动地去发展，去提升自我的人生境界和精神人格。

第三节 农村成人教育课程开发的策略

一、社区教育：农村成人教育发展的重要趋势

随着经济社会的发展，人民群众对精神文化需求的不断提升，农村成人教育向社区教育的转型是一种必然的发展趋势。[①]社区教育属于大文化范畴，本质上属于一定地域范围内的全民终身教育、终身学习的活动与过程。农村社区教育的承载主体是乡镇社区教育中心，乡镇社区教育中心既是公共文化服务体系的一个重要部分，又是社区全民终身教育、学习的前沿阵地和社会载体，是社区居民发展社会交往、丰富文化生活的公共场所和精神家园。它的领域与范围，不仅包括成人职业技能培训，还包括0—6岁的早期教育、青少年校外教育、社区居民

---

① 陈乃林. 农村成人教育发展的重要趋势：社区教育 [J]. 现代远程教育研究，2008 (5)：10 – 13，71.

的社会文化生活教育、老年教育等，这些教育既体现了农村成人教育的重点，又大大拓展了教育的领域与范围，成为全民终身教育服务体系的社会载体。乡镇社区教育中心一般是指乡镇范围内，面向全体社区居民，旨在促进居民终身学习和社区持续发展的教育学习服务机构。有的地方叫乡镇农民文化技术学校或别的名称。社区教育中心和成人教育中心具有密切的联系。它们都是教育学习机构，都具有教育学习培训的功能，重点对象都是成人，都属于社会事业的一部分。两者也存在明显的区别：成人教育是社区教育的重点，而社区教育则不限于成人教育，因此不等于成人教育，它具有更为丰富的内涵，本质上属于地域范围的全民终身教育。

具体而言，社区教育中心不同于成人教育中心的地方在于：对象不同，社区教育中心面向全体居民，而成人教育中心则面向成人；内涵不同，社区教育中心的内涵与本质是全民终身教育与学习的活动及过程，成人教育中心主要是负责各类培训；体系不同，社区教育中心属于社区范围内的一体化教育，成人教育中心则是面向成人对象的一种类型的教育；组织基础不同，社区教育中心是以社区为组织基础，成人教育中心是以培训机构为基础；任务不同，社区教育的任务主要有：第一，各类人员的职业技能教育培训，第二，青少年校外教育，第三，学习型组织的创建，第四，社会文化生活教育，而成人教育不包括上述第二和第三两项任务。

总体上看，社区教育中心更强调学习对象的全民性，强调居民学习的主体参与性，强调学习的支持服务性。因此，社区教育中心比成人教育中心更具有通过终身教育和终身学习，促进社区居民终身发展的意涵。当然，在农村城镇化快速发展过程中，无论乡镇成人教育中心还是社区教育中心，都要高度关注并积极开展现代农民教育，培养农民具有现代文化科学知识、市场经济知识和现代法律法规知识；开展新市民教育，使之具有现代公民意识，适应城市（镇）文明生活与交往方式，提高生存发展能力；帮助社区发展提供智力服务，努力成为社区发展的智力资源与咨询服务中心。未来，乡镇社区教育中心会向以下方向拓展：一是从以成人教育为主体，向真正意义上的全民终身教育与学习转变；从承担开展教育、学习功能向决策咨询功能拓展；以实体的社区教育中心为基础，借助多媒体和计算机网络技术建立虚拟社区学习中心，形成互补互促、相得益彰的发展格局。二是向现代远程教育服务学习中心发展。远程学习中心的学习设施不受时空限制，保障学生自主学习和交互学习；教学上天地人网结合，以丰富的教学资源供学生随时访问；教学资源能将远端教学信息、本站优化信息和本地实际自主开发课件结合，以多种媒体实时或非实时提供；学习对象包括注册和愿意学习的学员；为各类教育学习机构、社团组织提供信息检索、咨询和技术支持服务。三是社区教育中心建设要和社区整体建设协调发展，和加强思想道德与文化阵地建设、社区卫生、体育、社会综合治理相结合，以利农村社区教育布局结构的合理与优化，为改善农村生态和人居环境服务，为农村精神文明与和谐社区建设服务。在当前乡村振兴的语境下，我们应该更加关注乡村的发展，大力开展农村社区教育，建设学习型农村，以提升广大农民群众的文化素质、技能素质等综合素质。某种意义上说，大力发展乡村社区教育，逐步创建学习型社区是全面乡村振兴、实现农村农业现代化，促进共同富裕和中华民族伟大复兴的重要途径之一，具有重要的现实意义和战略意义。社区教育的核心和载体是社区教育课程，它直接影响着社区教育的发展。课程不仅是社区教育活动的根本依据和社区教育内涵建设的重要领域，也是社区教育质量提升的主要途径。① 因此，乡村社区教育要想取得较好的成效，实现预期的目标，加强课程开发便是应有之义、必然之举。

二、农村社区教育课程开发的原则

所谓原则就是指应遵循的基本要求。农村社区教育课程开发的原则主要有以下几个方面。

（一）以农民的需求为主，注重实用性

农村社区教育的对象是当地的农民，所以课程开发首先应以满足农民的文化、技能提升的需求为主，体现针对性和实用性。具有针对性和实用性的课程既能满足农民文化、技能提升的需求，又能充分地调动他们的积极性和主动性，使他们愿意参与到课程学习中来。同时，在课程的组织设计上，也要考虑农民的学习特点和知识基础，无须以严格的学科形式出现，而是要以满足不同层次、不同年龄农民的学习需求为目标取向。

（二）立足本地，体现地域特色

社区教育课程是为了社区的发展而设置的，不同的社区其经济、文化发展的条件和基础也不同；因此，在社区教育课程的选择与设置上也要体现不同的特征。尤其是在民族农村地区，其民族性、区域性、贫困性等特点表现出浓郁的地域特征。这就要求民族农村地区的社区教育，要综合考虑当

---

① 项亚光. 社区居民的教育需求与社区教育课程开发策略的研究［D］. 上海师范大学，2011.

地经济条件、民族文化资源、地理物产资源等情况，设置具有地域特色的实用技术类、技能型课程，以满足农民的脱贫致富和文化娱乐的现实需要。总之，农村社区教育课程应有明显的地域特色，具有浓厚的乡土气息。

（三）突出实践性，注重可操作水平

社区教育课程的实践性，是相对于理论性而言的。就农村社区教育课程来说，它需要一定的理论知识，体现学科属性。但这并不意味着乡村教育课程就要按照学科理论来建构，相反，由于农村社区教育首要的目的是提升当地农民的就业技能和致富能力；因此，实践性才是农村社区教育课程的基本品质。要使课程的理论性知识融于实践中，使课程学习具有可操作性，能够学以致用，重视基于农民的生活经验和工作经历的学习方式。

（四）重视动态生成，内容开放多元

重视课程开发的动态生成，是指农村社区教育在课程开发中，内容的选择不能一成不变，要善于根据农民的发展需要、社区的发展变化，不断进行相应的变化调整，使课程的开发与当地农民的需求和社区经济文化发展相统一。

农村居民的层次、需求、兴趣的多样性，使得农村社区教育课程内容领域宽泛、涉及面广；这就要求农村社区教育课程的开发是一个动态生成的过程，内容的选择要体现开放多元，要随着当地农民发展需要的变化而不断调整。

（五）挖掘民族特色，多元文化共融

民族农村地区是一个多元文化汇集的场所，其文化背景的特殊性就在于各种地方义化：民族义化、农村义化、贫困地区文化等与国家主流文化——汉文化和世界普世文化的冲突与融合①，在这种多元文化的背景下，农村社区教育课程应借鉴多元文化背景下教育的先进理念，紧跟时代的潮流，在重视民族文化的基础上，深入挖掘民族特色、保存民族传统；同时，还应注重多元文化共融，保持文化的多元共存。

三、农村社区教育课程开发的现状和存在的问题

为了更好地了解农村社区教育课程开发的现状，笔者多次下乡对相关问题进行调研。由于笔者目前生活在广西桂林市，因此，调研主要是围绕广西的农村社区教育课程开发的情况进行的。广西属于少数民族自治区，是多民族聚居的自治区，有汉、壮、瑶、苗、侗、仫佬、毛南、回、京、彝、水、仡佬 12 个世居民族，此外还有满、蒙古、白、藏、黎等其他民族成分。第七次全国人口普查数据显示，广西常住人口中，少数民族人口占总人口的 37.52%，其中壮族人口占总人口的 31.36%，少数民族人口总数在全国居第 1 位。从调研的情况看，农村社区教育课程开发存在以下问题。

（一）地方政府的支持力度不够，课程开发缺乏基础支撑

由于民族地区经济、文化较为落后，政府面临的经济、文化发展问题较多；并且，有限的财力、物力更多地集中在城市的发展，对于广大农村地区，支持力度和支持的能力有限，体现在农村社区教育方面，主要表现在以下几个方面。

一是经费投入长期不足。由于对农村社区教育功能缺乏正确的认识，再加上经济发展水平低、财力薄弱，当地政府往往无暇过多关注农村社区教育，拨付给农村社区教育的经

---

① 蒋士会，唐盈盈. 多元化：民族贫困地区农村基础教育课程文化建设的价值取向 [J]. 江苏教育研究，2011（28）：8-11.

费少之又少。政府长期"供血"不足，而农村社区自身的"造血"能力又非常有限，这必然导致高质量的课程开发和大规模的课程推广因缺乏必要的物质基础而很难展开。二是管理力度不够。由于对农村社区教育的认识缺位，加上传统政绩观的影响，农村社区教育很难成为政府的主要工作议题，这自然导致对农村社区教育的管理流于表面形式，缺乏有效的管理机制。三是促进乡村社区教育发展的法律、法规构建严重滞后，缺乏相应、有效的制度保障。

（二）课程开发尚缺乏理论和技术的支持

（1）课程开发理论欠缺。从可检索的相关文献来看，我国农村社区教育的研究还非常薄弱，而其中专门论述农村社区教育课程开发的研究更是缺乏，少量的文献基本是从一般的课程开发理论来演绎，缺乏针对性。这必然导致乡村课程开发实践缺乏理论引导。这其中的内在原因：一是我国的社区教育起步较晚，从20世纪80年代中期开始兴起，进入21世纪后，才越来越得到国家和政府的重视；二是在我国社区教育的发展中，受经济和文化的基础影响，发达省份的大中城市发展较快，而农村社区教育的发展严重滞后，近些年才逐渐得到各方重视。

（2）课程开发人员素质偏低。由于对象差异性较大、学习需求多样性特点，导致课程涉及的内容广泛、领域较多、体系复杂。这就对课程开发人员的综合素质提出了较高要求。而在民族农村地区，还无法配备专业的社区教育课程开发人员，在课程的开设上往往根据经验和上级的要求而定，具有自发性和随意性的特点，缺乏科学性。

（三）课程开发欠规范

一个完整而规范的社区教育课程开发过程至少应包括前

期对当地课程资源、社区存在问题、居民的文化技能需求等方面的"社情"调研，并在此基础上，根据社区居民的需求、社区发展和社会需要，确定课程目标，选择课程内容，组织实施和进行评价工作。① 在课程开发的整个过程中，需要课程专家、社区教育管理者、教师、社区居民等各方共同参与，通过广泛、充分的交流，确定一个最佳方案。简言之，一个规范的社区教育课程开发应体现"全员参与"和"全程控制"的特点。与之相反，在民族农村地区，社区教育课程开发还欠规范，主要表现在以下两个方面：一是课程开发过程不完整。前期缺乏对"社情"的充分调研，不了解社区居民的学习需求，缺乏对课程开发的科学组织和综合评价。二是部分课程开发主体缺位。当前农村社区教育课程的开发，基本上是根据上级行政的指导，由当地的教师和社区教育管理者完成，缺乏课程专家和广大居民的参与，社区教育课程的开发具有很大的被动性和随意性，质量很难得到保障。

（四）缺乏课程研发意识，研发缺位

农村社区教育具有民族性和农村性的双重特征，是一个民族文化、农村文化、贫困文化和国家主流文化交汇的地域，具有复杂性。所以，在课程的开发中要善于注重统一性，把握多元性。所谓注重统一性，就是国家对农村社区教育有个统一的要求和规范：就是要促进农村经济、文化的进步，提升农民的文化和技能等综合素质，为创建社会主义新农村服务；而多元性是指在具体的推进社区教育过程中要体现民族地区的地域文化和民族特色。农村社区教育的这一特点，就导致在课程开发

---

① 高志宏. 偏远农村社区教育课程开发的困境与对策 [J]. 继续教育研究，2012（4）：19－20.

中要善于把握复杂性，抓住问题的核心和关键。这就要求在课程设置中，要有较高的研发意识。但是，实践上看，当前的农村社区教育课程呈现趋同化倾向，缺少独特性。这有当前社会大环境的支持力度不够的原因——农村社区教育尚缺少社会广泛支持的土壤。此外，部分管理部门未能充分认识到社区教育对农村发展和民族和谐的重要意义也是重要原因。

四、农村社区教育课程开发的策略思考

（一）加大对农村社区教育的经费支持和政策扶持力度，为课程开发提供基础保障

政府要加大对农村社区教育尤其是在课程开发上的经费投入和基础设施投入力度，保障课程开发有足够的资金和场所。在经费投入上，建立以政府投入为主，多渠道投入的社区教育经费保障机制。[①] 农村社区教育民族性、农村性、贫困性的特点，要求首先应在国家层面上给予更多的政策支持和经费倾斜，设立乡村社区教育专项资金；民族地区各级政府也应积极创造条件加大对农村社区教育的财政支持。此外，应出台相关政策，鼓励和引导民间资本进入农村社区教育领域。要加强法律制度建设，积极以立法的形式规定各级政府在农村社区教育中的各种义务和责任，建立一套可操作的评价考核系统，将其纳入各级政府官员的重要考核指标之一。

（二）建立农村社区教育课程开发保障机制，努力提高课程开发水平和质量

（1）建立课程开发人员定期的专业培训机制。从某种程

---

① 黄荣村. 我国社区大学之现况与未来定位项目报告 ［DB/OL］.（2006 - 07 - 17）. http：//www. edu. tw.

度上说，课程开发人员的素质直接决定了农村社区教育课程的质量水平。因此，应创造条件，定期组织课程开发人员进行专业知识、专业技能培训，不断提升课程开发人员的综合素质，提高其课程开发水平。

（2）建立科学、规范的课程开发流程。对影响课程质量的每个过程和因素进行深入、细致的分析，并对每个过程进行再分解，确定每个过程要达到的目标以及达到这些目标的可能途径。在具体的课程开发中，只有建立了科学、规范的课程开发流程，才能做到无论是对社情的调查、当地资源分析还是对课程内容的选择、结构的安排等方面都能有章可循。

（3）建立课程开发质量评价机制。课程开发质量评价是检视所开发出来的课程是否达到预期目标或者达到什么程度目标的过程。它至少应回答两个方面的问题：评价什么？由谁评价？对于评价什么的问题，应是对课程目标的制定、内容的选择、结构的组织、实施的效果等全面科学的评价。对于由谁评价的问题，不应只有课程专家、教育专家、教育行政官员、教师，还须包括社区课程的学习者。只有通过对课程开发的"全程"和课程开发的"全员"参与评价，才能切实提高农村社区教育课程的质量。

（三）开展社区教育调查，以需求为导向，构建特色课程体系

没有调查，就缺乏准确的信息，社区课程开发就会盲目。社区教育首先应该从社区调查入手，并且"社区教育需求的

调查是设计社区教育课程的必经过程"①。因此，农村社区教育课程的建构，应以对当地的"社情"调查为起点，以需求为导向，通过认真而细致的调查，准确地把握农民的需求信息、当地资源情况和民族文化特色，才能有针对性地建构能满足农民的教育需求和社区经济文化发展的课程体系。

开展社区教育调查，可以采用问卷调查、实地走访、社区议事等方式来展开。要善于对问卷调查的结果、征求意见的情况进行认真的分析和研究，总结有助于课程开发的建设性指导意见。

（四）加强专业化建设，为农村社区教育课程开发打造一支专业化队伍

制约我国农村社区教育发展的"瓶颈"因素是专业化人才的严重匮乏。这与民族地区社区教育工作者待遇低、环境差、缺乏晋升平台等因素相关。在短期，要想改变这一现状还很困难，但是我们仍然要通过一定的途径和手段来改善这一状况。可以从以下几个方面入手：一是加大对目前在职在岗农村社区教育工作者的培训力度，切实提高其综合素质。可以和专业机构和高校加强联系，通过在职培训、专题研修、教学研究、远程教育、观摩示范等形式进行专业能力提升培训。二是努力开展城乡对口支援，通过城市支援农村，利用城市优质教育资源带动农村社区教育的发展。三是加强制度建设，适当地给予在基层农村从事社区教育的工作者一定的政策倾斜，提高他们的工作待遇，合理设定编制规划，提供专业化职称晋升的通道。

---

① 林振春. 社区营造的教育策略 [M]. 师大书苑出版社，1999：187.

后　记

作为从农村走出来的一分子，多年来，笔者一直都关注着乡村的变革与发展，也许这始源于一份天生的乡愁之情的召唤吧。改革开放以来，可以明显地感受到乡村随时代发展而进步，但随着我国城镇化的快速推进，也能充分地感觉到乡村逐渐"空心化"的过程，尤其是人气和精神的逐渐"空场"，包括农村教育——很多原先书声琅琅、嬉闹欢笑的校园变得人去楼空。趁回乡之际，笔者偶尔会去曾经执教过的农村中学看看，但似乎再难觅得当年那群年轻人在乡村任教时的那份对农村教育的热情、付出和慷慨激昂。无疑，时代的变化已经远远超出我们的预想。

中国是一个农业大国，同时也是世界上农业发展历史最悠久的国家之一，长期以来，农业兴、农村富、农民安则国家强、社会稳、天下安。为此，新中国成立以来，党和国家一直重视和关心农业、农村和农民的发展问题。进入21世纪以来，国家先后出台"新农村建设"和"乡村振兴战略"，力促城乡融合发展，"补短板""强弱项"，为中华民族伟大复兴、为构建和谐发展的社会而擘画蓝图。从学术研究层面来说，党的十九大提出乡村振兴战略以来，乡村教育获得了广泛的关注，研究成果层出不穷，其中不乏许多高质量的研究，但相对而言，农村成人教育相关研究成果较少。

毋庸置疑，农村成人是乡村振兴的主体力量，对其进行人力资源的开发也是乡村振兴的题中之义；同时，农村农业现代化也离不开农民的现代化，增强农民的现代化意识和现代性素质也是乡村振兴的必然要求。换言之，乡村振兴，无论从哪个层面讲，都离不开乡村中人的振兴，离不开农村成人教育。作为以农村成人为教育对象的农村成人教育，无疑应在乡村振兴人力资源开发和农民的现代化进程中扮演重要角色。联合国《变革我们的世界：2030 年可持续发展议程》强调了成人学习和教育对实现 2030 年愿景的重要作用，认为不论性别、年龄、种族、民族，也不论残障人士、移民、原住民、儿童或青少年，所有人（特别是处境艰难的人士）都应该拥有终身学习机会，以获得利用各种机会和全面参与社会生活所需的知识与技能。从某种意义上说，农村成人在当前我国终身教育体系架构中处于较为弱势的地位，因此，在当前全面推进乡村振兴战略的背景下，应大力关注其学习和受教育的权利和机会，大力加强农村成人教育。基于以上考量，笔者写下了这本拙作。

从酝酿写作到现在成稿，前后经历了近三年的时间。即便在书稿写作期间，也是时断时续，每前进一步都感觉甚为艰难，几度出现放弃的念头，这主要是由于本人的愚钝和懒散所致，同时也因行政事务的繁忙。感谢广西师范大学继续教育学院的领导给予的大力支持，2020 年 6 月底把我的工作从成高招生办调整到成人教育研究所，使我可以从繁重的行政事务中解脱出来，专心于成人教育研究工作，为本书的写作腾出了时间。可以说，没有继续教育学院领导的支持，本书很难面世，在此深表感谢。也感谢这些年在我学术研究上给予我鼓励、支持和帮助的众多师长、朋友和同事们，你们对我的鼓励和支持是我不敢懈怠、继续前行的动力，你们在我艰难前行中或铿锵有力或温暖润心的话语一直深深地印刻在我的脑海和心头。

感谢我的家人和亲人们，他们永远是我最强大的后盾和精神支柱。尤其要感谢顾高燕博士，本书最后能够顺利付梓，来源于她的直接激励和大力支持。感谢陈小真编辑，一直以来，他都像亲人一样关心和鼓励我，虽然各自忙于工作，但是在心底都是彼此支持和感念着对方，本书能出版主要源于他的无私帮助和与出版社的积极沟通。感谢为本书出版而默默奉献的南海出版公司的各位编者，因为有你们一丝不苟的工作，才使本书增色不少。

本书参考了各种文献，在此深表感谢！

所谓"始生之物，其形必丑"。该书是本人的第一本专著，由于本人学识浅陋，加上写作时间较为仓促，书中难免存在一些不足和纰漏，恳请专家、读者批评指正。

"人生没有终点，只有起点"；唯有"终身学习，才能成就梦想"。未来路上，让我们结伴求索，去觅得一缕阳光、去播撒一丝芬芳！

笔　者
2022 年 3 月 20 日于桂林